エリア・スタディーズ 170

クルド人を知るための55章

山口昭彦（編著）

明石書店

はじめに

近年、中東地域に暮らす少数派の一つとして、クルド人が注目を集めている。では、そもそもクルド人とは、どういう人たちをさすのだろうか。ごく簡単に言えば、クルド語を話し、自らをクルド人と考える人々がクルド人だ。クルド語とは、インド・ヨーロッパ系のイラン語派に属する言語であり、イランの公用語となっているペルシア語とも近い言語である。とはいえ、単一のクルド語が存在するわけではない。実際にはいくつもの、場合によっては互いに意思疎通困難な諸方言があり、したがって、クルド人とは、それらのうちのいずれかを日常的に話す人々ということになる。宗教的にはイスラーム教徒が多数を占めるが、本書でも触れられているように、他の宗教・宗派に属する人々も少なくない。人口は4000万程度と言われるが正確なところはわからない。

クルド人の居住する地域は、歴史的にクルディスタンと呼ばれてきた。この言葉は、文字通りには「クルド人のくに」を意味するが、「くに」といっても現代的な意味での国家をさすわけではない。あくまでも、クルドと呼ばれる人々が多数暮らし、また、彼らが郷愁をもって想起するような場所を大づかみに示すにすぎない。クルディスタンの地理的輪郭を示せば、だいたい、トルコ、イラク、シリア、イランの国境線が交わるあたりに相当するが、むろん、明確な地理的境界によって区切られるようなものでもない。

歴史をひもとくと、もともとクルディスタンという言葉は、おそくとも13世紀頃までに、いまのイラン西部のクルド系の人々が多数暮らす地域（とくにコルデスタン州やケルマーンシャー州あたり）をさして使われるようになった。他方で、同じ頃、現在のトルコ東部に相当する東アナトリアあたりでもアルメニア人の居住地域を侵食する形でクルド系の地方領主が台頭しつつあり、14世紀頃までには彼らが支配する地域もまたクルディスタンと呼ばれるようになっていた。つまり、二つのクルディスタンが存在したのである。その後、おそくとも16世紀に入る頃には、両者を含めてクルディスタンと呼ぶようになっていき、現在につながるクルディスタンという地域概念が成立していったと考えられる。

とはいえ、クルディスタンという地理的範囲が一つの政治的な単位となることは、歴史上、一度としてなかった。前近代においても、クルド社会の支配層の間にクルド人としてのアイデンティティは共有されていたが、クルド人の王という観念は存在せず、したがってクルディスタンを政治的に統一しようという動きもついぞ見られなかった。むしろ、16世紀以降は、この地域をめぐってオスマン帝国とイラン系王朝が覇権を争うなど、クルディスタンは二つの大国に「分割」され、それぞれの辺境地帯に位置づけられていった。第一次世界大戦後、オスマン帝国が解体され、トルコ、イラク、シリアなどの諸国家が成立すると、オスマン帝国支配下にあったクルド地域はさらに複数の国家に「分割」されることになるのである。

さて、十字軍時代にヨーロッパにも勇名をとどろかせたサラディンのような例外はあるにせよ、かつては、クルド人といっても、その存在がかろうじて知られるだけであった。とくに、日本での認知は遅かった。１９８０年代までは新聞や雑誌などで取り上げられることもごくまれで、取り上げられたとしても、しばしば「クルド族」という、やや軽蔑を含んだ呼称をあてがわれ、山岳地帯に住む半ば未開の部族が中央政府の弾圧に果敢に抵抗しているといった認識しかなかった。中東研究者の間でさえ、その印象はおぼろげで、そもそも学術的な研究対象となるのかどうかさえ疑わしいといった目で見られていたように思う。

クルディスタンやクルド人が、具体像をともなって日本でも知られるようになるのは、1991年の湾岸戦争の頃からだろう。1990年8月2日、イラク軍がクウェートに侵攻して湾岸危機が始まると、翌年1月に湾岸戦争にいたるまで、その動向が連日報道され、日本でも強い関心を呼んでいた。その後、湾岸戦争がイラク側の敗北として終わってまもなくの同年3月、中央政府の弱体化を見たイラク北部のクルド人たちが各地で一斉に蜂起し、サッダーム・フセイン政権から次々に町を取り戻していった。いわゆる「クルドの春」である。ところが、「春」は瞬く間に過ぎ去り、中央政府の精鋭軍による弾圧の前に人々は逃げ惑い、イラン、トルコ、シリアなど周辺諸国へと大挙して流れていった。その状況も、逐一、新聞やテレビで報道され、国際社会はもちろん、日本国内にも大きな衝撃を与えた。

100万人以上に上ったこの難民流出で、クルド人は一気に国際的注目を浴びることになった。第一次世界大戦後に中東の政治地図が大きく書き換えられ、およそ現在あるような国境線ができあがって以降では、クルド人問題が国際政治上の課題としてこれほどまでに関心を引いたことはなかった。クルド人問題の歴史における、まさに分水嶺となる事件であった。

この後まもなく、イラク北部では多国籍軍の保護のもとクルド人自治区が設けられ、現在のクルディスタン地域政府（KRG）の前身ともなる行政府や議会が作られていった。そして、2003年のイラク戦争後は、混乱の続くイラクにあって、クルド地域ではKRGが比較的安定した政治・社会状況を作り出し、イラク国内やその周辺で流動的な政治状況が長引くなかで、主要な政治主体として行動するようになった。

他方、イラクのみならず、トルコにおいても、かつてはタブーであったクルド人問題が１９８０年代半ばからのクルディスタン労働者党によるゲリラ闘争を経ていまや公然化し、トルコの将来を左右する課題の一つとして議論されるようになっている。

このように世界的には広くクルド人の存在が知れ渡り、その動向が日々の中東政治の重要な要素として認識され、学問的にもクルド研究が中東研究の一分野として確立しつつあるが、日本国内ではまだ研究者も少なく、一般社会におけるクルド人の具体的なイメージは残念ながら漠然としたままに留まっている。

とはいえ、この間、日本とクルド社会の接点がなかったわけではない。湾岸戦争後、イラクのクルド地域に入り、その復興に地道に尽力した日本の非政府組織（ＮＧＯ）もあったし、クルド地域に乗り込んで現地取材するジャーナリストも以前に比べればずっと増えた。１９９０年代からからは、難民としての保護を求めて来日するクルド人も現れ、埼玉県蕨市の「ワラビスタン」のように小さなクルド人コミュニティが誕生したところもある。こうして、少しずつだが日本でもクルド人が知られるようになり、より多くの人たちが関心をもつようになってきている。

本書は、このような日本国内におけるクルド社会やクルド人問題への関心の高まりに応えるべく編まれたものであり、できるだけ多様な角度からクルド人や彼らの暮らすクルディスタンに光を当てながら、現代のクルド社会を多面的かつ立体的に想起するための足がかりとなることを目指している。

本書の構成や項目の選定にあたっては、いくつか心がけた点がある。

一つは、クルド人たちの歴史的経験を十分に踏まえることである。中東のような歴史の古い地域では、たとえ現代の諸問題を扱う場合であっても、少なくとも過去数百年の歴史の流れを大まかであれつかんでおくことがなによりも不可欠だからだ。たとえば、クルド人問題としてひとまとめに呼ばれるが、問題の現れ方は国によって、あるいは一つの国のなかでも地域によって大きく異なっている。歴史的な背景についての知識がなければ、そうした違いを理解するのはおぼつかないであろう。

また、その輪郭を明確な境界線で区切ることができないことからもわかるように、クルディスタンはけっして閉鎖的で同質的な空間ではない。古来、イラン高原と地中海世界をつないで東西に走る交易路がこの地域で幾重にも交差し、また、幾多の王朝がクルディスタン（の一部）を支配下に置き、さまざまな政治的・文化的痕跡を残してきた。さらに、クルディスタンのなかには、クルド人だけではなく、アルメニア人などさまざまな民族集団が混在・共存してきた。このようなクルディスタンのもつ開放性や混在性もまた、本書を編むにあたっての重要なポイントになっている。

そして、かつてのように、クルド人を周辺諸国によって分断され、同化政策や弾圧の対象となった「悲劇の民」としてのみ描くのではなく、現代中東の政治を動かす、あるいはこの地域に利害を有する域外の超大国とも渡り合う能動的な主体でもあることも強く意識して項目を立てている。

最後に、そもそもクルド人と一口に言っても、そのアイデンティティにはたえざる揺れがある。個人レベルで見た場合、仮に両親ともにクルド系であったとしても、クルドというアイデンティティを一方的に押しつけられないような、それを拒むような現実があるからだ。実際、生まれも育ちもクルド人として確信しているものもいれば、クルド人であることにそれほどこだわらない人もいる。本書でも取り上げるように、ディアスポラのクルド人はそうした揺れや迷いをもっとも経験している人々である。

本書の企画は、アジア経済研究所で2015年度から始まった「クルド問題研究会」での議論のなかから生まれたものであるが、執筆にあたっては、当然のことながら、研究会メンバーのみならず、研究者、ジャーナリスト、ビジネスマンなど、さまざまな形でクルディスタンやクルド社会にかかわりをもつ、あるいは関心をもつ方々に声をかけ、参加していただいた。当初、この企画が立ち上がった際には、クルド人問題という、もはやタブーではないにしても、中東の関係諸国にとっては依然として微妙な政治性をともなうテーマにかかわる本書への寄稿は、多くの方が躊躇されるのではないかと危惧していたが、幸いにしてまったくの杞憂に終わった。各執筆者には、それぞれの立場や関心から、独自の切り口で、また自らの知見を活かしてクルド社会の多様な相貌を活写していただいた。

企画を練り、実際に執筆をお願いしてから、すでに1年以上の時間が過ぎている。日々揺れ動く政治動向をすくい取って書いていただいた方々には、その「活きの良さ」をそのまま読者に届けられなかったことについて、心よりお詫び申し上げたい。他方で、本書が、現時点での日本のクルド研究の一つの到達点であることもまた紛れもない事実であり、今後、若い世代を中心にクルディスタンやクルド社会に関心をもつ人々が、本書を一つの踏み台として、さらに高みを目指してくれることを祈るばかりである。

編者　山口昭彦

クルド人を知るための55章

目次

Ⅲ　多様な宗教世界

Ⅳ　クルド人問題の展開

Ⅴ　湾岸戦争後の世界

Ⅷ　文化

＊本文中、固有名詞などのカタカナ表記にあたっては一定の統一を図ったが、各執筆者の考えを尊重し、若干の揺れがあることをお断りしておきたい。
＊特に出所の記載のない写真については、執筆者の撮影・提供による。

クルディスタンとその周辺の主要都市*)

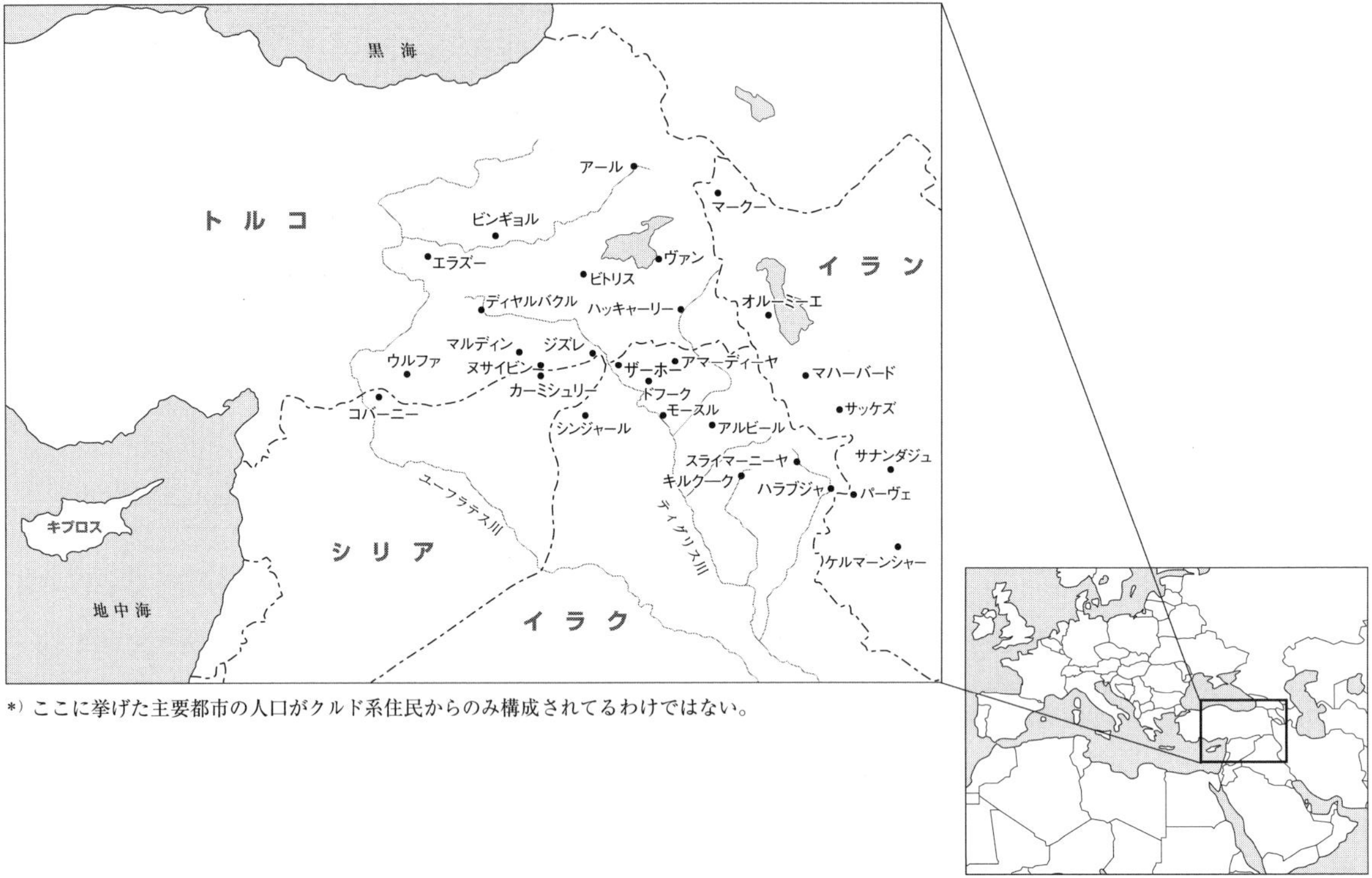

*）ここに挙げた主要都市の人口がクルド系住民からのみ構成されてるわけではない。

I

クルディスタンを歩く

1

いざ、イラン・クルディスタンへ

★マハーバードからケルマーンシャーへ★

はじめてイランのクルド地域を訪ねたのは、1989年の夏だ。テヘランから夜行バスに揺られて、朝方、コルデスタン州の州都サナンダジュのバス・ターミナルに到着したのを覚えている。乗客のほとんどは、イラン西北ホラーサーン地方出身の若い兵士たちだった。前年の春にイラクとの長い戦争は終わっていたが、戦争中、自治を求めてクルド人ゲリラが活動した国境地帯にはなお緊張感が漂っていた。

それから30年近く、毎年のようにイランのクルド地域を訪ねてきたが、その景観は確実に変わってきた。かつてのように厳しい検問を受けることもないし、ホテルに宿泊するたびに近くの革命委員会（コミテ）に出頭する必要もない。町はどんどん大きくなり、古い建物は建て替えられ、真新しい高層ビルが現れる。

本章では、私自身がよく訪ねるマハーバード、サナンダジュ、ケルマーンシャーの町を中心にイラン・クルディスタンへの旅を紹介してみたい。まずは、空路でトルコとの国境に近いオルーミーエに飛び、そこから南へクルディスタンを縦断してみよう。

第1章

いざ、イラン・クルディスタンへ

テヘランから1時間ほどでオルーミーエに着く。到着間近、眼下には刻々と干上がりつつあるオルーミーエ湖の無残な姿が見える。イランの代表的湖だが、近年、周辺の村々での大規模な灌漑のために川から流れ込む水量が減り、くわえて、湖の中ほどを埋め立てて道路が建設されたことで湖は急速に縮小し、大量の塩が析出するようになった。ところどころ、赤く濁った水が湖面を覆う。

イラン・クルディスタンの秘境アウラーマーン・タフト

空港から市内にあるバス・ターミナルに移動する。ここからはイラン国内だけではなく、国境を越えてトルコやイラクなど周辺諸国に向かう遠距離バスも発着する。国境に近い都市ならではの光景だ。こういうバスの路線を見ると、ローカルなレベルで人々がどのように移動しているか、あるいは、国境を越えてさまざまな地域がどのように結びついているかが垣間見えておもしろい。

ここから、マハーバードを目指そう。オルーミーエ湖周辺は比較的なだらかな地形が広がり、マハーバードまで３～４時間ほどで到着する。町は、このあたりを治めていたモクリー族というクルド系の有力部族がサファヴィー朝（１５０１～１７２２年）後期の17世紀後半に築いたものだ。私がはじめてこの町を訪れた１９８０年代末には町も小さく、簡単に一周することができたが、いまでは周りに新たな住宅地が広がり、ずいぶんと大きくなっている。

町は、もともとサーヴォジュボラークと呼ばれた。トルコ語で「冷たい泉」を意味する。その言葉通り、町の中心には夏場も水量豊かな川が滔々《とうとう》と流れる。ここ数十年の間に都市化が進んだとはいえ、町の中心部には、「赤のモスク」と呼ばれる金曜モスクなど、今なお古い建築物が残る。その多くが、この町を建設したモクリー族の棟梁ボダーク・ソルターンの手になるものだ。彼の棺を納めた立派な墓廟が町のはずれにあり、聖者廟として人々の崇敬を集める。

南に下ってサナンダジュに向かおう。バス・ターミナルで長距離バスを探してもいいし、乗り合いタクシーを乗り継いでもかまわない。はじめは、なだらかな起伏と（春から初夏にかけてなら）緑豊かな田園風景がところどころに見えるだろう。サッケズを越えディーヴァーンダッレを過ぎたあたりから、少しずつ道は険しくなる。山岳地帯をうねるように進みながら、5時間ほど車に揺られて、ようやくサナンダジュに着く。周りを高い山々に囲まれながらも、広々とした盆地の町だ。

マハーバードより半世紀ほど早く、1630年代に建設された古い町である。かつてはそれほど大きな町ではなかったと記憶しているが、近年、周辺の村からの人口流入もあり、町の周りにどんどん新興住宅地が作られている。町の西側には、人々の憩いの場アービーダル山がそびえる。上に登って眺めてみると、町の大きさが実感できるだろう。

サナンダジュは、アルダラーン族というクルド系部族が根城として築いたものだ。現在のコルデスタン州に相当する地域に割拠していたこの部族は、各地に山城をもって季節ごとに移動しながら領地を治めていた。サファヴィー朝に付いたりオスマン朝（１２９９頃～１９２２年）と結んだりしながら地方豪族として勢力を誇ったアルダラーン族も、17世紀前半には最終的にサファヴィー朝の支配を受け入れ、山城を捨ててサナンダジュへと本拠地を移したのである。

町のあちらこちらに、歴史を感じさせる建築物が残る。なかでも、青を基調としたタイルに覆われた金曜モスクは、空に向かって高く伸びた２本のミナレットがひときわ目立つ。19世紀に建てられたもので、町の象徴的存在ともいえる建物だ。旧市街に隠れるようにひっそりと建つアルメニア教会は、この町に古くからキリスト教徒が住んでいたことを物語る。

この町の名家によって建てられた邸宅もまた、町の景観に趣を添える。なかでも、19世紀初頭、アルダラーン家の当主であったアマーノッラー・ハーンが完成させたホスロウ・アーバードの屋敷は、アルダラーン総督の政庁でもあった。やや町の中心から外れた高台に建てられ、四方を高い塀に囲まれている。なかに入ると、正面奥に三層建ての母屋が見える。手前のイラン式の中庭には十字に溝が掘られ、魚が泳いでいる。ホスロウ・アーバードのほか、今では博物館として使われている「クルドの館」や「サナンダジュの館」も、もとはアルダラーン家に仕えた有力家系の邸宅だったところであり、その伝統的な造りが往時を偲ばせる。

サナンダジュからさらに南に下ると、ケルマーンシャーだ。バスや乗り合いタクシーで3時間ほどだろうか。途中、カームヤーラーンまでは山の谷間を縫うように進むが、この町を過ぎてしばらくすると一気に視野が広がり、ケルマーンシャーの町の立つ平野へと入っていく。

ケルマーンシャーやその周辺一帯の魅力は、古代遺跡があちこちにあることだろう。ここは、イラ

ビーソトゥーンの川にかかるサファヴィー朝期の橋

クのバグダード方面からイラン高原を経て中央アジア方面へと向かう街道が通っていたところだ。アケメネス朝（前550～前330年）やサーサーン朝（226～651年）などの遺跡が点在するのも、そのためだ。

まずは、町の北にあるターケ・ボスターンに向かおう。サーサーン朝時代に山の岩肌を彫って作られたレリーフがきれいに残っている。すぐそばから湧き水が流れ出し、レリーフの前に大きな池を作りながら、水路に沿って町の方へと流れる。レリーフの脇には、ガージャール朝（1796～1925年）時代に作られた別荘址がわずかに残る。当時の人々もまた、遠い古代に思いをはせたにちがいない。

ケルマーンシャーの歴史は古い。サーサーン朝の王たちがしばしばここに居住したことが知られ、イスラーム時代に入っても、アッバース朝第5代カリフで千夜一夜物語でも有名なハールーン・アッラシード（在位786～809年）が宮廷を構えたとも言われる。

だが、町が現在あるような大きな都市として発展するのは、17世紀の半ばからだ。当時、この辺り一帯を知事として治めていたザンギャネ一族、とくに後にサファヴィー朝の大宰相にもなったシャイフ・アリー・ハーンの尽力によるところが大きい。ケルマーンシャー州の統治の拠点としてのみならず、当時さかんになっていた首都エスファハーンと隣国オスマン朝下のバグダードを結ぶ国際交易の中継地として、町や周辺の開発に努めたのだ。ケルマーンシャーの東にあるハマダーンからイラク国境のガスレ・シーリーンまで、彼が建てたとされる隊商宿や橋がいまも各地に残っている。

さて、駆け足で紹介した3都市は、いずれもイラン・クルディスタンを代表する町だが、それでも、その一部に過ぎない。これらの町に滞在しながら、周辺の、もっと「ディープな」クルド世界をぜひ訪れてみていただきたい。

（山口昭彦）

2

イラク領クルディスタンを歩く

★40年前の記憶から★

イラクの首都バグダードから現在クルディスタン自治区の首都となっているアルビールへ向かう道で最初に現れる起伏らしい起伏はイラク北部を西北から南東方向へと細長く斜めに走るザグロス山脈の外座層ハムリーン山脈である。40年前の春に山脈の手前で寄ったガソリンスタンドではツバメが巣作りをしていたのが記憶に残る。

ハムリーン山脈は古代にはバビロニアとアッシリアの境界でもあった。山脈の先の台地では道沿いにトゥーズ・フルマトゥ、ダークーク、ターザ・フルマトゥという明らかにアラビア語ではない名の町が続き、この一帯が伝統的にトルコマン人が多く暮らす地域であることを印象づける。

ターザ・フルマトゥを過ぎると道は間もなくキルクークの市街地に入る。キルクークの町の中心には古代アッシリア時代に遡る巨大な城塞（カルア）がそびえる。20世紀前半に近郊で油田開発が始まって以来、キルクークは石油の町として発展すると同時に、イラクの中央政府とクルド人の間の係争地ともなってきた。

黒煙が立ち上るバーバー・グルグルの油田を後にした道は、

トルコマン語で「黄金の橋」を意味するアルトゥン・クプリでティグリス川の主要な支流の一つである小ザーブ川を渡る。現在は市街地を迂回するバイパスができているようだが、40年前の道は川の中州と両岸の三部分に分かれる町の中心部を通った。古い町並みと川岸の緑、そして小ザーブ川の豊かな水の流れが印象に残る。

古代のシュメール語の文献にすでにその名を見出すことができるというアルビールはキルクークと同様に市街地の中央にそびえる城塞を中心に発展した。城塞の規模はキルクークのものより小さいが、城塞をなす丘の斜面はアルビールの方がより急勾配で、全体としてよりコンパクトで美しい印象を受けたように記憶している。キルクークの城塞の内部が廃墟と化しているのに対し、アルビールの城塞内にはいまだに人が住む町がある。

バグダードから北へ向かってきた道はアルビールから20キロほど北東にある避暑地サラーハッディーンで初めて本格的な山地に入る。イラク北東部の山脈の多くは西北から南東に走っているため、山地の中を北東に向かう道はそのような山脈を幾度となく越えて次第に高度を増しながら、シャクラーワ、ラワーンドゥズへと向かう。

シャクラーワからまた山を越えた先には観光名所ガリー・アリー・ベグの滝がある。その先にあったキリスト教徒の寒村ディヤーナは１９９０年代以降に亡命先から戻ったクルド人が多く住み着き、ソーラーンという名の人口12万の都市になったと聞く。その南、現在の幹線道路からは外れた場所には、19世紀前半に一帯に君臨し、キリスト教徒の虐殺者として恐れられたソーラーン領主領のミール・ムハンマドが根城としたラワーンドゥズの町が三方を崖に囲まれて立つ。

ディヤーナの手前で北に分岐する道をたどれば、ネアンデルタール人の骨が発見された洞窟があることで知られるシャーニダル、バールザーニー家の出身地バールザーン、崖の上にそびえるかつてのバフディーナーン領主領の首都アマーディーヤなどを経てザーホーへ至ることができるが、残念ながらこの道は通ったことがない。

ディヤーナから東へは第一次大戦中に軍用道路として作られた道が崖沿いに這うようにしてイラン国境へと続く。道の先に見え隠れした雪山の中に当時イラクの最高峰とされていたハサロスト山の姿があったのか、記憶が定かでない。国境の手前の村ガラーラに着いたのは夕暮れ時であった。斜面に折り重なるようにして連なる民家と牧草地から戻る羊たちの鳴き声が記憶に残る。

アルビールの手前、キルクークから東へ向かう道は比較的なだらかな丘陵地帯を通る。春、草原に一斉に花が咲き、黄色と赤の絨毯をなしていた。キルクークから30キロ余り、チャムチャマールの手前で、キルクーク州からスライマーニーヤ州、現在のクルディスタン自治区の領域に入る。チャムチャマールの近くには農業活動の形跡が認められる世界最古の遺跡の一つであるジャルモがある。

チャムチャマールの先、緩やかな峠をもう一つ越えたところで、さらに東側の山並みを背景にスライマーニーヤの市街地と周辺の盆地が眼前に広がる。バーバーン領主領の首都として発展したスライマーニーヤはイラク・クルディスタン南部の文化の中心地である。現在のクルディスタン自治区内で最初の大学として1968年にはスライマーニーヤ大学が設置された。

スライマーニーヤの市街に入る前に左折して北に進めば、クルディスタン自治区内で最大の人造湖

イラク領クルディスタンの山村風景（高橋英彦画）［出所：高橋英彦『星と風のバグダッド』潮出版社、1980年、129ページ］

であるドカーン・ダムの湖に至る。クルド人の新年であるノウルーズの時期に訪れたときには、急峻な山並みが見下ろす湖の周辺でクルドの民族衣装を着飾った多くの人々がピクニックを楽しみ、踊りに興じていた。ドカーン湖の西岸から西に峠を越えた先の平原にはターラバーニー前イラク共和国大統領の出身地であるコイ・サンジャクの町があり、そこからアルビールへと続く道がある。

スライマーニーヤから南東に進めば、ディヤーラ川上流に建設されたダルバンディハーン・ダムに至る。２０１７年11月にイラク・イラン国境を地震が襲った際にはダムへの損傷が心配された。

ダルバンディハーン湖の東、イラクの領土がイラン側に食い込んでいる辺りに１９８８年のイラク政府軍による化学兵器攻撃で世界にその名が知られたハラブジャの町がある。ハラブジャとイラン側の隣接地域を含むハウラーマーン地方では言語学者がクルド語とは別の言語とするハウラーミー語が話されている。ハラブジャと周辺の地区は２０１４年にスライマーニーヤ州から分離して、クルディスタン自治区内で四つ目、イラク国内で最小の州となった。

アルビールから西へ、モースルへ向かう道はその半ばで大ザーブ川を渡る。大ザーブ川とモースルの間にはバフデーダ、バルテッリなどのキリスト教徒の村がある。２０１４年にはこの一帯もＩＳ（イスラーム国）に占領され、教会や修道院が破壊された。

モースルからさらに西へ向かえばＩＳによる攻撃で世界に名が知られたヤズィーディーの町シンジャールに至る。その手前のテル・アファルの近くには早い時期に日本の発掘隊が入ったテル・サラサートの遺跡がある。

モースルから北、州都ドフークへ向かう道は通ったことがない。道の東側にはキリスト教徒の村が点在するニネヴェ平原が広がり、平原の最北端に位置するアルコシュ村の背後の山腹にラッバン・ホルミズド修道院がある。そしてそのさらに東方の山上にはヤズィーディーの聖地ラーリシュがある。ドフークからさらに西北に進めば、トルコとの国境の町、ザーホーに至る。

以上、父がバグダードに駐在していた１９７０年代後半にクルディスタンを訪れた際の記憶をたどりながら記してみた。この40年間でクルディスタンをめぐる状況は大きく変化した。特にクルディスタン自治区の首都となったアルビール中心部の変容ぶりには目を見張る。しかし、あの山々の景色やそこに住む人々の心はそう大きくは変わっていないものと信じる。

（高橋英海）

3

アナトリア南東部を歩く

★一つの道がつなぐさまざまな過去と現在★

アナトリア南東部ではいくつもの山脈が東西に並走し、イラン国境付近では東西および南北に延びる山脈が交差する。険しい地形にもかかわらず、古来より数多の民族が行き交い、異なる宗教や文化がもたらされ、これらが積み重なって同質的ではない複雑な社会が形成されてきた。このような背景を持つアナトリア南東部を歩くとき、われわれは美しい自然の中に、ちょっと想像できないような人間の多様性を見ることになる。では、駆け足でアナトリア南東部をまわってみよう。

トルコ最大の都市イスタンブルより1か月ほど遅い4月頃、イラン国境に近いヴァン湖に浮かぶアフタマル島にアーモンドの花が咲く。毎年、開花時期になると、島に残るアルメニア教会とそのまわりに咲き誇るアーモンドの花の写真がＳＮＳで拡散され、春の訪れを告げる。

遅い春が終わる頃、ヴァンから国道に沿って北上すると、夏には禿げ山になってしまう山々が緑に覆われ、ヒナゲシの赤い絨毯が一面に広がるのを目にするだろう。ヴァン湖に沿ってエルジシュ方面に左折しよう。エルジシュを越えてすぐ右の脇道に入り北上すると旧ウル・パミール村に着く。１９７９年の旧

I
クルディスタンを歩く

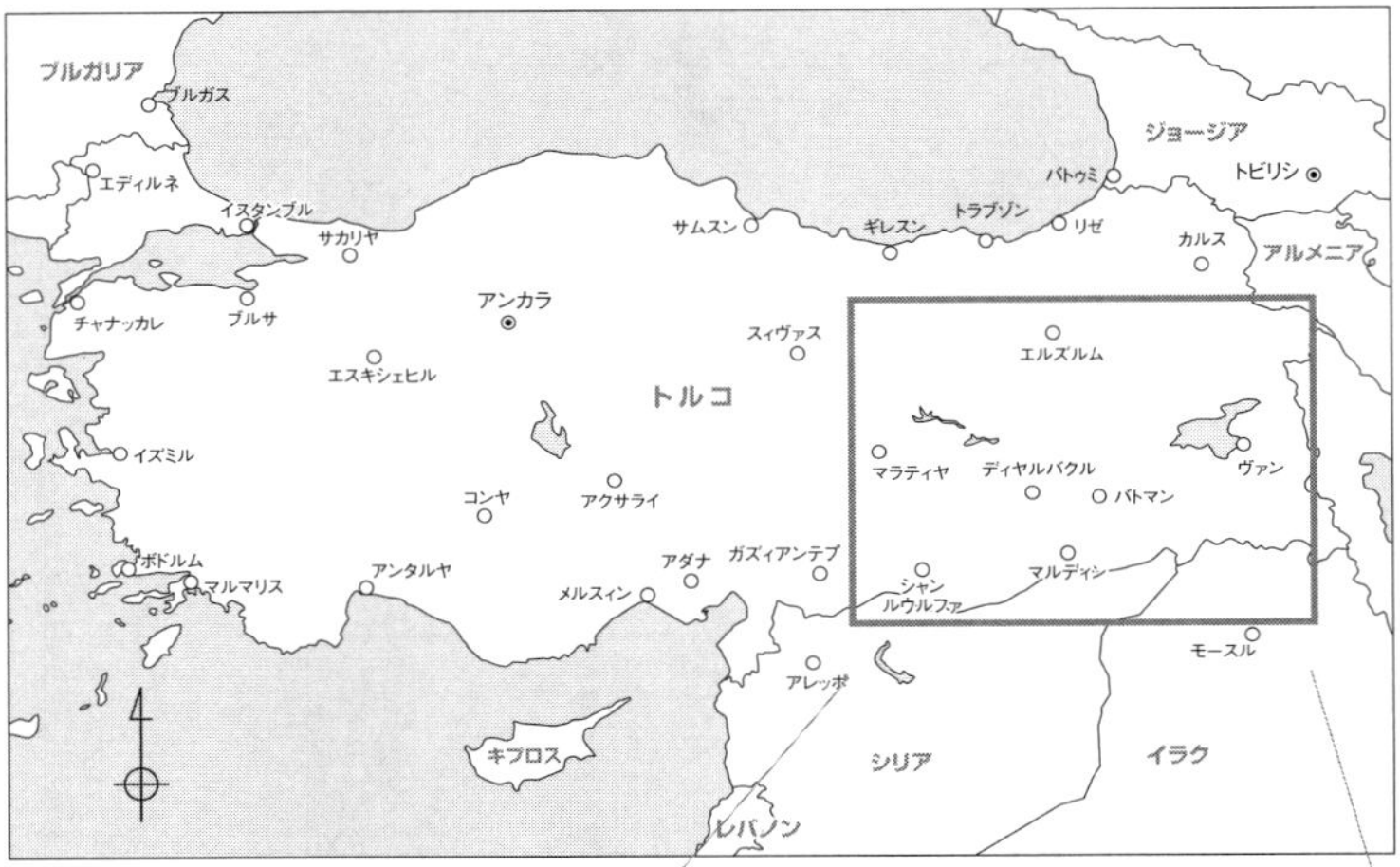

図1　アナトリア南東部

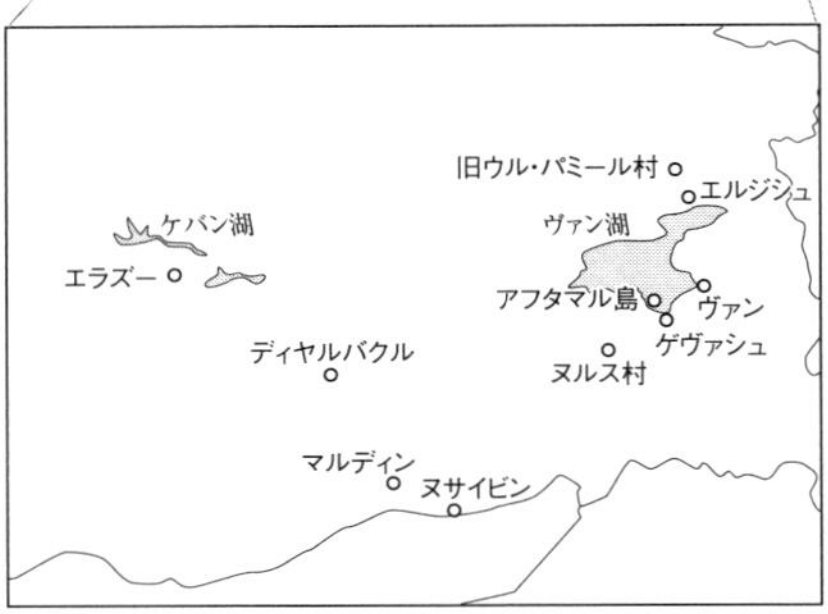

ソ連のアフガン侵攻でパミール高原から逃れてきたキルギス系遊牧民の村である。トルコ移住の経緯は、現住民が移住当時の村人たちの役を演じたドキュメンタリーに詳しい（*37 Uses for a Dead Sheep*, Tigerlily Films, 2006）。自然が美しく長閑《のどか》な所だが、限られた農地と牧草地で暮らしを立てねばならない。そしてクルド人口が圧倒的に多い地域での生活はときに困難をともなう。50代以上の村人は今でもパミール高原を懐かしみ、自分たちを根無し草のようだと言う。

　ヴァンに戻り、国道を南下してみよう。ヴァン湖岸のゲヴァシュから左に山道を登る。ヴァン湖南岸の山地はトルコでも有数の養蜂地帯で、道に沿って養蜂箱

アフタマル島の教会（2008年）

の列が続く。このあたりは３０００メートル級の山々が連なり、積雪量の多い冬期はほとんどの道路が閉鎖され周囲から隔絶される。現地の人々はこうした状況を「1年の半分（夏）はヴァン県に属し、あとの半分（冬）はアッラーに属する（神頼み）」と笑う。１９９０年代、クルド人国家の樹立をめざしアナトリア南東部を中心に活動していたクルディスタン労働者党（ＰＫＫ）とトルコ軍の戦闘が激化すると、この地域をはじめ、アナトリア南東部の多くの村人は半ば強制的に家を追われ、都市に移り住んだ。２０００年代に入り武装闘争が沈静化し政府主導の帰村運動が始まると、ヤイラ（高原）の静けさと澄み切った空気を求めて、この地域にも人々が戻ってくるようになった。ただし都市での生活基盤ができてしまったため、年金生活者や子どもを中心に、晩春から秋にかけての一時的な滞在が多いと聞く。

ふらりと立ち寄った商店で、ある人物の絵が目に飛び込んできた。サイード・ヌルスィーだった。ヴァン湖南岸の山岳地帯にある故郷のヌルス村では生家や当時から残るモスクが修復・保存されているほか、訪問客用のマドラサ兼宿泊所も建設され、地元のちょっとした観光地になっている。舗装道路は村の入口までで、村の中は一部で水路が並走する未舗装の細い道が張り巡らされ、昔ながらの農

ヴァン地方のクルド人の村（2014年）

村風景が残る。ヌルス村から南西に約6キロ、サイード・ヌルスィーが最初に勉強したター・マドラサがあった場所にはモスクが建設され、わずかに残っていたマドラサの遺構もモスクの中に取り込まれた。ター・マドラサは、近代までこの地域を支配したクルド系領主の妻により建設されたと伝えられている。子に恵まれなかった彼女はマドラサを建設することで、自身の名とマドラサで教育を受けた子どもたちの名が永遠に残ることを望んだという。

クルド人というと遊牧民のイメージがあるが、現在、完全な遊牧生活をおくる人を見つけるのは難しい。多くは農民で若干の家畜を飼う程度だ。ヴァン湖周辺の農村では家畜を所有する村人たちが共同で羊飼いを雇っている。雪の降らない半年の間、羊飼いは朝に村の羊・山羊を全部まとめて近くの牧草地に連れて行き夕方に戻るという生活を繰り返す。もっと南の夏の牧草地が不足する地域で家畜を所有する村人たちは夏期限定の羊飼いを雇う。夏の間、羊飼いは牧草地を求めて群れとともにヴァン湖周辺まで移動する。

冬に気候の温暖な南に季節移動する遊牧民もいる。シリア国境にあるヌサイビンは４世紀に建てられた聖ヤコブ教会が残る古い町である。周辺にはかつてヤズィーディーの村が点在したが、悪魔崇拝者として迫害を受けたこともあり、ほとんどがヨーロッパに移住してしまった。一つだけ残ったヤズィーディーの村は、冬になると遊牧民に空地を貸して収入を得ていた。白い天幕が現れる冬、村はほんの少しだけ賑やかさを取り戻す。

トゥール・アブディーン地方の教会（2007年）

ヌサイビン以北のトゥール・アブディーン地方とそれより西に位置するマルディンはシリア正教会のキリスト教徒（スリヤーニー）が多いことで知られる。スリヤーニーもまた多くが国外に移り住んだが、近年、廃墟の村々に教会が再建され再定住者が増えつつある。マルディン旧市街の観光の目玉といえば教会だが、目抜き通りにはトルコでは稀少となったカルデア教会もある。２世帯だけ残った信徒が管理していたが、聖職者もおらず修復も必要なため、開かずの教会となってしまった。

デルスィム地方。ムンズル川の源流に設置された燭台（2011年）［中山紀子氏撮影］

最後に、マルディンから北上し、アナトリア南東部の中心都市ディヤルバクルを経由して、エラズーまで行ってみよう。エラズーから船に乗ってケバン湖を渡ると、トルコの秘境といわれたデルスィム地方に到着する。水源信仰が色濃く残るこの山深い地域では、泉や川の源流にたくさんの蠟燭が立てられ、そばにある草や木に願掛け用の布の切れ端が結ばれているのを目にする。水源信仰は他地域でも見られるが、この地域のように水源となる場所に多くの蠟燭が堂々とあるのは珍しい。他にも供犠として捧げられた動物の角を巨石の上に積み重ねた珍しい聖所も存在する。その一方で、どこにでもある聖者廟がここではなぜか見つからない。

いくつもの歴史が折り重なったアナトリア南東部でしか見ることのできない景色はまだまだたくさんあるが、2015年にトルコ政府とクルディスタン労働者党の和平交渉が破綻して以降、残念ながら気軽に旅をするような状況ではなくなってしまった。保守的ながらも異質なものを受け入れ、多様性に富んだ社会をつくりあげてきたこの地域が、再び外に向かって開け放たれる日を待ちたい。（齋藤久美子）

II

歴史の流れのなかで

4

イスラーム史のなかのクルド

★古典アラビア語文献が語るクルド★

現代のクルド人の多くは、クルドの起源を古代オリエントのメディア王国（前8世紀末～前550年頃）に求めると言われる。しかし他説もあり、クルドの起源を確定できてはいない。また、クルド語は20世紀に至るまで文字に書かれることがあまりなく、19世紀以前のクルドについては、都市に住む知識人がアラビア語などで書いた文献を情報源としなければならない。本章では、9世紀から13世紀にかけてアラビア語で書かれた古典文献のなかで、クルドがどのように描かれているのかを見る。

7世紀前半に唯一神アッラーの預言者と称してイスラームを説いたムハンマド（632年没）は、ウンマ（イスラーム共同体）を率いてアラビア半島を統一し、ムハンマドのもとでムスリム（イスラーム教徒）となったアラブ人は、ムハンマドの死後アラビア半島を出て、8世紀にかけて西アジアを中心に広大な領域を征服した。征服活動に関する伝承を集めたバラーズリー（892年頃没）の『諸国征服史』によれば、第二代カリフのウマル（在位634～44年）の時代に、イラク北部のモースルを征服したアラブ人ムスリムの軍団が、モースル周辺のクルドの砦を攻略し、シャフラズール地方（イラク北部アルビールとイラン北西部ハマダーンの間の山岳地域）においても、クルドの諸集団を打ち負かしたという。こうした記述から、既に7世紀には、イラク北部からイラン北西部の山岳地帯にクルドと呼ばれる集団が居住していたことがわかる。

バラーズリーは、『名士たちの系譜』という伝記集も書いている。そのなかに、ウマイヤ朝（661～750年）に仕えた著名な政治家・軍人であるハッジャージュ（714年没）が、アフワーズ周辺の山々で活動するクルドを抑えるために砦を築いたとの記述が見られる。アフワーズはイラン西部に位置し、ペルシア湾の最奥部に接するフーゼスターン地方の主邑である。また、イブン・サアド（845年没）の『伝記集成』によれば、ウマイヤ朝第八代カリフ、ウマル2世（在位717～720年）が、イラン南西部のファールス地方の総督に宛てて、クルドが街道で不法に通行料を取っていることを取り締まるように注意する手紙を書いたという。現存最古のアラビア語の地理書であるイブン・フルダーズビフ（911年頃没）の『諸道と諸州』も、ファールス地方の都市シーラーズの周辺に4か所のクルド居住地を記録している。

こうした9～10世紀に書かれた最初期のアラビア語文献のなかでは、クルドとは、現在のアルメニア・アゼルバイジャンあたりからイラン北西部・イラク北部を通ってペルシア湾の東岸に沿って延びる山脈の全域に居住する集団と描かれていた。彼らクルドは、徐々にイスラームを受容し多くがムスリムとなったが、容易に政権に帰順せず、しばしば暴動や反乱を起こしたことから、ウマイヤ朝やアッバース朝（749～1258年）のカリフにとっては悩みの種であり続けた。一方、現在のクルディスタンの西部を構成するアナトリア東部とシリア北東部について、10世紀頃までのアラビア語文

ダマスカス旧市街門前のサラディン騎馬像

献は、それらの地域のクルドについて多くを語っていない。アナトリアは11世紀頃まで東ローマ帝国（395〜1453年）の支配下にあり、シリア北東部にクルドが本格的に住むようになるのは12世紀以降だからである。

10世紀になるとカリフは政治的実権を失い、様々なムスリムの王朝が興亡を繰り返すようになった。11世紀前半に中央アジア西部に興ったトルコ系のセルジューク朝（1038〜1194年）は、西側に領土を広げてイランとイラクを征服し、シリアとアナトリア東部も支配下におさめた。そして、八代目のサンジャル（在位1117〜57年）の時代に、イラン北西部からイラク北部、アナトリア東部へと続く一連の山岳地帯が一つの行政区に整理され、クルドが多く住むことから「クルドの国（クルディスタン）」と呼ばれるようになった。サンジャルの没後、セルジューク朝は衰退し、各地に軍閥が割拠した。そのなかで、モースルを根拠地としたザンギー朝（1127〜1251年）は、周囲のクルドを軍事的に動員してシリアに進出した。このとき、クルドを率いた武将の一人がサラディン（サラーフ・アッディーン、1193年没）である。サラディンは、やがてザンギー朝から分立してアイユーブ朝（1169〜1250年）を開き、シリアに侵入していた十字軍と戦って、シリアとエジプトに支配を確立した。アイユーブ朝は、十字軍などとの戦闘の戦力として多くのクルドを招来し、シリア北東部に定着させた。こうして、アナトリア東部・シリア北東部から、イラク北部、イラン北西部へと広がるクルディスタンが形成されたのである。

さて、そのクルドを都市の知識人がどのように描いたかというと、そのイメージは良くはない。例えば、高名な伝承学者のアブー・ヌアイム（1038年没）は、その著書『エスファハーン史』のなかで、『コーラン』にある「激しい力を持った民（48：16）」とはクルドのことであり、クルドとは「ペルシアのアアラーブ」であるという解釈を紹介する。「アアラーブ」とはアラブ系遊牧部族（ベドウィン）のことであり、『コーラン』では「アアラーブは不信仰と偽信仰がさらに激し（9：97）」いと非難されている。つまり、砂漠に住んでアラビア語を話すベドウィンが文明や信仰から隔たった荒々しい人々であるのと同様に、山に住んでペルシア語系統の言葉を話すクルドも粗暴な人々であるというイメージである。それを端的に示すのが、碩学ガザーリー（1111年没）の次の言葉である。「怒りを抑えることは、預言者たちや聖者たち、賢者たちや学者たち、偉大な有徳の王たちからもたらされる。クルドやトルコ、無知な者たちや愚者たちからは、その反対（怒りにまかせる）のことがもたらされる。彼らには、理性も徳もない」（『宗教諸学の再興』）。

こうしたイメージは、アイユーブ朝の活躍によっても変わることなく、13世紀以降も「クルドはペルシアのアアラーブである」という説明が繰り返された。その一方で、クルディスタンの出身であっても、都市に出てアラビア語や教養を身につけた者は「粗暴なクルド」と見なされることはなかった。古典的なムスリム知識人は、クルドであることを血統や出自に結びつけるのではなく、アラビア語とは異なるペルシア語系の言葉（クルド語）を話すことと、クルディスタンの山々で遊牧的な生活を送っていることによって認識していたと考えられるのである。

（森山央朗）

5

サラディン

★世界でもっとも有名なクルド人★

1187年、それまで88年にわたって十字軍の手にあったエルサレムをムスリムのもとに奪回したサラディンは、敵に対しても公正寛大に振る舞ったとして、ヨーロッパの騎士道文学で美化され、ヨーロッパ風のサラディンという呼び名で世界的に知られる。この呼び名の元は、「サラーフ・アッディーン（宗教の正しさ）」というアラビア語の尊称である。もちろん、ムスリムにも人気の英雄であり、様々な逸話が語り継がれ、映画や大河ドラマの主人公にもなってきた。サラディンはクルドの出自であることから、世界でもっとも有名なクルド人と言える。少なくとも、日本の高校世界史の教科書に記載されている人物のなかでは、おそらく唯一のクルド人である。

前近代の西アジアの人々は長い名前を持つ。サラディンも尊称の他に、ユースフ・ブン・アイユーブ・ブン・シャーズィーという名を持つ。「シャーズィーの息子のアイユーブの息子のユースフ」という意味である。史料によれば、祖父シャーズィーは、現在のアルメニア南西部に位置するドゥィーンという町の人で、クルドのラワーディーヤ部族の出身という。シャーズィーは家族を連れてイラク中部のティクリートに移住し、サラディンは、そこで1138年に生まれた。父アイユーブは、ティクリートの代官に出世していたが、兄弟（つまりサラディンの叔父）のシールクーフの起こした騒動によって同地を追われ、一族とともにモースルのザンギー朝（1127～1251年）に奔《はし》った。そして、イラク北部からシリア北部に勢力を広げていたザンギー朝の武将となり、ムスリム諸勢力と十字軍諸勢力が入り乱れるシリアの動乱に参画した。サラディンは、成年に達した1152年頃から、ザンギー朝二代目のヌール・アッディーン（在位1146～74年）に近侍し、軍略や統治術、イスラーム諸学の教養などを学んだと言われる。

その頃から、ヌール・アッディーンは、シリア北部のアレッポを拠点にシリア中部へと勢力を拡大し、十字軍国家のエルサレム王国（1099～1291年）との本格的な戦闘に乗り出した。北からのヌール・アッディーンの脅威に押されたエルサレム王国は南西隣のエジプトに侵攻し、内紛によって疲弊していたエジプトのファーティマ朝（909～1171年）はヌール・アッディーンに援軍を要請した。これをエジプト進出の好機と捉えたヌール・アッディーンは、シールクーフにエジプト遠征を命じた。シールクーフは、甥のサラディンをともなって出征し、1169年1月にファーティマ朝の宰相としてエジプト統治の実権を握った。しかし、2か月後に病死したため、サラディンが宰相に就任した。そして、エジプトにおける支配を固め、1171年にファーティマ朝最後のカリフが死ぬと、同朝を廃して名実ともにエジプトの支配者となった。

ところで、サラディンの宰相就任は、主君のヌール・アッディーンの承認を得ない独断であった。ヌール・アッディーンは、サラディンのエジプト支配と自立化を警戒し、ついにサラディン討伐のエジプト遠征を準備するが、病死してしまう。サラディンは、それに乗じてシリアへ乗り込み、旧主の領土を併合した。そして、シリアの領土とエジプトの領土の間のエルサレム王国の排除へと動き、エルサレム攻略に至る。こうして、エジプトとシリアの支配者となったサラディンは、1193年にダマスカスで没した。彼の領土は子孫たちに受け継がれた。父アイユーブにちなんでアイユーブ朝と呼ばれる彼の王朝は1250年まで存続し、エジプト・シリアの政治・経済・社会・文化に大きな影響を残した。

さて、イスラームの歴史に大きな足跡を残したサラディンであるが、クルドの出自であることは彼の活動にどのような意味を持ったのであろうか。そして、サラディンはクルド民族とどのような関係を持つのであろうか。

まず、クルドの出自がサラディンの活動に持った意味としては、彼の軍の主力がクルドであったことがあげられる。サラディン自身は山に暮らすクルドではなく、都市に住む武将の子として育ったが、クルドの血を引き、おそらくクルド語も解したことは、クルドを率いる際に有利だったと想像される。しかし史料は、出自以外にクルドとサラディンの具体的な関わりをほとんど伝えていない。その一方で、彼の子孫であるアイユーブ朝の王族たちは、クルドの出自を否定したがり、祖先はクルドの近くに住んでいたがアラブであったと主張したと伝える。史料作者たちは、この主張を信用していないが、由緒正しそうなアラブの系譜を紹介してはいる。こうした記事からは、アイユーブ朝王族の少なくとも一部は、王朝の出自をクルドに結びつけることを嫌ったことがわかる。その原因としては、都市の上層民や知識人が、クルドを山に住む粗野な人々と見なす傾向が強かったことが考えられる。

サラディンとフセインが描かれたイラクの切手

そうした否定的なイメージを転換し、クルドであることを誇るのが近現代のクルド民族主義であるが、しかし、それも英雄サラディンを積極的に活用したとは言えない。英雄サラディンを活用したのは、第一にアラブ民族主義であり、次いでイスラーム主義である。これらの思想・運動潮流は、欧米諸国やイスラエルへの対抗という大義のもとに、サラディンの十字軍との抗争を「アラブの土地の解放」「聖地エルサレムの解放」というイメージに結びつけ、自らの思想・運動の正当性を英雄サラディンの活躍になぞらえて訴えてきた。その結果、アラブ民族主義を標榜するサッダーム・フセイン（2006年没）が、サラディンと同郷のティクリート出身であることも利用して、自分とサラディンを重ね合わせるプロパガンダを多用しつつ、クルド人を抑圧するという皮肉なことも起こったのである。

サラディンは、世界的にもっとも有名なクルド人でありながら、クルド民族との関連は濃密ではない。西欧の世論に敏感なクルド民族主義が、西欧で根強い人気を誇るサラディンをなぜ活用しなかったのかは、興味深い疑問である。その原因としては、歴史記述にサラディンのクルド性を強調する部分がほとんどなく、また、アラブ民族主義やイスラーム主義に先に取られてしまったことなどが考えられるが、いずれにしても、クルドとサラディンの意外に薄い関係は、クルドとは誰かを考える上で一つの重要な切り口になるとも思われる。

（森山央朗）

6

オスマン朝治下のアナトリア南東部

★東西を結ぶ交通の要衝★

東西を結ぶ複数の交易路が走るアナトリア南東部はアラブ圏・イラン圏・トルコ圏の交差する地域でもあった。16世紀初頭にイランにサファヴィー朝（1501～1722年）が成立すると、この地域の支配をめぐりオスマン朝（1299頃～1922年）とサファヴィー朝が争うようになった。同地域ではこれより前にすでにクルド系部族連合を率いた複数のクルド系領主が世襲的な支配を確立しており、彼らは交易路上にある町を本拠地として一定の地域を支配していた。社会の支配層はおもにクルド系ムスリムから構成される部族集団であった。キリスト教徒からなる部族集団も存在したが、割合としては少数派だった。キリスト教徒やユダヤ教徒といった非ムスリムの多くは被支配層であった。

16世紀前半、オスマン朝はサファヴィー朝の支配下にあったアナトリア南東部を征服した。交通の要衝であり異なる宗教・宗派に属する人々が暮らしていたこの地域をオスマン朝はどのように統治したのだろうか。重要なのはオスマン朝が同地域の伝統的な政治・社会秩序を壊さなかったということだろう。基本的にクルド系領主たちは排除されることなく領地は安堵された。その理由として考えられるのは、まずアナトリア南東部が都イスタンブルから遠く離れていて、さらにサファヴィー朝との緩衝地帯であったこと。次にサファヴィー朝の動向を探るうえでオスマン朝とサファヴィー朝に跨がって広範囲に活動していたクルド系諸部族の協力が必要であったこと。最後にクルド系領主たちの配下にいる部族民を軍事遠征や国境防衛に活用したかったことであろう。

征服後、オスマン朝はクルド系領主たちの支配地域をそのままオスマン朝の県として編入し、クルド系領主の一族を世襲的に県知事に任命した。ただしクルド系領主たちが離反しないよう監視する必要があった。この役割を担ったのが中央から派遣される州総督であった。クルド系領主は県知事に任命される際に州総督の推薦を受ける必要があったため、自分たちの上司にあたる州総督と良好な関係を築く必要に迫られた。州総督たちもサファヴィー朝を含む国境地域の動向を把握するために積極的にクルド系領主と関わりを持ったが、なかにはクルド系領主と婚姻関係を結んだ者もいた。

国境地域の防衛に際してオスマン朝はトルコ系部族民ではなくクルド系部族民を積極的に活用した形跡がある。これはおそらくサファヴィー朝の軍人の多くがトルコ系部族民であったことと関係があるだろう。国境防衛のために配置されるトルコ系部族民がサファヴィー朝に同調して反乱を起こすことを恐れた可能性がある。いずれにせよオスマン朝はクルド系領主が率いた部族集団を国境地域の城塞守備兵に任用すると同時に、国境地域にあるトルコ系遊牧民が利用していた夏営地へのクルド系諸部族の移住を奨励した。現在クルド人口が多い地域のなかには、それが当時のオスマン朝の国境防衛政策に由来するのではないかと考えられるところもある。

クルド系領主たちが本拠地とした町では、様々な交易品が通過しただけではなく、取引も行われた。

ヴァン城塞（2008年）

商取引にかかわる税や通過する商品に課された税はクルド系領主の重要な経済基盤となっていた。征服後、オスマン朝は多くのクルド系諸県で租税調査を実施し、町や村単位で税目と税収を詳細に調べて記録した。季節移動する遊牧民を対象とした税目や税収も同様に記録した。こうして確定された税収は、州総督や県知事をはじめ、一部のクルド系部族民も含まれる在郷騎兵に知行として分配されるものと、国庫収入となるものに定められたが、国庫収入となる税収の多くは国境防衛の城塞守備兵の俸給として支出された。そしてクルド系領主の一部は国庫収入に指定された税の徴収と送金に責任を負うことになった。オスマン朝は、クルド系領主の離反を防ぐためのさらなる方策として、彼らを地方財政に深く関与させたといえる。

クルド系領主たちは、オスマン朝の県知事としてサファヴィー朝に関する諜報活動や国境防衛といった任務を果たした一方で、商人や商品を介してサファヴィー朝とつながりを持っていた。イランからアナトリアに入る際の玄関口となったのがヴァンであった。ヴァンにはイランの商品を取り扱う卸売業者がいたが、サファヴィー朝領に買い付けに行く商人もいた。クルド系領主はイランからもたらされる絹や織物といった贅沢品をおそらくこうした商人から購入したが、彼らは出資者として自ら取引にも参入したことがわかっている。クルド系領主が本拠地とした町には非ムスリムが多く住み、その一部は商人と考えられるため、こうした商人を自らの代理として各地に派遣したのだろう。

アナトリア南東部からイラク北部では追い剥ぎを生業の一部とする部族民が活発に活動していた。山地ではクルド系部族民、平地ではおもにヤズィーディーやアラブ系部族民の追い剥ぎが絶えることはなかった。オスマン朝は交易路の安全のため、州総督やクルド系領主たちに追い剥ぎをした部族民の捕縛を命じたり、峠や山間の難所に「関所」を設けて街道の整備や治安維持にあたらせた。安全確保に加えて、おもに関税の安定徴収を目的として、イランから来る商人にオスマン領内での通過ルートを指定した。ところがオスマン朝が指定したルートを通らずに裏ルートを

ヴァン湖南岸の山地（2013年）

使う商人が現れた。税金逃れを画策した商人たちを裏ルートへ導いていたのはなんとクルド系領主であった。商人たちは指定ルートで払うより少ない額で裏ルートを通過したと考えられる。今でもアナトリア南東部からイラク北部にかけての山地には獣道のような密輸ルートがあるが、オスマン朝やサファヴィー朝の支配が及ぶ前から当地の住民たちは情報収集や経済活動など様々な目的で自由に山道を行き来しただろうし、それは後の時代でも同様だったろう。

サファヴィー朝が成立しオスマン朝とせめぎあうようになると、アナトリア南東部は両王朝の辺境となった。オスマン朝はクルド系領主たちを利用して国境防衛体制を築いたが、クルド系領主たちもオスマン朝を利用して伝統的な支配体制を維持することに成功した。ただこうした状況もオスマン朝が近代化改革を始める19世紀に終わりを迎えることになる。オスマン朝は中央集権化の障害となる地方有力者の統制や排除に乗り出すが、その過程でクルド系領主たちの多くも排除されることになる。

（齋藤久美子）

コラム1

シャラフ・ハーン・ビドリースィー
——あるクルド系地方領主の生涯

齋藤久美子

シャラフ・ハーン・ビドリースィーは、16世紀末にペルシア語で書かれたクルド史『シャラフ・ナーメ』の著者である。シャラフ・ハーンの一族はアナトリア南東部のヴァン湖南西に位置するビトリスとその周辺を代々支配したクルド系領主であった。

シャラフ・ハーンは1543年に、ビトリスではなく、イランのカラフルード（現在ではイラン中西部のアラーク市の一部）で生まれた。16世紀初頭、オスマン朝とサファヴィー朝という強大な国家の間にあって、アナトリア南東部は激動の時代を迎えた。アナトリア南東部には、シャラフ・ハーンの一族のように、交易路上にある町を拠点としつつクルド系部族連合を率いたクルド系領主が複数存在したが、オスマン朝とサファヴィー朝の衝突が不可避となると、クルド系領主たちはどちらの王朝につくのか決めざるを得なくなった。この時、シャラフ・ハーンの祖父はオスマン朝に臣従しビトリスを安堵されていた。しかしシャラフ・ハーンの父、シャムス・アッディーンの時代になると、オスマン朝はビトリスの直接統治をもくろんでシャムス・アッディーンに領地替えを命じたため、シャムス・アッディーンはサファヴィー朝への亡命をよぎなくされた。シャラフ・ハーンが故郷ビトリスから遠く離れた地で生まれたのはこのためである。9歳になったシャラフ・ハーンはサファヴィー朝の宮廷で王子たちと教育を受け、12歳の時に父の跡を継いだ。サファヴィー朝のシャー・タフマースプの死後、政争に巻き込まれ辺境の地に左遷されたのを機に、オスマン朝への臣従を表明し、1578年にビトリスへの帰還を果たした。

ビトリス。中央に見えるのが城塞（2007年）

シャラフ・ハーンは、1596年に息子のシャムス・アッディーンにビトリス県知事職を譲った後に、『シャラフ・ナーメ』を執筆したと考えられる。『シャラフ・ナーメ』は大きく二つに分けられる。前半はクルディスタンの支配者たち（クルド系王朝や、シャラフ・ハーンのように部族連合を率いたクルド系領主の一族）の歴史、後半はオスマン朝および同時代のイランとトゥラン（中央アジア）の支配者たちの歴史である。前半部分の最後を飾る著者の領地ビトリスに関する記述は全体の10分の1を占める。

『シャラフ・ナーメ』の歴史資料としての価値は、オスマン朝とサファヴィー朝の関係史を境界地域から検証することができる点、また、両王朝の史料からは窺い知ることのできないクルディスタンの政治・社会状況を明らかにできるという点にある。加えて『シャラフ・ナーメ』のような総合的なクルド史がこれ以前にも以後にも書かれなかったという点においても重要だろう。

400年以上を経た今も『シャラフ・ナーメ』の作者として抜群の名声を誇るシャラフ・ハーンであるが、人生の終わりについては不明な点が多い。息子のシャムス・アッディーンの後、1601年にビトリス県知事に任命されたのは、シャラフ・ハーンの別の息子ではなく、兄弟のハラフ・ハーンであった。そしてハラフ・ハーンが県知事に就任した頃、シャラフ・ハーンは何者かに殺害された。殺害の原因として、16世紀末からアナトリアで続いたジェラーリー反乱（オスマン政府に対する諸反乱の総称）の影響を受け、シャラフ・ハーンも反乱を起こしたためとも言われるが、真相は謎である。

7

アルダラーン家とサファヴィー朝

――★領域国家イランの形成とクルド系地方豪族の統合★――

イランという地理概念は古代にまでさかのぼりうるが、いまにつながる領域国家としてのイランは、200年以上に及ぶサファヴィー朝（1501〜1722年）支配のなかで徐々に礎が築かれたといえる。政治的に分裂していたイラン高原を統一し、現代イランのアイデンティティの中核ともいえるシーア派信仰を国教と定めたのがこの王朝であったし、しかも、この王朝が倒れた後も、王朝や体制は変われどイランという領域的枠組みは所与のものとして、域内的にも対外的にも受け入れられていたからだ。

このことは、イランに住むクルド人たちが、4世紀以上にわたる長い時間をかけてイランへの帰属意識を培ってきたことを意味しており、イランにおけるクルド人問題が他の国に比べてさほど激しい武力衝突にいたらないのは、こうした歴史的背景の違いにも起因しているように思われる。

本章では、こうした問題関心から、イランのクルド地域の統合過程のうち、とくにサファヴィー朝時代に焦点を当て、アルダラーン家というクルド系有力地方豪族がサファヴィー朝の支配をどのように受け入れていったのかを素描してみたい。

アルダラーン家とは、現在のイラン西部に位置するコルデスタン州（クルディスタンのペルシア語読みだが、イランのクルド地域のうち特定の地方を指す）にほぼ相当する地域を数百年にわたって治めていた有力地方豪族だ。日本史における「大名」を想起してもらえれば、当たらずとも遠からずだろう。この一族が、17世紀前半に造営して拠点としたサナンダジュの町は、現在もコルデスタン州の州都としてイランのクルド地域の主要都市の一つとなっている。

図1　17〜19世紀のイラン西部とクルディスタン

出所：筆者作成

　伝説的ながらサーサーン朝王家に連なる血統を誇るこの一族は13世紀頃に歴史に登場したとされ、現在のイラン西部からイラク北西部の一部にまたがる広大な領域を治める有力クルド系地方領主の一つとして目されるようになっていった。そこに、16世紀初頭、サファヴィー朝とオスマン朝が触手を伸ばしてきたのであった。

　アルダラーン家も、はじめからサファヴィー朝の支配を素直に受け入れたわけではない。両者の接触を史料上、確認できるのは、ビーケ・ベグという人物がアルダラーン家の棟梁であった時代からだ。彼は、臣従を迫るサファヴィー朝の圧力に耐えながら、１５３４

年、対イラン戦役のため遠征してきたオスマン朝のスレイマン大帝に帰順している。ところが、まもなく弟ソフラーブの方は、サファヴィー朝側について兄に対抗するようになった。兄弟間の争いが国際紛争と結びついたのである。

１５５５年にサファヴィー朝とオスマン朝との間で結ばれたアマスィヤ協定は紛争に一応の終止符を打ち、国境付近にも安定をもたらした。そこでは、互いに内政不干渉の原則が確認され、それを反映して、アルダラーン家はその後20年はおおむねサファヴィー朝の支配を受け入れていた。

ところが、16世紀末、サファヴィー朝の国内政治の混乱とオスマン朝との国境紛争の再燃により、クルド系諸部族は再び両者の間で巧みに動き回るようになった。アルダラーン家も、この時期にはオスマン朝君主ムラト３世（在位１５７４〜９５年）と通じていたとされる。

１５８８年に即位したサファヴィー朝中興の祖アッバース１世（在位１５８８〜１６２９年）は、領土の回復と集権的体制の確立による王朝の立て直しを図り、これによってサファヴィー朝とアルダラーン家との関係も大きく変わることとなった。当初、激しい抵抗を示したアルダラーン家当主ハルー・ハーンも結局はアッバースに臣従し、さらに息子を人質として宮廷に差し出している。宮廷に集めた地方豪族の子弟たちを君主のそば近くに小姓として仕えさせ、忠実な家臣に育て上げるのは、サファヴィー朝における伝統的な統合政策であった。辺境からやってきた若者たちにとってみれば、都の雅な文化に触れることで王朝への心理的愛着をかき立てられたにちがいない。

その後、アルダラーン家は何度かサファヴィー朝に反旗を翻したが、17世紀半ばにさしかかる頃には忠実に仕えるようになっていた。アルダラーン家の姿勢に変化をもたらした最大の要因は、１６３

9年にサファヴィー朝とオスマン朝との間で結ばれたゾハーブ協定だった。長らく係争の的であったイラク地方のオスマン朝帰属を確定したこの条約は、両王朝の抗争に終止符を打つとともに隣国への干渉を自制することを約したが故に、クルド系地方領主にとって隣国に寝返ることで自立化を図る戦術はもはや困難となったのだ。

もう一つの理由は、アルダラーン家の都市定住化であった。元来、彼らは、嶮岨《けんそ》な山間にいくつかの要害堅固な城塞を築き、その間を季節ごとに移動していたとされる。実際、アッバース1世がアルダラーン家の制圧にてこずったのも、その要塞故であった。そのため、後を継いだサフィー1世（在位1629〜42年）は、「コルデスタンの知事たちにとって避難や逃亡の場とならぬよう」、アルダラーン家に対して既存の城塞を破壊し、あらたな根拠地としてサナンダジュを整備するよう命じたのであった。いわば、山城から平城への転換である。しかも、サナンダジュは、首都エスファハーンとオスマン朝下のイラクとを結ぶ国際交易路の一つに位置しており、王朝によるアルダラーン家統制をより容易なものとしたにちがいない。

サナンダジュにある旧家の邸宅

実際、この頃から、アルダラーン家とサファヴィー朝宮廷との関係が変化を見せるようになった。中央政府は、アルダラーンの知事をたびたび恣意的に解任し、ときにはアルダラーン家を知事職からはずして中央から知事を派遣することさえいとわないようになった。アルダラーン家にとってみれば、サファヴィー朝とオスマン朝との関係が安定した状況では、オスマン朝に寝返って反旗を翻す余地はもはや残されていなかったのだ。

1722年、アフガン族によって首都エスファハーンを陥落させられて、サファヴィー朝は事実上、崩壊した。200年にわたる支配は、意外にあっけなく終焉を迎えたのである。この後、18世紀末にガージャール朝（1796~1925年）が誕生し、強力な支配体制を築くまで、イランでは群雄割拠の時代が続き、アフシャール朝（1736~96年）やザンド朝（1751~94年）の支配も一時的なものに留まった。

ところが、イランという領域概念はこの間も根強く生き延び、何より興味深いのは、内乱のなかでアルダラーン家もさまざまな勢力と同盟を結びつつ、イランの枠を離れることはなかったことである。しかも、一時はイランの王になることさえ夢見たとも言われる。

現実には、ガージャール朝に早くから臣従し、この王朝のもとでの中央集権化の過程で、数百年にわたって保持してきた知事職を奪われることになった。明治日本における廃藩置県にも相当するような集権化政策である。ただ、このときも、アルダラーン家はさしたる抵抗を示すこともなく現実を受け入れ、一つの名家として生き続けることを選択した。サファヴィー朝期以来、数百年にわたるイラン系王朝との関わりのなかで、イランの一部としての意識を培ってきた結果と言えるだろう。

（山口昭彦）

8

ホラーサーンのクルド人

★イラン北東部の「防人」として★

やや意外に思われるかもしれないが、イラン北東部のホラーサーン地方、隣国トルクメニスタンとの国境近くには、おそらく数十万単位でクルド系の人々が暮らしている。クルディスタンから北東数百キロとはるか遠く離れたこの地に、彼らが住むようになったのはいったいどういうわけであろう。

時代は、16世紀にまでさかのぼる。当時、イランを治めていたのが、サファヴィー朝（1501～1722年）だ。この王朝は時期によってその版図には揺れがあったとはいえ、最終的には現在のイランとその周辺を含む広大な領土を誇る巨大国家を作り上げた。シーア派を国教化したという点でも、現代イランの祖型となった王朝である。

クルディスタンはその西端に位置し、オスマン朝との境界に位置していたが、ホラーサーンは逆に北東端に位置していた。いずれも辺境という点で共通する。当時、ホラーサーンを外、つまり中央アジア方面から脅かしていたのが、ウズベク族のシャイバーン朝（1500～99年）である。16世紀を通じて続いたこの王朝は、フェルガーナからホラーサーンにいたる広い地域に支配を及ぼし、この地をめぐってサファヴィー朝と争奪

ホラーサーンのクルド系部族の少女たち
［出 所：R. Tapper and J. Thompson, *The Nomadic Peoples of Iran*.］

戦を繰り返した。

ちなみにここでホラーサーンとは、いまのイランのホラーサーン地方（現在の行政区分では、北ホラーサーン、南ホラーサーン、ホラーサーネ・ラザヴィーの3州に分かれる）だけではなく、アフガニスタンの西北部やトルクメニスタンの一部も含む地理概念であった。

サファヴィー朝初期、初代君主エスマーイール1世（在位1501～24年）が、シャイバーン朝君主ムハンマド・シャイバーニー・ハーン（在位1500～10年）を討ち取り、いったんはシャイバーン朝に打撃を与えたが、その後もウズベク族はしばしばホラーサーン地方へ侵入し、とくに、エスマーイール1世の息子で、サファヴィー朝第2代君主であったタフマースプ（在位1524～76年）が半世紀に及ぶ治世の後に亡くなると、サファヴィー朝は政治的混乱に見舞われ、それに乗じて東からはシャイバーン朝が攻めこんだ。

このように、北東の辺境防衛がサファヴィー朝の初期から課題となっていたが、そのときに利用されたのが、クルド系諸部族であった。勇猛果敢な山岳民族として戦闘能力に優れていると考えられたからにほかならない。こうして、16世紀半ば頃からクルド系諸部族に対するホラーサーン方面への「強制移住」が行われたが、日本史に照らせば、一種の転封あるいは国替といってもいいかもしれない。

ここで、一つ具体的な例を取り上げてみよう。

チェギャニー族というクルド系の部族があった。もともと、サファヴィー朝に先行するアクコユンル朝（14世紀後半〜1508年）に仕えていたとされる部族だ。遅くともタフマースプが即位する頃までには、サファヴィー朝に服属していることが確認できる。当時、クルディスタン各地にあったクルド系諸部族のなかでも、おそらくは弱小の部類に属し、これといった所領ももたなかったと思われる。

サファヴィー朝の配下に入ってまもなくチェギャニー族は街道で追い剝ぎを働くようになった。遊牧民にとって追い剝ぎはときに重要な経済活動であったが、国家の安寧を図る君主タフマースプとしてはとうてい容認できるものではなかった。王がチェギャニー族への懲罰と国外追放を命じると、部族はこれを逃れて東へ進み、インドやアフガニスタン方面へと落ち延びていった。

このとき、タフマースプは、この部族の族長家系出身で、当時、宮廷で王の近衛兵となっていたブーダーク・ベグを呼び出してこの部族の長に任じる。そして、チェギャニー族のもとへ送ったうえで、ホラーサーンの町クーチャーン（ハブーシャーン）を与えたという。王の側近として仕えていたブーダーク・ベグ（「ハーン」の称号を得て、まもなくブーダーク・ハーンとなった）を通じてこの反抗的な部族を統制し、そのうえでホラーサーンの防衛にも活用しようとしたのである。

ブーダーク・ハーンは移住後まもなくこの地に土着化し、この地方の有力武将の一人となっていった。この地域にあったキズィルバーシュ（サファヴィー朝を軍事的・政治的に支えた諸部族に対する総称）の有力部族とも手を結んでいたことが当時の史料からうかがえる。タフマースプの死から間もない1577~78年、ウズベク族がホラーサーンに侵入した際に、この地方の有力部族の首領たちがこれを撃退しようとしたが、その1人がブーダーク・ハーンであった。数年後、この地方の有力武将たちの間で、アッバース王子（後に、サファヴィー朝中興の祖となったアッバース1世（在位1588~1629年））をホラーサーンの君主として即位させようとする画策があり、絨毯に載せて玉座へと運ぶ即位儀礼が行われた際、絨毯の四隅をもった4人の武将の1人もブーダーク・ハーンであった。これらの事実から、ブーダーク・ハーンがすでにマシュハド周辺では指折りの武将として確固たる地位を築いていたことがわかる。

こうして力をつけたブーダーク・ハーンは、アッバース1世即位まもなく、アッバース1世の子で幼少のハサン王子の師傅役とマシュハド知事に任じられている。マシュハドはシーア派第8代イマームのレザーの墓廟があるとともに、ホラーサーンではヘラート（現アフガニスタンに位置する都市）に次ぐ重要都市であり、ウズベク族との紛争の最前線にあった。この町の統治権を与えられたことは、ブーダーク・ハーンの実力に対する王の評価が高かったことを示していよう。

その後、ブーダーク・ハーンは、宮廷内の政争に連座して、一時、王の寵愛を失いかけ、ハサン王子を担いでホラーサーンでの独立を目指したが、結局、ウズベク族の侵攻に遭って挫折し、アッバースへの謝罪を余儀なくされた。その後まもなく、サファヴィー朝がウズベク族からエスファラーエンの町を回復すると、その知事に任じられたのがブーダーク・ハーンであった。さらに数年後、ウズベク族からマシュハドを奪還すると、ブーダーク・ハーンが再度、この重要都市の知事に再任されている。彼がホラーサーン防衛の要とみなされていたことがわかる。

16世紀以来、チェギャニー族をはじめとしてホラーサーンへと移住させられたクルド系諸部族は新天地で新たな役割を与えられ、その後も、ときどきの状況を巧みに利用しながら近代まで生き延びていった。その末裔が、いま、ホラーサーンに住むクルド人たちなのである。

（山口昭彦）

9

東西両大国のはざまで

★オスマン＝イラン国境画定に翻弄されるクルド人★

クルド人たちが主に暮らしている「クルディスタン」は、歴史的には、オスマン朝（1299頃〜1922年）とイランの諸王朝の支配領域が重なり合い、交差するところであった。

16世紀初頭にサファヴィー朝（1501〜1722年）がイラン高原に興ると、オスマン朝は東方領域を脅かされ、両者はコーカサスから東アナトリア、クルディスタン、およびイラクをめぐって激しく争う。サファヴィー朝の滅亡後は、ナーデル・シャー（在位1736〜47年）やガージャール朝（1796〜1925年）がオスマン朝との領土争いを継続した。16世紀から19世紀にかけて、これらイランの諸政権はオスマン朝と5度にわたって和議を結んだが、そのいずれもがクルディスタンを含む国境問題をはらんでいた。

300年のあいだに締結された条約は、サファヴィー朝のシャー・タフマースプとオスマン朝のスレイマン1世が結んだ①1555年のアマスィヤ協定を皮切りに、②1639年のゾハーブ協定（サファヴィー朝のシャー・サフィーとオスマン朝のムラト4世）、③1746年のキャルダーン条約（ナーデル・シャーとオスマン朝のマフムト1世）、④1823年の第1次エルズルム条約

（ガージャール朝のファトフ・アリー・シャーとオスマン朝のマフムト2世）、⑤1847年の第2次エルズルム条約（ガージャール朝のモハンマド・シャーとオスマン朝のアブデュルメジト1世）である。

なかでも、1639年のゾハーブ協定（別名ガスレ・シーリーン協定）は、サファヴィー朝とオスマン朝の「領域」および「国境」に本格的に言及しており、のちの三つの条約に受け継がれたきわめて重要な協定である。この協定の原本は存在せず、ムラト4世からシャー・サフィー宛てのオスマン語の書簡が残るのみであるが、そこでは、いくつかの主要な城砦都市の名称が挙げられ、各々がどちらの国家に帰属するかが記されている。これにより、西アルメニアと、バグダードやスライマーニーヤを含むイラク全域がオスマン領に、また、東アルメニアとアゼルバイジャンがサファヴィー領となり、クルド人たちの暮らすクルディスタンは東西に分割された。

18世紀に入り、アフガン族の侵攻をうけてサファヴィー朝が崩壊すると、オスマン朝は再度これを好機ととらえイラン領に侵攻する。これに対してナーデル・シャーが失地回復の反撃に出たため、両者は1746年にキャルダーン条約を締結して和睦する。新たな条約では、まず、ゾハーブ協定で定められた「国境」の遵守が謳われ、「スルタン・ムラトの時代に定められた国境がいかなる変更もなく存続すること」と明記された。また、メッカ巡礼者の保護、領事の設置や戦争捕虜の返還などの3条項が定められた。ただし、ゾハーブ協定を踏襲していることからも明らかなように、この時点での「国境」は現在のような「線」によるものではなく、主要都市の帰属のみを明確にしたにすぎない。

18世紀末に成立したガージャール朝とは、全7条からなる第1次エルズルム条約が結ばれた。その第3条では、ハイダラーンルーとスィビキーという二つのクルド部族が名指しされ、彼らが「国境」

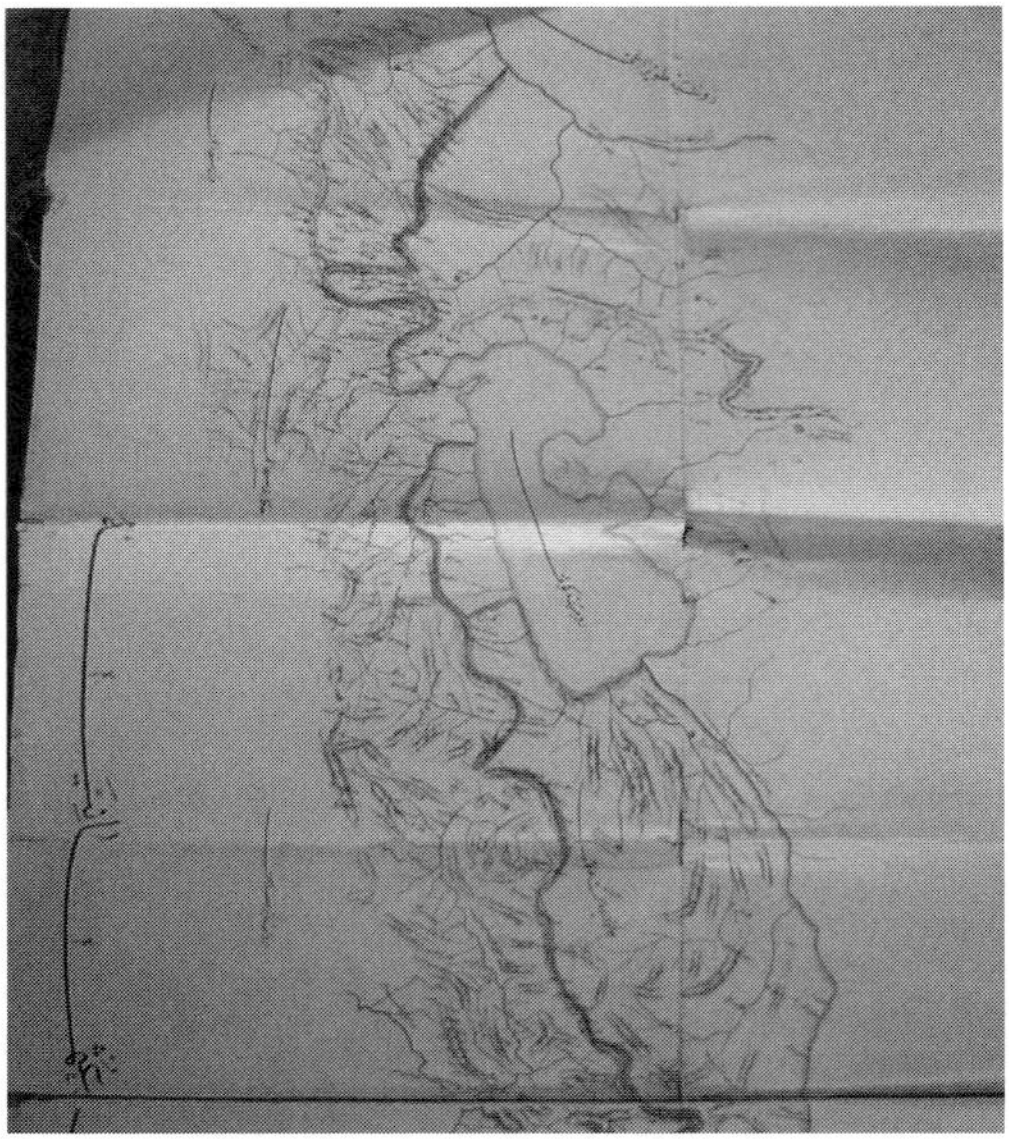

国境調査時に作成された地図。中央に見えるのがオルーミーエ湖

を越えて移動することが厳格に禁じられている。両者はオスマン朝とガージャール朝の抗争要因の一つでもあり、紛争の少し前に、呼びかけを受けてイランからオスマン領内へ移住した部族である。19世紀中葉の調査報告書では、彼らはアルメニア高原に暮らし、うちヴァンの周辺で遊牧を行うハイダラーンルーの男性成員は638名で、バヤズィト方面では1000軒程度と記録されている。また、バヤズィトのスィビキー内の18部族の名称と各々の宗派（ヤズィーディーかムスリムか）が言及されている（うち10部族がヤズィーディー）。この第1次エルズルム条約では、締結以前に彼らがすでに移動済みの場合は元の場所に戻ることを制限し、移住先でそのまま暮らすよう定められた。だが、もし自ら望んで戻る場合には、オスマン政府は何ら妨害をしないとも決定された。

その後、1847年には、オスマン朝とガージャール朝のあいだでほぼ永続的な和約となる第2次エルズルム条約（全9条）が締結され、これにより、両王朝間の「国境」の大枠が定められ、クル

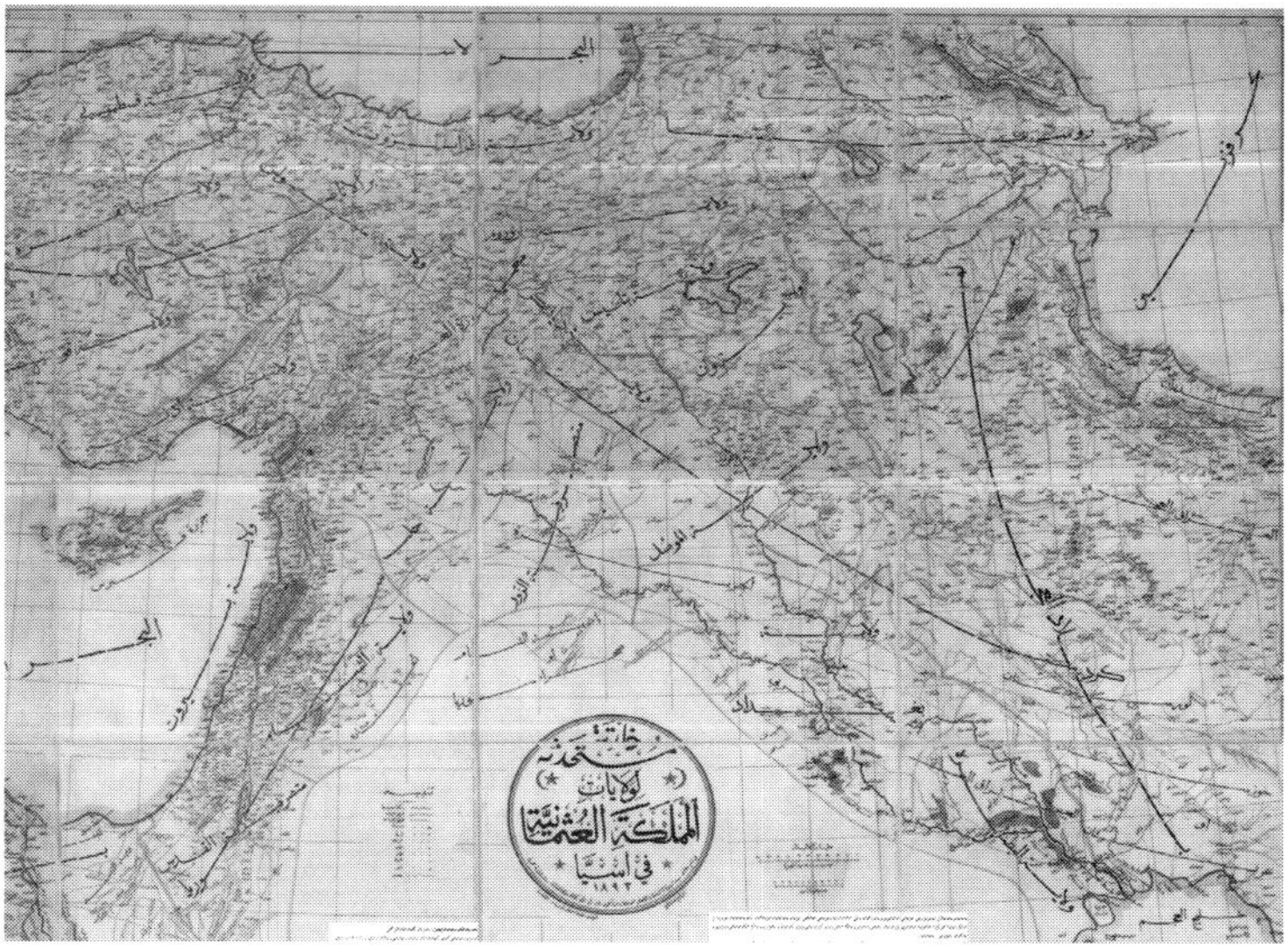

クルディスタン地域の地図（1893年）。イラン領とオスマン領でうっすら色分けされている

ディスタンやそこに暮らすクルド人たちは、それぞれの政権の「臣民」として、土地とともに完全に分割された。たとえば同条約の第2条では、「ゾハーブ地方の西側はオスマン政府に」、「ゾハーブ地方の東側、その山岳地すべてはケレンド峡谷に加えてイラン政府に引き渡される」と言明された。さらに、係争地のイラク北部のスライマーニーヤはオスマン領に、またシャット・アル・アラブ川東岸のムハンマラ（現ホッラムシャフル）はイラン領に落ち着き、同第3条で、この長大な国境画定作業に着手するための測量士らの派遣を定めている。

第2条とともにクルド人たちにとって重要であったのは同条約の第8条であり、「国境にいる遊牧民や部族ら」による略奪等の防止とそのための軍隊の設置、相手国での略奪時の損害補塡が明記されたうえ、

「その帰属が明らかでない係争対象部族は、一度に限って、自らの意志や選択によってその後居住する予定の場所を定めることができる。帰属が明らかな部族は、属する政府の土地に強制的に編入される」と定められた。これこそが、国家によるクルド系遊牧諸部族の管理と「臣民化」、彼らの移動の自由の制限を内外に向けて公的に謳ったものと言えよう。

ところで、19世紀前半に締結されたこれらの条約で言及されるクルド系の遊牧部族は、ハイダラーンルーとスィピキーの二つしかない。だが、条約締結にいたる交渉過程やその後に数年かけて行われた国境合同調査では、東アナトリアからイラクにかけて実に多くのクルド系部族がいたことが判明し、さらには、オスマン朝・ガージャール朝の両政府ともに、両朝の国境地域には遊牧のクルド諸部族が多数いたこと、また彼らが国境を越えて夏や冬の季節移動を行っていたことを非常に早い段階から理解していたことがわかる。しかしながら、19世紀にはすでに、西アジアの当事者国家の思惑を超えて、イギリスやロシアなどが触手を伸ばして干渉する時代が到来しており、オスマン朝やガージャール朝もまた、その圧力をうけて、線としての「国境」の画定やその領域内の「臣民（国民）」の管理を徹底することが求められた。ここにいたって、大国に翻弄され、近代的な「国境」に分断された、国を持たないクルド人たちの命運が決したのである。

（守川知子）

10

シャイフ・ウバイドゥッラーの「反乱」

――★変動するオスマン・ガージャール国境地域とクルド社会★――

1880年9月、オスマン帝国領のクルド系住民が蜂起しガージャール朝領へ侵入、サーヴォジュボラーク（現マハーバード）やオルーミーエなどの町を攻撃し、一部を占領した。彼らの軍事行動は、ガージャール朝軍による追討をうけてオスマン帝国領に撤退する11月初めまで続く。後世の歴史家によって、首謀者とされた神秘主義教団の指導者の名から「シャイフ・ウバイドゥッラーの反乱」と呼ばれるこの事件は、しかし「反乱」という言葉からイメージされるような単純な性格のものではなかった。この章では、事件の過程を詳述することはせずに、当時のオスマン・ガージャール国境地域（以下、単に「国境地域」とする）の変動と、その中でのクルド社会のあり方という観点からこの事件の性格を浮き彫りにしてみたい。

この事件の舞台となった国境地域では、19世紀後半以降オスマン・ガージャール両政府が近代的な意味での国境線を画定し、集権化政策を進めた。オスマン帝国政府はこの地域に長年にわたって根を張り、現地社会を取り仕切るアミール（地方領主）たちの排除による集権化を目指したが、この施策はその支配下にいた諸集団間の勢力争いの激化を招き、逆に地域情勢の不安定化につながった。ここに登場するのが、事件の指導者シャイフ・ウバイドゥッラーである。国境地域のクルド系住民に多数の支持者を持つ神秘主義教団の指導者であった彼は、アミール層排除後の権力の空白状態を埋める形で、クルド系諸集団間の調整者として現地社会での影響力を強めていった。一方で、彼はオスマン帝国政府に対しては現地住民の利害を代表し、当局も治安維持のため彼の存在を利用した。こうして、彼は現地社会と政治権力との仲介者となり、その影響力を増大させた。

オスマン・ガージャール両政府による国境画定と集権化はまた、国境地域の様々な宗教・民族集団間の緊張状態を先鋭化させる結果をもたらした。オスマン帝国領ではタンズィマート改革（1839〜76年）の影響から国境地域のキリスト教徒住民の待遇改善が図られたが、それがクルド系住民に不公平感を持たせる結果につながった。またガージャール朝領では、シーア派が多数を占める中央政府による国境地域への介入がときにクルド系を含むスンニー派住民の迫害につながったため、彼らの間に不満が醸成された。このため、国境地域のクルド系住民は保護を求めてシャイフ・ウバイドゥッラーを頼ることになった。こうして、国境地域における集権化政策から生じた矛盾を背景として、彼の影響力は国境線をまたぐ形で広がっていく。

このような状況下で発生した露土戦争（1877〜78年）は事件発生への過程で決定的意味を持った。オスマン帝国領内のキリスト教徒に対する保護権強化を目指したロシアの介入が戦争の原因のひとつだったこともあり、国境地域のムスリム・キリスト教徒間の関係は悪化し、クルド系住民はキリスト教徒、とりわけアルメニア系住民への警戒感を一層強めた。一方、ロシアに対する戦争を「ジハード」であるとするシャイフ・ウバイドゥッラーの呼号のもとクルド系の不正規兵がオスマン帝国軍に参加した。中立を保っていたガージャール朝側でも参戦の機運が高まったが、当局はロシアの圧力もあってこの動きを軍事力で禁圧、ガージャール朝領のクルド系住民はこれを中央政府による圧迫であるとして不満を強めてゆく。露土戦争によるこうした国境地域の情勢の激変は、シャイフ・ウバイドゥッラーへの嘆願という形をとり、国境の両側に影響力を有する彼に具体的な行動を取ることを要求した。こうして事件発生の基礎は準備された。

「反乱」は、これまで述べてきた国境地域の状況とそこでのシャイフの存在を如実に反映したものとなった。なにより、クルド系住民からなる軍勢がオスマン帝国領内で蜂起した後、ガージャール朝領へ侵攻するという形を取ったこと自体、クルド系住民の保護者たるシャイフ・ウバイドゥッラーがガージャール朝領のクルド系住民の待遇改善を蜂起の大義名分のひとつとしていたことによる。また、事件の直接の原因として、ガージャール朝領のある町で発生した知事と（「反乱」の軍事指導者のひとりハムゼ・アーガーを含む）クルド系有力者たちとの間の徴税に関するトラブルや、シャイフ自身が徴税権を有するガージャール朝領内の土地をめぐる当局との係争などが挙げられているが、これらはガージャール朝領内のクルド系住民が政府の抑圧の下に置かれていたことを象徴する事例といえる。一方、シャイフがガージャール朝によるクルド系住民の迫害やアルメニア系住民の脅威をオスマン帝国政府に訴えるかたわら、事件の最中もスルタン・アブデュルハミト2世を支配者として認めている事実は、蜂起を指導したとされる彼のおかれた微妙な立場と、「反乱」と一概に定義づけることのできないこの事件の複雑な性格を示している。

また、侵入軍によるシーア派住民を中心とする地域住民に対しての略奪・虐殺は、事件発生の背景

シャイフ・ウバイドゥッラーとも親交のあったアメリカ人医師ジェイムズ・コクラン（左から２人目）［出所：Susan Meiselas, *Kurdistan: In the Shadow of History*, Univ of Chicago, 2008.］

となる現地社会の緊張状態が臨界点に達していたことを示す。ガージャール朝領内に進攻した侵入軍がオルーミーエ湖東南方の町ミヤーンドアーブで引き起こした大規模な虐殺事件は、その最も顕著な例であろう。一方で、鎮圧のため派遣されたガージャール朝軍も、鎮圧活動の最中およびその終了後に報復の名目でスンニー派住民を中心とする地域住民に対し「過剰反応」とも評される略奪・暴行を行い、事件それ自体よりも甚大な被害を現地社会にもたらした。

　ここまで見てきたように、シャイフが指導したとされるこの事件は、オスマン帝国とガージャール朝という二つの政治権力の国境地域における集権化の試みから生じた矛盾を背景として発生したものであった。しかしながら、この事件は皮肉にも、両政治権力の国境地域における支配強化という結果をもたらす。ガージャール朝領では、同朝軍による暴力的な報復を通じて現地社会の支配強化が図られ、オスマン帝国側でも、シャイフとその家族が国境地域から移住させられ、シャイフの影響力排除と当局の統制徹底のための対策がとられた。19世紀から20世紀初頭にかけての国境地域に関する専門家サブリ・アテシュによれば、近代的国境の成立と確立により、「オスマン」や「イラン」といったそれまで現地社会であまり大きな意味を持たなかったアイデンティティが生命を得てゆくなかで、現地社会の他のアイデンティティと衝突したのがこの事件であった。事件の過程で複数のクルド系集団がガージャール朝を支持した事実や侵入軍内部の内紛は、「クルド」アイデンティティなるものが少なくともこの時期には明確な形で存在していなかったことを示しているが、「トルコ」、「イラン」といったようなナショナルなアイデンティティの優位性のもとでクルド系住民のアイデンティティが二次的なものとされたり、圧迫されたりする現代の状況と構造的に共通している点は指摘できるであろう。このような状況を準備したという意味で、シャイフの「反乱」は現代のクルド問題の淵源であるということもできるのではないだろうか。

（小澤一郎）

11

ベディル・ハーン一族

★クルド民族主義運動の先駆けとして★

1世紀以上に及ぶクルド民族主義運動の系譜のなかで、ベディル・ハーン一族の名はひときわ輝く。19世紀末から20世紀初頭にかけてのクルド民族主義の黎明期、かれらは、民族主義サークルの結成、雑誌の出版、クルド語教育から、独立に向けた武装蜂起の画策や列強との駆け引きまで、さまざまな場で活躍した。

一族の名祖ベディル・ハーン・ベグは、現在のトルコ東部ジズレを本拠地とし、イラクやシリアとの国境にかけての広い地域を代々治めていたアミール（地方領主）であった。当時、オスマン支配下のクルディスタン各地には中央政府の掣肘《せいちゅう》をうけつつも実質的な統治者として君臨するアミールたちが割拠していたが、なかでもベディル・ハーン・ベグの一族は有力領主の一つであった。

19世紀に入ると、オスマン朝は近代化政策の一環として、クルディスタンにおいても在地権力を排除し、集権的な体制を導入することをめざした。このため、１８３０年代から50年代半ばにかけてアミールのほとんどが世襲的統治権を奪われていった。

ベディル・ハーン・ベグは、中央政府によって周辺のライヴァルが排除されていくなかでむしろ力をつけ、一時は、現在のトルコ・シリア・イラク国境付近をまたぐ広大な地域を支配に収めることに成功した。ところが、1845年になってベディル・ハーン・ベグもまたオスマン政府に降伏を余儀なくされ、エーゲ海に浮かぶクレタ島へと流されていった。その後、許されてイスタンブルに移り、さらにダマスカスへと移住し、1869年にそこで亡くなった。

ベディル・ハーン・ベグには息子だけで21人もいたとされるが、その多くが西洋的な教育を受け、オスマン朝エリートとして各地で官職を得た。そして、これら息子たち、さらには孫たちの世代のなかから、19世紀末から20世紀前半にかけて初期のクルド民族主義運動を担うものたちが多く輩出したのである。

クルド人の間に民族主義思想が芽生えるのは、19世紀末である。1876年、オスマン朝では憲法が制定されたが、まもなく始まったロシアとの戦争を口実に時の皇帝アブデュルハミト2世（在位1876～1909年）はこれを停止した。その後、30年にわたる彼の治世は、立憲制を踏みにじった専制支配とされる。この間、帝国内外で反対運動が生まれ、なかでも統一と進歩委員会と呼ばれた組織がその中心的担い手となり、これら反専制運動は青年トルコ人運動として知られるようになった。こうした反専制運動と手を携えつつ、トルコ系の人々の間ではトルコ民族主義が思想的に鍛えられていくが、クルド民族主義思想もまたそうした動きと共鳴しながら産声を上げたのである。

嚆矢《こうし》となったのが、ベディル・ハーン・ベグの子ミドハトが1898年4月に発行した『クルディスタン』誌だ。オスマン語とクルド語で書かれたこの雑誌はエジプトのカイロで発行され、その後、ヨーロッパへと拠点を移し、ジュネーヴ、ロンドン、フォークストーンで発行された。その論調は、青年トルコ人運動とも呼応してアブデュルハミト2世の専制を批判し、クルド人の民族としての誇りをかき立てようとするものであった。ミドハトの弟で、統一と進歩委員会の支持者でもあったアブドゥッラフマーンが編集長となった。

1902年、パリで青年トルコ人会議が開催されると、アブドゥッラフマーンはこれにも参加している。オスマン朝の将来像をめぐり、集権的体制を支持するトルコ系ムスリムと、分権的体制を望む非トルコ系ムスリムや非ムスリムとの間で意見が対立するなか、アブドゥッラフマーンが後者を支持したのは言うまでもない。1908年、軍部の反乱によって立憲制の回復がなった。いわゆる青年トルコ人革命である。革命直後の自由な政治環境のなか、イスタンブルにあったクルド人たちの間でも民族主義サークルが作られていった。その中心人物のひとりが、ベディル・ハーン・ベグの子エミーン・アリーだ。クレタ島で生まれたエミーン・アリーは長じて法律を学び、オスマン朝各地で検察官や裁判官を務めた。革命後、シャイフ・アブドゥルカーディル（1880年に反乱を起こしたシャイフ・ウバイドゥッラーの子）とともに「クルディスタン相互扶助進歩協会」を創設した。その機関誌には、「オスマン人であることに高い誇りをもち、アルメニア人、ネストリウス派キリスト教徒、オスマン朝の他の市民との関係を強化するだろう」と謳われていた。この時期のクルド民族主義が、あくまでもオスマン朝の枠内で民族として認められることを希求していたことがうかがえる。

しかし、革命後の自由な雰囲気も長くは続かず、まもなく非トルコ系団体は閉鎖されていった。クルド系の組織や雑誌も閉鎖され、エミーン・アリー・ベディル・ハーンは死刑の判決を受けて、国外に逃亡した。

第一次世界大戦でオスマン朝が敗れると、事態は一変した。オスマン朝の解体あるいは領土の大幅な縮小が避けられない状況のなか、クルド人の間でも独立を求める動きが表面化しはじめたからだ。

ベディル・ハーン兄弟［出所：Meiselas, 2008］

休戦後の1918年、イスタンブルにあったエミーン・アリーはシャイフ・アブドゥルカーディルとともに「クルディスタン振興協会」の創設に動き、副議長となった。しかし、オスマン朝の存在を前提とした自治を説くシャイフ・アブドゥルカーディルと対立したベディル・ハーン一族は、オスマン朝からの分離・独立へと傾いていった。結局、袂を分かち、1920年に「クルド社会組織協会」を作るが、その主たる方針は、イギリスなど連合国を動かすことで、戦後処理のなかで一定の分け前を確保しようとするものであった。

しかし、ムスタファ・ケマル率いる抵抗運動が列強の占領をはねのけて、クルド系住民が多数派を占めるアナトリア東部を含む形でトルコ国家を打ち立てると、ベディル・ハーン一族は活動の場を失い、フランス委任統治下のシリアへと逃れていった。1927年にベイルートで「ホイブーン」なる組織を設立するが、その活動の眼目はケマルのトルコ政府に対抗することであった。エミーン・アリーの子ジェラーデトが議長となり、弟カムラーンとともにイラン、フランス、イギリス、イタリア、ソ連などとも非公式の接触を重ねつつ、トルコ東端アララト山で１９３０年に起こった反乱を計画していくことになる。

ホイブーンは反乱失敗後もシリアで活動を続けるが、ジェラーデト自身はホイブーンとは距離を置き、シリアにおけるクルド文化運動の原動力の一つとなる道を選んだ。ラテン文字表記によるクルド語（クルマーンジー方言）アルファベットを考案し、文法書を著し、クルド語・フランス語雑誌『ハーワール（呼びかけ）』や『ロナーヒー（明かり）』を発行するようになった。

弟カムラーンもまた、ホイブーンのベイルート代表としてクルマーンジー方言による文化運動に貢献した。兄を助けて『ハーワール』を出版し、別の雑誌『ロジャー・ヌー（新しき日）』と『ステール（星）』の主筆となる。フランス委任統治終了後はフランスに移住し、１９４７年からパリの東洋言語学院（現在の国立東洋言語文明学院）でクルド語を教授するようになった。

こうして、彼らのたゆまない努力により、現在に続くクルド語クルマーンジーの書き言葉としての礎が築かれたのであった。

（山口昭彦）

12

セーヴル条約からローザンヌ条約へ

★クルディスタンの分断と国際関係★

第一次世界大戦後、オスマン帝国支配下のクルド地域の運命はセーヴル条約とローザンヌ条約という二つの講和条約に翻弄された。そして最終的に1926年に国際連盟の裁定によって締結されたアンカラ条約で、モースル北部でのクルド地域の分断が決定された。

第一次世界大戦の講和条約の一つであるセーヴル条約（1920年8月調印）は、サイクス・ピコ協定で定められた連合国によるオスマン帝国領分割路線を継承しており、この条約のもとではオスマン帝国領はアナトリアのごく一部が残されるだけになった。クルド地域の扱いもまた、そのオスマン帝国分割路線の延長線上に位置づけられる。

同条約で「クルディスタン」とされたのは、西をユーフラテス川、北を（同条約で予定されていた）「アルメニア国境」、西をイラン国境、南をモースル州境の北に引かれた線で囲まれた場所である（地図1）。この地域はオスマン帝国支配下にあったクルド地域のごく一部である。ここに宗教的・人種的マイノリティの保護を前提とした「トルコ」内自治政府を置き、イギリス、フランス、イタリア、イラン、クルドの代表によって構成され

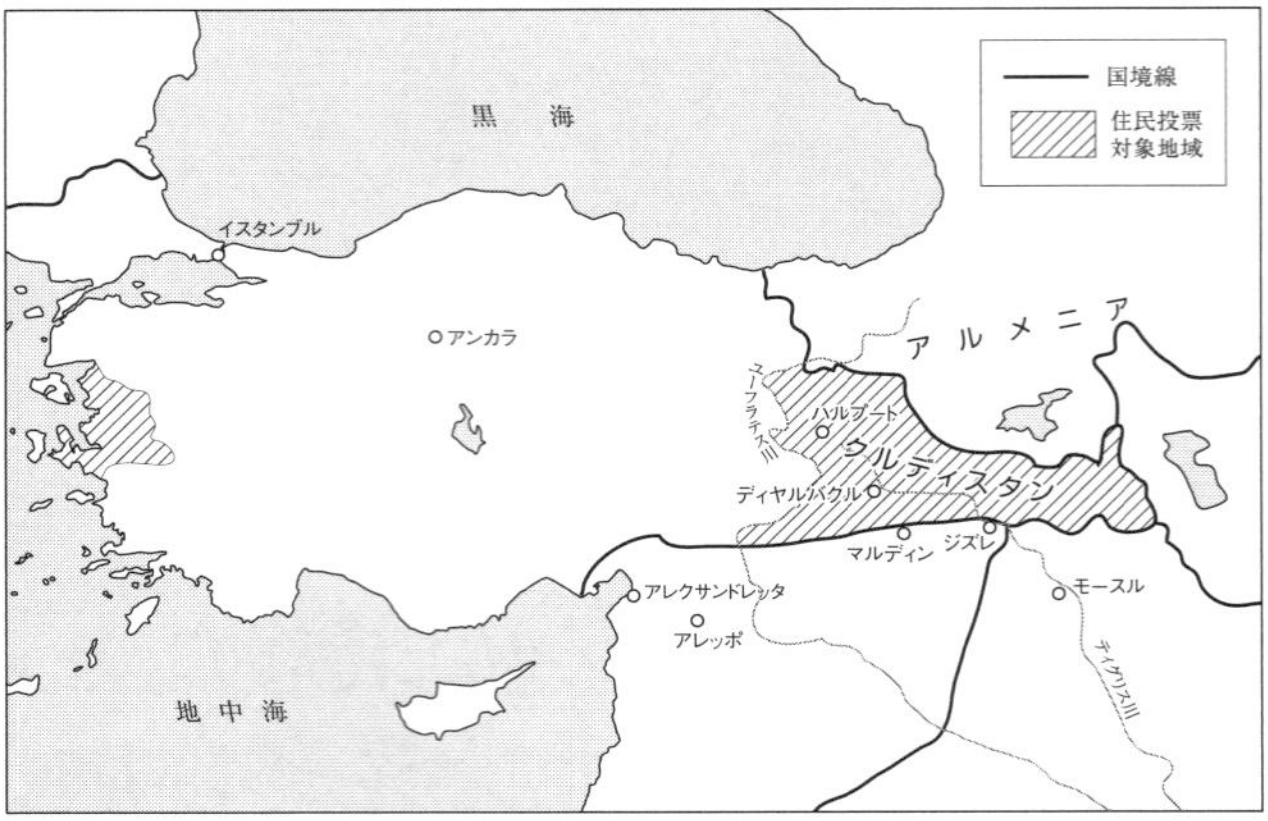

地図1　セーヴル条約におけるクルド地域［出所：Martin 1924より作成］

た委員会がその調査に当たる（第62条）。さらにこの「クルディスタン」は1年以内に住民の過半数が希望すればトルコから独立でき、独立後にモースル州のクルド人がこの独立クルド国家に合流することができた（第64条）。

このように、セーヴル条約において「クルディスタン」とされる地域は、自治にとどまらず住民投票による独立が認められていた。とはいえ、この独立が連合国の国益を損ねることのないよう、「クルディスタン」の範囲は実情よりも大幅に縮小された形で設定されていた。もしセーヴル条約が履行されていたとしても、クルド地域の分断が避けられたわけではなかったのである。この点にはクルド民族主義活動を行っていたシャイフ・アブドゥルカーディルとベディル・ハーン一族から抗議の声が上がった。しかしアナトリアでは、彼らを警戒させる別の動きが始まっていた。トルコ独立戦争である。

オスマン帝国のアナトリアを中心に第一次世界大戦休戦直後から起きていた連合国に対する抵抗運動は1919年半ばから全国的な組織化が行われていった。抵抗運動陣営から議員が多数参加していたオスマン帝国下院は、1920年1月にはオスマン帝国の不可分の領土をアラブ地域以外の「オスマン帝国のムスリムが多数派を占める地域」と定めた「国民誓約」を採択した。「オスマン帝国のムスリム」とはトルコ人とクルド人の合同と考えられたことから、クルド人地域までもオスマン帝国の不可分の領土として宣言されたことを意味した。

抵抗運動陣営が１９２０年４月にアンカラに新政府を設立した後、セーヴル条約は同年８月に調印されたが、アンカラ政府はこれを無視して、ソヴィエトの支援を受けながら連合国との間に戦闘を続けていた。１９２２年８月末まで続いた戦争の結果、新たな講和条約策定のためにスイスのローザンヌで会議が開催されることになった。こうしてセーヴル条約は批准も履行もされずに破棄され、クルド独立の取り決めは果たされないまま無効となった。

戦争中には、クルド人の独立問題が露骨に国家間の駆け引きの具とされた局面も見られた。たとえば、ギリシアはアンカラ政府に対し有利な立場を得るためにクルド独立を支援した。クルド民族主義者も国際的対立の構図を利用して、アンカラ政府に対し同時多発的な蜂起を企図していた。他方でアンカラ政府は北イラクのクルド系諸部族から支持を取り付けるべくモースルで工作活動を行っていた。イラク王ファイサルはクルド人地域にトルコとの緩衝地帯としての役割を期待していたため、トルコ側のクルド工作に神経をとがらせた。ローザンヌ会議でイギリス代表となったカーゾンは、状況次第でクルド人地域についてトルコに譲歩することも考えたが、産油地の領有を重視するイギリス空軍省と戦争省がカーゾンの見解に反対した。

ローザンヌ会議におけるトルコ側の方針は「国民誓約」を基礎としていた。したがってトルコ側では、クルド地域の割譲はもちろんクルド人の自治や独立も容認する意思はなかった。

クルド人地域に関する問題は、ローザンヌ会議ではトルコ・イラク間の国境問題として議論された。

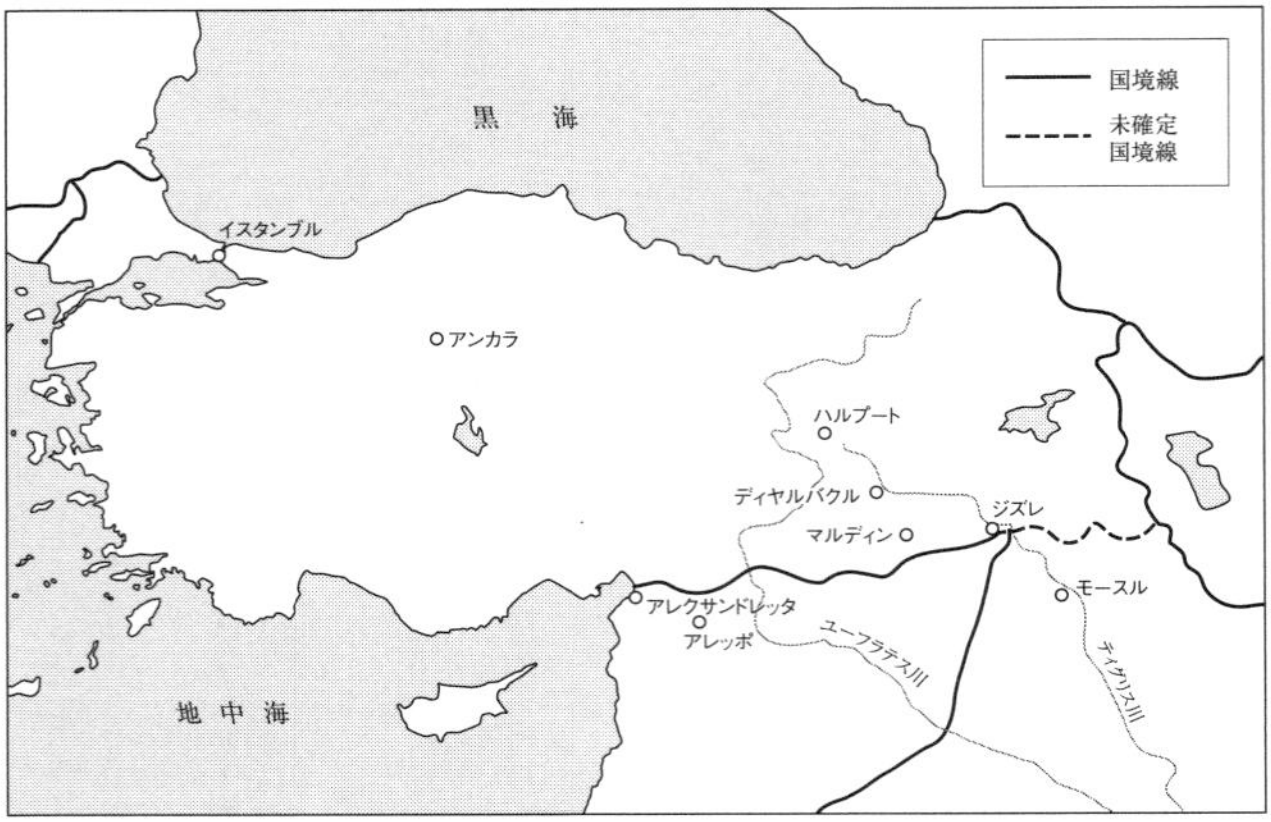

地図２　ローザンヌ条約における国境線［出所：Martin 1924 より作成］

ここで問題となったのは、端的にはモースル州をはじめとする北イラクのクルド地域の領有権である。トルコ側代表イスメトは国民誓約のほかに、トルコ議会におけるクルド人議員の存在を示して、トルコ人とクルド人の一体性を強調し、モースル州南部に国境線を引くべきとした。他方でイギリス代表のカーゾンは戦闘終結時の両軍の配置を根拠に、国境線はセーヴル条約と同様、モースル州北部にあるべきと主張した。そして、トルコ議会に参加しているクルド人は、モースルより北に居住する、いわば北クルディスタンのクルド人であって、問題となっているモースル以南のクルド人は参加していないとして、トルコ人とクルド人の一体性を強調するトルコ側の主張に反論してみせた。

トルコ・イラク間の国境線は、結局ローザンヌ条約では決定されなかった（地図2）。同条約の規定により、その後トルコ・イギリスの二国間交渉が行われ、解決を見なければ国際連盟に決定を委託することになった。この中途半端な内容は、条文策定過程でトルコ議会の野党的会派やクルド系議員を中心に反発を招いたが、トルコ政府は反発する議員を排除することで早期の講和成立を優先した。

二国間交渉の仕上げとして1924年5月にイスタンブルでトルコ・イギリス会談が行われたが、ここでも両国は合意に達しなかった。そこで国際連盟による検討が開始され、トルコ側は大幅に譲歩して住民投票による解決を提案したが、受け入れられなかった。

連盟は調査団を現地に派遣し、調査結果に基づいて「ブリュッセル・ライン」と呼ばれる、モースルとハッキャーリーの間を通る国境線を提案した。トルコ側はいったんこの提案を拒否したが退けられた。この原因として、国際連盟にトルコが加盟していなかったこと、この時期にトルコでは「シャイフ・サイードの反乱」と呼ばれるクルド人シャイフによる反世俗主義反乱が発生していたこと、そして、当該地域居住のキリスト教徒に対するトルコ人の虐待行為が調査報告書で指摘されていたことが挙げられる。

これを受けて再度トルコ・イギリス間で交渉が行われ、ついに1926年6月にイギリス・イラク・トルコ間に締結されたアンカラ条約によって国境線と諸条件が決定された。国境線はほぼブリュッセル・ラインに依拠し、モースルの北に引かれた。加えて、イラク政府はトルコに25年にわたって石油収入の10％を支払うことになった。クルド地域の分断はこのように、クルド民族主義者の抵抗もむなしく、国際的取り決めのもと決定づけられたのであった。

なお、トルコ国内に居住するクルド人の処遇については、ローザンヌ条約では、非トルコ語話者として母語の使用を制限されないよう定められるに留まった。これは、トルコ側代表のルザ・ヌールによる「トルコにはイスラーム教徒のマイノリティは存在しない」という趣旨の強弁のためである。これにより、マイノリティとしての権利保護はもっぱら非イスラーム教徒についてのみ規定され、イスラーム教徒であるクルド人は「マイノリティ」と認定されなかった。そしてこの母語使用が制限されないという処遇すら、その後のトルコ政治の展開の中で反故にされてゆくのである。


（宇野陽子）

13

トルコ独立戦争とクルド人

★「ムスリム同胞の兄弟民族」が戦った戦争★

トルコ独立戦争とクルド人の関係が本章で筆者に与えられたテーマだが、まずはトルコ独立戦争およびその結果成立したトルコ共和国のクルド人政策について簡単に説明しておく必要があるだろう。

第一次世界大戦で敗れたオスマン帝国は、英仏伊からなる連合国軍とその支援を得たギリシアの駐留、占領下に置かれ、なかでもギリシアは1919年にイズミル市を含むエーゲ海岸地域を占領した後、その後さらにアナトリア内陸部深くまで軍を進めた。また、アナトリア東部では、アルメニア国家の樹立とクルド人の自治・独立構想が現実味を帯び始めていた。こうした中で、オスマン帝国軍の将校、帝国末期に政権を握った「統一と進歩委員会」の残党などが国土の保全と国家国民の独立を掲げて国内各地で武装抵抗運動を組織した。これを1919年5月以降率いたのが、後のトルコ共和国初代大統領ムスタファ・ケマル（アタテュルク）である。1920年4月、ムスタファ・ケマル率いる国民議会（トルコ大国民議会）および臨時政府がアンカラに成立すると、トルコ大国民議会政府は西部戦線でギリシア軍と、東部戦線でアルメニア共和国軍と激しい戦闘を繰り広げる一方で、やがてイスタンブルのオスマン帝国政府にも公然と反旗を翻した。１９２２年9月、3年にわたった対ギリシア戦争に勝利してついにアナトリア全土を支配下に置いた大国民議会政府は、同年11月オスマン帝国を滅亡させ、翌23年10月にはトルコ共和国の成立を宣言した。

以上がトルコ独立戦争のあらましだが、その結果成立したトルコ共和国が、非トルコ系ムスリム民族に対して「トルコ化」を強制する方式で少数民族問題の解決を図ったことはよく知られている。とりわけトルコ人に次ぐ人口を擁し、しかもアナトリア東部ではむしろ多数派を占めていたクルド人は同化政策の最大の標的とされた。その結果、クルド語による教育や出版・放送は言うに及ばず、法廷や役所などの公的な場でのクルド語の使用も禁じられた。クルド語に由来する地名がトルコ語の地名に変えられた事例も枚挙にいとまがない。挙句の果てに、クルド人は「母国語を忘れた山岳トルコ人」というレッテルさえ貼られ、クルド人がクルド人として認められること、すなわち民族としての存在までも否定されることになったのである。

自国からクルド性の痕跡をできる限り消し去ろうとするトルコ共和国政府のこのような施策は、当然ながら歴史記述にも及んだ。共和国の極端なトルコ民族主義史観に基づくならば、西洋帝国主義を打倒して独立を達成し、オスマン帝政を廃してトルコ共和国を樹立させたトルコ独立戦争の担い手は、あくまでトルコ人でなければならない。しかしながら、トルコ国内のクルド人がトルコ独立戦争の重要な担い手であったこと、独立戦争期には多民族国家論が公式に言明され、トルコ人と国民意識を——それどころか中には民族意識さえをも——共有していたクルド人が少なくなかったことは、実際の史料が伝えるところであり、隠しようのない歴史的事実である。以下、それらを紹介したい。

クルド人と一口に言っても、トルコ独立戦争に対する関わり方は様々で、大きく分けて三つのグループに分類することができる。

第一のグループは、第一次世界大戦の戦後処理の中でクルド人の民族自決が現実性を持ち始めたことを受け、独立国家の樹立、あるいは少なくとも自治権の獲得を目指したクルド民族主義者で、ムスタファ・ケマル派の運動に対抗した人々である。この時期はクルド民族主義運動の高揚期で、オスマン帝国内にもいくつものクルド民族主義組織が結成されたが、その中で最も有力だったのはクルディスタン振興協会であった。運動の「国民的」統一を目指していたケマル派にとって同協会の存在は障害以外の何物でもなく、そのため、ケマル派側はクルディスタン振興協会の懐柔を試みたが、結局同協会がケマル派の運動に同調することはなかった。

第二のグループは、クルド人とトルコ人は共通の祖国《ワタン》を持つ兄弟民族であるとの考え方から、オスマン帝国の再興あるいは新国家の建設のためにケマル派の運動に結集したクルド人である。実は、そもそもトルコ独立戦争の開始当初から、ケマル派陣営は祖国がムスリム同胞諸民族から構成される多民族国家であり、ムスリム同胞諸民族のうちとりわけクルド人はトルコ人と同等の諸権利を享受すべき固有の人種《ウルク》、民族《ミッレト》であると一貫して表明していた。一方、これに共鳴するかのように、クルド人の側も——ここではトルコ大国民議会に少なからず議席を得ていたクルド系議員のことだが——クルド人とトルコ人の血統的・民族的・歴史的・宗教的一体性を主張して、両民族の不可分性を訴えていたことが一つの史料（トルコ大国民議会本会議録）からうかがえる。こうした事実は、クルド人意識とトルコ人意識はいかにして整合するのか、ひいては少数民族がいかにして多数民族の民族主義に共鳴しうるのかを考える上で示唆に富むものである。

最後の第三のグループは、状況次第でクルド民族主義派にも、反ケマル派にもケマル派にもなる可能性があったクルド人有力者（部族長、シャイフなど）である。トルコ独立戦争が総力戦であった以上、民衆動員力、経済力、軍事力を持つ彼らの動向が戦争の成否を左右していたことは言うまでもない。それゆえムスタファ・ケマルは、1919年5月にアナトリアに入ると、直ちに東部地域におけるクルド人有力者たちの動静に関する調査を開始、さらに彼らにきわめて丁重な書簡または電報を送り、場合によっては自ら直接会って運動への協力を要請したのだった。それがどれほど奏功したかは議論の分かれるところだが、トルコ独立戦争中にケマル派運動に対抗してアナトリアの各地で勃発した合計23件の「反乱」のうち、クルド地域で起きたもの、あるいはクルド部族によるものはわずか4件だった事実が示すように、結果的にクルド人有力者の大半はケマル派運動を支持した。その一方で、独立戦争中、第一のグループと第三のグループ、すなわちクルド民族主義者とクルド人有力者との共闘は少数の事例を除いて見られな

ムスタファ・ケマルとクルド部族長（1921年）

かった。トルコ独立戦争期、トルコのクルド人全体を巻き込んだクルド民族運動の統一戦線は結局構築されなかったのである。

独立戦争の結果成立したトルコ共和国が過酷な少数民族政策を推し進めたことは先に述べたとおりである。それでは、トルコにおいて多民族国家論から単一民族国家論への明確な転換はどの時点で起こったのだろうか。実はこの問いに対して決定的な答えはまだ与えられていない。膨大な研究蓄積を持つトルコ現代史研究とクルド現代史研究においても、まだ重大な課題が残されている。（粕谷　元）

14

シャイフ・サイードの反乱

★クルド民族主義の側面が強調された反乱★

1925年、トルコのクルディスタンで、トルコ共和国成立後初の大規模反乱であるシャイフ・サイードの反乱が発生した。反乱の指導者であったシャイフ・サイードは、クルディスタンに大きな影響力を持っていたイスラーム神秘主義教団の一つ、ナクシュバンディー教団の宗教指導者シャイフであり、クルド人である。反乱は、その前年に廃止されたカリフ制の復活とクルド人国家の建設を掲げ、またたく間に共和国の東部諸州に拡大した。反乱は結果的に失敗に終わったが、トルコ政府は3万5000人もの兵と、2か月の期間を反乱鎮圧に費やし、シャイフ・サイードを逮捕・処刑した後も残存勢力の抵抗に長期間にわたって苦しめられた。

シャイフ・サイードの反乱については、カリフ制の復活という宗教的動機をもとにした「宗教的反乱」であったとする評価と、クルド人によるクルド人国家の設立という民族主義運動から発生した「民族主義的反乱」であったという主に二つの評価が存在する。ここでは、どちらが正しいということではなく、シャイフ・サイードの反乱が「民族主義的反乱」と評価されるにあたって、クルド人対トルコ人という民族性が強調され、民

反乱の関係者たち。前列右がシャイフ・サイード

族対立の構図が生じてきたことに着目したい。

前述の「宗教的反乱」と「民族主義的反乱」という二つの評価は、シャイフ・サイードの反乱が発生した当初から存在した。反乱発生を受けたトルコ政府は、反乱の二つの側面を早くから指摘した上で、反乱鎮圧の過程で、ある面ではそれらを政治的に利用した。共和国の建国初期にあって、まだその体制が盤石とはいえなかった大統領ムスタファ・ケマルにとって、反乱は独裁的政治体制確立への機会を提供したのである。反乱を理由に設置された「独立法廷」と「治安維持法」は、後に、ムスタファ・ケマルの政敵を駆逐するための重要な役割を果たした。また、反乱の指導者であったシャイフ・サイードが、宗教指導者だったことから、宗教の脅威が強調され、以前から進められていた公的空間からのイスラームの排除が一層すすめられた。

宗教の脅威が強調される一方で、民族主義に対する対応の必要性も叫ばれた。オスマン帝国末期から、主に欧米のナショナリズムの影響を受けた「諸民族の独立」と「帝国からの離反」が繰り返されてきたが、シャイフ・サイードの反乱はその再来を予感させるものだったに違いない。当初、キリスト教徒の「オスマン臣民」の間で生まれた民族意識と独立運動は、ムスリムのアラブ人らにも波及した。そして今度は、やはりムスリムで、トルコ共和国がトルコ人との不可分性を主張してきたクルド人による反乱が起きてしまった。このことは、当時の多くの政治家たちに、民族主義に対する恐怖と国家分割への大きな危機感を生じさせた。クルド人ばかりが取り上げられる傾向にあるが、トルコ国内にはクルド人の他にも多くの少数民族が居住している。トルコ政府にとっては、同様の反乱が、クルド人はもとより、共和国の領域内に住む諸民族の間で続発するような事態は絶対に避けなければならなかった。

反乱後、トルコ政府は民族主義、ひいてはトルコからの分離主義が拡大することを恐れ、反乱に関わった咎で、多くのクルド人有力者とその一族をアナトリア西部に流刑にし、クルディスタンにおける彼らの影響力をそいでいった。オスマン帝国時代から、クルディスタンの各地においては、その地の有力部族長やシャイフの家系が、地域の慣習や歴史的な統治形態に基づきその地に住む人々を統制しており、自治的性格が強かった。クルド人有力者のアナトリア西部への流刑は、こうした有力者たちの統治していたクルディスタ

シャイフ・サイードの処刑

ン各地における、トルコ政府の統制を強めることをねらったともいえる。流刑にされた少なくない人々は、おそらく反乱とは無関係であり、政府の脅威となり得るクルド人有力者が排除されていった。

特に、1919年にイスタンブルで設立されたクルディスタン振興協会の長で、シャイフ・ウバイドゥッラーの反乱の指導者、シャイフ・ウバイドゥッラーを父にもつシャイフ・アブドゥルカーディルの処刑はその代表的なものである。シャイフ・アブドゥルカーディルはクルディスタンだけでなく、イスタンブルのクルド人の間でも多大な影響力をもっていた。彼はまた、オスマン帝国末期から、第一次大戦後のクルディスタンおよびクルド人の地位について、欧米諸国の代表者らと交渉を積極的に行っていた人物だった。アブドゥルカーディルは、クルディスタンの「分離独立」ではなく、オスマン帝国内での「自治」を志向していたが、そうであっても、その行動はオスマン政府、そして、トルコ政府にとって必ずしも都合の良いものではなかった。トルコ側の見解では、クルディスタン振興協会とシャイフ・アブドゥルカーディルが、シャイフ・サイードの反乱を主導したとされているが、実際には関わりがあったことを断定できるだけの証拠はない。反乱の立案・計画を行ったのは1922年にトルコ東部のエルズルムで設立されたクルド独立協会であるとされるのが近年の研究では一般的で、クルド独立協会とクルディスタン振興協会の明確な関連性も明らかになっていない。

また、トルコ政府は、クルディスタンへの影響力を強めるのとあわせてトルコ人への同化政策をすすめ、1930年代後半にはクルド人は、「トルコ語を忘れた〝山岳トルコ人〟」と表現されるようになっていた。

反乱後のトルコ政府の対応について、反乱後に執筆されたクルド人側の資料では、トルコ政府の非人道性が強調され、民族に対する弾圧として描かれている。そのことの当然の帰結として、反乱はクルド人が、トルコ人の抑圧からの解放を目指して戦った「独立戦争」として描かれることになる。数々のクルド人民族主義者たちによる著書で、反乱は伝説的な扱いを受けており、そこでは指導者であったシャイフ・サイードが明確なクルド人意識をもったクルド・ナショナリストであったことも強調されている。

このように、おそらくトルコ共和国政府の反乱者たちに対する対応にも多分に影響を受けて、シャイフ・サイードの反乱以降、トルコ国内において　トルコ政府とその圧制に抵抗するクルド人という構図が明確に現れるようになる。シャイフ・サイードの反乱の際には、民族主義的要素と並んで、宗教的動機を反乱に見出すことができたが、これ以降に起きたアララト山の反乱（１９３０年）およびデルスィムの反乱（１９３７～３８年）という二つの大規模なクルド人反乱においては、トルコ政府に対するクルド人の抵抗という側面が明らかに強くなっている。そして、これらの反乱への対応を通じて対立の構図は先鋭化し、１９３０年代後半にはクルド人が「山岳トルコ人」と呼ばれ、その存在すら否定されるようになったことは前にも述べた通りである。そして、逆説的だが、トルコ政府によってその存在まで否定されたことで、クルド人としての民族意識は強化されただろう。さらに、１９８０年代、クルディスタン労働者党（ＰＫＫ）がトルコ政府と激しい戦闘を繰り返すようになり、クルド人問題がトルコ人対クルド人という枠組みの中で議論されることで民族対立の構図が確立した。

近年、シャイフ・サイードの反乱は、宗教的側面を有しつつも、クルド人としての独立を掲げた民族主義的運動の端緒の事例として高く評価される傾向にある。実際、シャイフ・サイードの反乱では、民族主義的政治組織が反乱の立案・計画を担ったとされるなど、それまでの「クルド人反乱」とは一線を画すような側面があったことが近年の研究で指摘されている。シャイフ・サイードの反乱以前の反乱は、クルド人という民族としての独立を目指したものではなく、支配者への抵抗という域を脱していないとされるのが一般的で、クルド人ナショナリストにとっては、シャイフ・サイードの反乱は、それまで希薄だったクルド民族主義意識が人々の間に浸透しはじめたことを証明する記念すべき出来事である。

しかしながら、現在のクルド人問題の根底にある民族意識、民族の権利を考えるにあたって、暗黙のうちに前提とされているトルコ人対クルド人という民族対立が顕在化していった歴史的背景について、今一度想いを馳せる必要があるのではないだろうか。シャイフ・サイードの反乱とその影響は、民族問題としてのクルド人問題が生まれる過程を見つめ直すうえで、我々に大きな示唆を与えるものである。

（能勢美紀）

15

建国期のイラクとクルド人

★現在まで続く混乱の起源★

２０１７年夏、イラク軍が、約3年に及ぶＩＳ（イスラーム国）の占領からモースルを奪還した。今や、世界の関心は、イラク北部に位置する第三の都市モースルの実権をいったい誰が握るのかということに向けられている。そんな最中に実施されたのが、イラク北部のクルド自治区による、イラク共和国からの独立の是非を問う住民投票（２０１７年9月25日）だった。イラク政府のみならず、同じくクルド人口を領内に抱えるトルコやイランも投票の実施に強硬に反対した。こういうニュースを見るたびに思う。イラクが建国の時に抱えていた矛盾は、１世紀を経た今もなお健在だ。

クルディスタンは、第一次世界大戦とそれに続くオスマン帝国の解体によって、現在のイラン、イラク、トルコ、シリアという複数の国家の間で分断されてしまうことになる。しかし、１９１８年にイギリス軍がキルクークに侵攻した際には、一部のクルド系諸部族の族長たちはイギリスを歓迎したとの記録が残っている。戦争による経済的疲弊や度重なる飢饉を、イギリスの財力が救ってくれるという期待があったのだろう。イギリスに近づいたクルド人の中には、宗教指導者シャイフ・マフ

シャイフ・マフムード・バルズィンジー
［出所：Charles Tripp, *A History of Iraq*, Cambridge University Press, 2000, p.35.］

ムード・バルズィンジーがいた。

クルド人の多くは、イラク中部を中心に居住するアラブ人と同じく、スンニー派のイスラーム教徒だ。クルディスタンでは、特に神秘主義（スーフィズム）が広く浸透していた。クルディスタンにおけるシャイフとは、神秘主義教団の導師を指し、政治的・社会的・文化的権威でもあった。イギリスと親交のあったシャイフ・マフムードは、カーディリー教団の導師として、特に現在のクルド自治区の一部であるスライマーニーヤを中心に影響力を持っていた。

オスマン帝国敗戦後の南部クルディスタン（大クルディスタンのイラク部分）は、ＩＳ駆逐後のモースルと同じように、誰がその後の統治を引き継ぐかという課題を抱えていた。そこでイギリスが「南クルディスタン」の知事に任命したのがシャイフ・マフムードだったわけだが、彼の権威が行き渡る範囲には限界があった。事実、イギリスの間接統治体制はスライマーニーヤを中心に構築されていった一方で、それ以外の地域では未だかなりの独立性が保持されていた。

後にイラク北部有数の石油生産地となったキルクークは、バグダードの中央政府と距離を置くだけでなく、スライマーニーヤの支配下に入ることにも強い拒絶反応を示した。キルクークの名士サイイド・アフマド・ハーナカーはその一例だ。バルズィンジー一族に属する一方で、彼はナクシュバンディー教団のシャイフでもあったため、同じクルド人であったとしても、カーディリー派のシャイフ・マフムードの直接的な影響が及ぶことを嫌ったわけだ。

一方、自身が統治するスライマーニーヤだけでなく、南部クルディスタン全域に支配を行き渡らせたいと願っていたシャイフ・マフムードは、1922年に自らを「クルディスタン国王」に任命し、権力拡大に向けた野心を改めて表明した。クルド人の独立を端から選択肢に入れていなかったイギリスに嫌気がさしたシャイフ・マフムードは、トルコとの接近を試み、イギリスに反旗を翻すことになる。安価で効率的な支配を可能にするためにイギリスが推し進めた間接統治は、結局機能不全に陥り、1924年にはスライマーニーヤにイギリスが兵力を投入する結果になった。この後も、南部クルディスタンで安定的な状態が長続きすることはなく、自治権の拡大を求めるクルド系諸部族と、イギリスやファイサル政権との間で、妥協と対立が繰り返されていくことになる。

イギリスは、多様な側面を持つクルド人を一部のシャイフを介して効果的に統治しようと試みたが、それがいかに困難な仕事であるかを十分に認識していなかったのかもしれない。宗教と言語をとってみても、クルド人は実に多様な側面を持っている。そんな彼らを一つの集合体として統治することには限界があるし、同じスンニー派とはいえど、イギリス子飼いのアラブ人がトップに据えられた中央政権の下でクルド人を統治するには、非常に細やかな配慮と細心の注意を必要とする。

アラブ人が中心になってバグダードに打ち立てられた中央政府が、クルド人にとって、いかに心理的にも物理的にも遠く異質な存在であったかということは重要だ。1921年に、イギリスが支援したメッカの太守ハーシム家の三男・ファイサル王子がイラク王国の初代君主に即位したが、アラビア半島から来た外来の若き国王は、クルド人にとっては縁もゆかりもない人物であり、当時の南部クルディスタンのどこを探しても、ファイサル王子に対する忠誠心のかけらも存在しなかっただろう。

イギリス統治に欠けていたのは、一貫した政策だ。オスマン帝国の支配に問題がなかったわけではないが、少なくとも彼らにとっての優先課題は比較的明確だったと思う。それは、均等に支配を行き渡らせることではなく、確実に税金を徴収することだった。一方のイギリスは、第一次大戦の戦勝国として、民族自決という理念の下、国際連盟から委任された統治を行うという国際社会に対する責務を負っていた。だからこそ、帝国主義的野心を隠しつつ、いかにイギリスにとっての利益を追求するかということに腐心したわけだが、厭戦ムードが漂うイギリスで、イラクからの早期撤退が叫ばれ始めたのもこの頃だった。

イギリスにとっての20世紀前半は、世界の国際秩序が変わりゆく中で、試行錯誤を繰り返した時代だった。だからこそ、政府内部にも、イラクやクルド人の扱いに対して様々な意見があった。強硬に直接統治を主張する者もいれば、経費削減には間接的な統治が一番と考える勢力もあり、クルディスタンに関して言えば、トルコとの緩衝地帯として直轄領にすべきという考えもあった。折衷案を模索すればするほど、一貫した政策を打ち出すことは難しくなる。イギリスは、クルド語の地位向上などといったアメをちらつかせ、多様なクルド人を一つにし、最終的には中央政府の支配下に置くという大まかな筋書きを思い描いてはいたようだが、結局のところ、国家主権や民族独立という西洋的ロジックの一方的な押し付けが、イギリスにとっても、イラクにとっても、またクルド人にとっても、混乱とさらなる対立という不幸な結果を招いたと言える。

国家財政を圧迫する軍事費用と増加する戦死者数、早期撤退を迫る国内世論などを背景に、イギリスは北部の油田権益など一部の利権を残し徐々にイラクへの介入度合いを減じていった。そして、イラク王国の樹立から1世紀もの年月が経過しようとしている今も、イラクにおいて、クルド人は最大の不安定要素の一つであり続けている。

（増野伊登）

III

多様な宗教世界

16

「真実の人々」

★アフレ・ハックの世界★

峻険な山々が背骨のように貫くクルディスタンには、その地理環境もあって、いまなお「変わった」宗教が各地に息づく。その一つ、アフレ・ハックは、古代イランの宗教的要素を受け継ぎつつ、イスラーム神秘主義やシーア派の流れをも汲む独特の教義や儀礼をもつ少数派宗教集団だ。その名称は、ペルシア語で「真実の人々」を意味する。

居住地域は、イラン西部、とくにケルマーンシャー州を中心に広がる。州の西と東に大きなコミュニティがあり、このうち州西部、イラクとの国境に近いグーラーン地方はダーラーフー山脈などによって地理的にやや隔絶したところに位置する。他方、州東部では、サフネの町とその周辺の村にコミュニティがある。グーラーンに比べると信徒の数は少ないが、地理的にはそれほど孤立していない豊かな土地である。グーラーンでは部族的紐帯が強いのに対し、サフネ周辺では都市民や農民が信徒の多くを占める。ケルマーンシャー州以外では、ロレスタン州、アゼルバイジャン州、ハマダーン州などのイラン西部や、首都テヘランの周辺などにも信徒がいる。隣国イラク（ここではアフレ・ハックではなく、カーカーイーと呼ばれる）では、北部を中心にコミュニティがある。

この地理的広がりからもわかるように、アフレ・ハックはクルド人の民族宗教というわけではない。クルド系が多数を占めるものの、トルコ語やペルシア語を母語とするものもいるからだ。

アフレ・ハックの歴史は、スルターン・サハーク（あるいはスハーク）なる人物に始まる。生年さえはっきりしない謎に包まれた人物だが、15世紀ごろに生まれたのではないかと考えられている。現イラクのスライマーニーヤの東、イランとの国境に近いバルズィンジャに生まれ、そこからやや西に位置するハウラーマーン地方のペルディヴァルに移住し、そこで現在のアフレ・ハックの原型となる集団を形成したと考えられている。

スルターン・サハークの７人衆の一人バーバー・ヤーデガールの墓廟

アフレ・ハックに、聖典やそれに基づく統一的教義は存在しない。聖典に代わるものとして、キャラーム（原義は「言葉」や「語り」）と呼ばれる宗教詩がさまざまな時代に作られ、彼らの世界観・宗教観を伝えるものとして主に口承により語り継がれてきた。ただし、キャラームは難解であり、一般信徒にその真意が理解されているわけではない。そもそも、聖書やコーランのように一般信徒が読み、参照すべきものとは想定されていない。この意味で、キャラームは聖典とは言えないかもしれない。

信仰の中心となるのは、神の顕現や輪廻転生の思想だ。彼らによると、はじめにアザルと呼ばれる「始まりのない永遠」という状態があった。そこでは、ザートという言葉で表現される「神の本質」が、真珠に包まれていたという。

最初の顕現で、神の本質は創造主となり、現世が創造された。次の顕現では、神の本質はアリーとなって現れた。ここでアリーとは、イスラーム教スンニー派では最後の正統カリフ、シーア派では初代イマームとされる人物である。その後も神の本質は繰り返し顕現し、現在まで7回（あるいは6回）の顕現があったとされる。創造主がアリーへと生まれ変わったとするため、アリーを神格化するシーア派極端派（グラート）の一つに分類されることもあるが、実際にはアリーの二代または三代後に神の顕現として現れたスルターン・サハークこそが、より完全な形で神の真理を伝えたとされ、シーア派極端派の範疇からずれる側面をもつ。

神の本質の生まれ変わりには、4人の天使が同伴した。創造主に同伴したのは、イスラームの四大天使でもあるジブラーイール、ミーカーイール、イスラーフィール、アズラーイールであった。これらが、たとえば、スルターン・サハークの時代には、ベンヤーミーン、ダーウード、ピール・ムースィー、ムスタファー・ダーウーダーンという4人の人物として現れたとされる。

生まれ変わるのは、神の本質や天使ばかりではない。一般信徒も5万年の間に1001回、輪廻転生を繰り返す。前世の行為や思考の報いを受けて転生しつつ、神性に近づくのである。

輪廻思想とは一見矛盾するようだが、終末の到来も信じている。終末が訪れる直前、「時の主」つまり救世主が降臨すると信じられており、終末が来ると、善人は天国に入り悪人は滅ぶという。

こうしたアフレ・ハックの世界観は日常的な宗教儀礼を通じて、信徒の間で維持・共有されている。その中心的な場が、ジャムと呼ばれる集会だ。都市には複数、村にも少なくとも一つは、こうした集まりを開く場所（ジャム・ハーネ）があり、定期的に人々が集まる。主宰するのは、導師（ピール）である。実際、ジャム・ハーネはピールの自宅に設けられていることが多い。

トゥートシャーミー村にあるサイイドの邸宅

ジャムでは、参加者（通常、男性信徒のみ）が円形に座り、タンブールという楽器を使った音楽に合わせてキャラームが朗詠される。キャラームを読むものはキャラーム・ハーンと呼ばれ、キャラームの内容について深い知識をもつものでなければならない。実際、彼らを通じて、アフレ・ハックの教義は継承されてきたとも言える。ジャムでは、生きた動物や果物などさまざまな供物が差し出され、参加者の間で共食・分配される。

断食もあるが、イスラームの場合と違い、冬の最初の満月の頃に3日間行うだけである。この間、毎晩、ジャムが開かれ、一日の断食は日没後の共食によってやぶられる。最終日には犠牲祭が行われる。

アフレ・ハック社会の構造も、信仰と密接に結びついている。コミュニティは、サイイドと一般信徒という二つの階層からなり、ここでのサイイドとは神の本質の生まれ変わりのものたちの血を引くものを指し、全部で11家系あるとされる（イスラームにおけるサイイドは、預言者ムハンマドの血を引くものを指しており、アフレ・ハックの場合とやや異なる)。これらの家系からピールが出て、ジャムを主宰する。一般信徒は、これらの家系のいずれかに帰属することになる。生まれてまもなく入信儀礼をするが、通常、親と同じサイドの家系に帰属することになるため、一般信徒たちは世代を超えて特定のサイイド家系に帰属することになる。

アフレ・ハックはもともと秘教的要素が強く、部外者にはその教義を知ることもままならなかったが、19世紀末あたりから状況が変わってきた。内部からも「改革派」が現れ、その教えをより一貫した形で著すようになったからだ。そのきっかけになったのが、ハーッジュ・ネーマトッラー・ジェイフーンアーバーディーであった。サフネ近郊のジェイフーンアーバード村に生まれた彼は、ペルシア語による著作を通じてアフレ・ハックの教義を、イランの国教、十二イマーム派シーア派の文脈に位置づけようとした。そして、この運動は、息子のヌール・アリー・エラーヒーによっても受け継がれた。

もちろん、こうした動きに批判的なアフレ・ハックも少なくない。そもそも、アフレ・ハックをイスラーム、とくにシーア派の一部とすることについても異論はあり、アフレ・ハックを独自の宗教と考えるものもいる。

いずれにせよ、辺境が消滅しつつある現代社会にあっては、もはやかつてのように地理的な障壁に守られて、秘教として生きることは困難となっており、今後も、アフレ・ハック社会はたえざる変化にさらされていくことになるだろう。

(山口昭彦)

17

クルド人とスーフィー教団

★カーディリー教団とナクシュバンディー教団★

スーフィズムとはイスラームのなかの心の内面や霊性を重視する思想や運動を指し、しばしば神秘主義と訳される。心を磨いて雑念をすべて捨て去り、最後には神と一体になることを目指し、そのために修行する人々をスーフィーという。当初スーフィーたちは個人的に活動していたが、次第にスーフィーたちの間で師弟関係が作られ、シャイフ（指導者）を中心に集団で修行するようになった。またスーフィズムは、神との合一までは目指さないものの、シャイフを慕い、その指導のもとにより良い精神生活を送ろうとする人々も惹きつけるようになった。こうして多くのスーフィーのための教団が成立していった。

ここでは、マルティン・ファン・ブライネセンの著書『アーガー・シャイフ・国家――クルディスタンの社会・政治構造』に依拠しつつ、クルド人の歴史において重要な役割を果たしたカーディリーとナクシュバンディーという二つの有力な教団とそのシャイフたちを紹介しよう。

クルディスタンのカーディリー教団といえば、激しいズィクル（神の名を復唱すること）や串・ナイフ・剣による自傷、そしてガラスの破片や鉄釘を飲み込むといった独特の修行法で有名

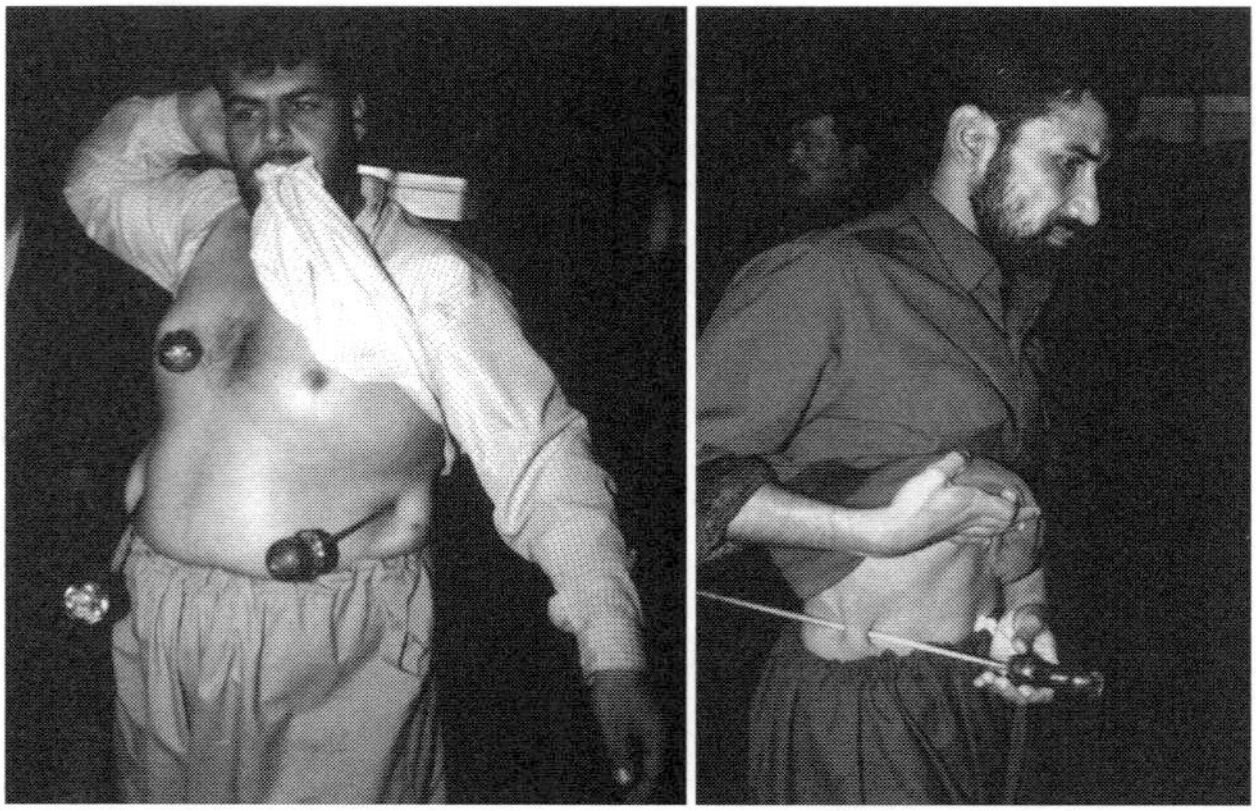

カーディリー教団の儀式（アルビール）［出所：François-Xavier Lovat, *Kurdistan: Land of God,* Silver Star H. Corp.］

である。カーディリー教団のシャイフの地位は父から息子へ世襲されたため、特定のシャイフ一族が貴族化した。著名なものとしてサーダーテ・ネフリーとバルズィンジーという二つの旧家がある。現トルコのハッキャーリー県にあった旧ネフリー村のサイイド（預言者ムハンマドの子孫）家系、サーダーテ・ネフリー家（なお「サーダーテ・ネフリー」は「ネフリーのサイイドたち」の意）にはカーディリー教団の名祖アブドゥルカーディルの息子のアブドゥルアズィーズが中央クルディスタンにカーディリー教団を広めたという伝説が残っており、一族はアブドゥルアズィーズを介してアブドゥルカーディルの血統に連なると主張した。他方、イラク北部のスライマーニーヤ県にあるバルズィンジュ村のバルズィンジー家は14世紀半ばにハマダーン（イラン西部）からバルズィンジュ村にやってきた二人のサイイドの兄弟に起源を持ち、この二人の兄弟によって南クルディスタンにカーディリー教団が伝えられたとされる。また、18世紀末以降、キルクークを中心に影響力を持ったターラバーニー家もある。２０１４年までイラク大統領をつとめたジャラール・ターラバーニーの出身一族である。

第17章
クルド人とスーフィー教団

19世紀初頭、ナクシュバンディー教団がクルディスタンに浸透すると、一部のカーディリー教団のシャイフはナクシュバンディー教団に宗旨替えし、これに多くの者が追随した。この変化の原因となったのがマウラーナー・ハーリドであった。マウラーナー・ハーリドはクルド系ジャーフ族出身で、サナンダジュ（イラン西部）、スライマーニーヤ、バグダードで宗教教育を受けた後、１８０８年にインドに修行に向かった。彼は、これより前、サーダーテ・ネフリー家のシャイフによりカーディリー教団へと導かれていたにもかかわらず、デリーでナクシュバンディー教団の教えを伝えるための免状を得て、１８１１年に帰郷した。帰国後、マウラーナー・ハーリドはサーダーテ・ネフリー家やバルズィンジー家のようなカーディリー教団のシャイフの一部をナクシュバンディー教団に転向させることに成功した。マウラーナー・ハーリドにより任命されたシャイフたちは自身の代理人であるハリーファを任命し、こうしてクルディスタン全域にナクシュバンディー教団の網が広まった。

カーディリー教団では、シャイフの地位はおもにサーダーテ・ネフリー家とバルズィンジー家が独占し、ハリーファはシャイフになることができなかった。ハリーファの息子はハリーファの地位を継ぐことはできるが、それもシャイフに任命されることが条件とされた。他方、ナクシュバンディー教団ではハリーファも独力でシャイフになることができ、さらに一部のハリーファは自分のハリーファをも任命した。シャイフとハリーファの地位にかんするナクシュバンディー教団の開放性が教団拡大の要因の一つとされる。

19世紀、オスマン朝治下のクルディスタンで大きな政治的・社会的変化があった。16世紀以降、同地域はクルド系領主たちを介して間接的に支配されていたが、19世紀にオスマン朝の近代化改革が始まると、中央集権化と直接統治をめざしたオスマン政府によりクルド系領主たちは徐々に排除されていった。クルド系部族連合を束ね、地域の政治的・社会的安定に貢献していたクルド系領主たちがいなくなると、彼らが統率していた部族は分裂し互いに争うようになった。部族内および部族間抗争で調停役を果たしてきたクルド系領主に代わる新たな権威となったのが、それまでおもに宗教指導者として活動してきたシャイフたちであった。シャイフたちはまた、1858年に制定された土地法を利用して、多くの耕地や支持者により寄進された土地を自分の名義で登録し、豊かな地主になった。

ナクシュバンディー教団のシャイフの墓（2013年）

クルディスタンの新たな政治指導者として台頭したシャイフたちは、1880年のサーダーテ・ネフリー家のシャイフ・ウバイドゥッラーの反乱に代表されるように、19世紀後半以降のクルド民族主義運動においても指導的な役割を果たした。この時期、ナクシュバンディー教団のシャイフとして台頭したのがイラク北部のバールザーン村のバールザーニー家であった。イラクのクルディスタン地域政府の初代大統領マスウード・バールザーニーの出身一族であるバールザーニー家は、元々サーダーテ・ネフリー家のシャイフのハリーファをつとめていたが、独立して自らシャイフを名乗るようになった。多くのシャイフが先の土地法を利用して大土地所有者となったのに反し、バールザーン村では土地は共有財産とされ、土地や家を奪われてよそから逃れてきた者たちや、クルド民族主義運動の活動家たちが保護された。シャイフ・ウバイドゥッラーの反乱が失敗した後、バールザーニー家のシャイフは支持者たちによりマフディー（救世主）と宣言され、武装したクルド系諸部族とともに蜂起したが、最終的に鎮圧された。

20世紀に入ると、シャイフの影響力は前世紀に比べてかなり衰退した。トルコでは1925年にスーフィー教団の活動が禁止され、アナトリア南東部で勢力を誇ったナクシュバンディー教団のシャイフたちの力も制限された。ところが第二次世界大戦後に多党制に移行すると、シャイフたちが未だ有していた地域住民への影響力＝集票力に気づいた政党が選挙に向けてシャイフたちに依存する体制が生まれた。自ら国会議員になり、近年まで大きな影響力を保持したシャイフ一族もいる。しかしながら、全体としては、都市への移住や教育の機会均等などにより、地域社会におけるシャイフの影響力は減少しつつあると言われる。

（齋藤久美子）

18

ヤズィーディーの人々

★クルドのなかの少数派★

ヤズィーディーの人々が日本のメディアに登場し始めたのは、おそらく2003年のイラク戦争以降の同国内の混乱から生まれたIS（イスラーム国）が、2014年に北部の中心都市モースルを含む一帯を制圧し、これに伴ってこの地域に居住していたヤズィーディーの人々が家を失い難民化し、その一部、特に女性たちが拉致されたことがきっかけではなかっただろうか。日本ではあまり知られていないが、中東世界にはヤズィーディーの人々のような宗教・宗派、あるいは言語を異とする少数派の人々が多数生活している。

ヤズィーディーとはヤズィード派（ヤズィーディーヤ）信徒を意味し、彼ら自身はエーズディ、あるいはエーズィディと自称している。ヤズィーディーという呼称の由来はよくわかっていないが、ウマイヤ朝第二代カリフのヤズィードに由来する、あるいは神を意味するペルシア語ヤズダーンに由来するなどの説がある。その信徒の多くはイラク北部の山岳地帯、シャイハーン地方とその西部に位置するジャバル・シンジャール地方に集住し、シリアでは北部のジャズィーラ地方（ジャバル・シンジャール地方のシリア領側）、北西部のトルコ国境に近いアフリーンやジャバル・スィムアーンなどに居住し、その他トルコ、イラン、アルメニアなどにも居住している。彼らの総人口は20万~70万人と幅があり、正確にはわかっていない。イラクやシリアのヤズィーディーの人々が話す言葉はクルド語の一方言のクルマーンジーで、彼らはクルド系である。

ヤズィード派の教義は、イスラーム（特にスーフィズム）、キリスト教（特にネストリウス派）、ゾロアスター教、マニ教（イラン人マーニーが創始者、ゾロアスター教、ユダヤ教、キリスト教、伝統的な土着信仰や仏教などを折衷した世界宗教）などの教義、儀礼と呪術信仰とが混淆したもので、イスラームの一宗派であるが、イスラームを逸脱した一宗教と見る向きもある。聖典としては、マスハフ・ラッシュとキターブ・アル・ジャルワの2冊がある。そして、教義上最も重要とされるのはマラク・ターウース（孔雀天使）で、彼らによれば、神は世界の創造主で、このマラク・ターウースは神の代理として、神と人間の間に仲介的存在としてあり、この天使への崇拝はサンジャーク（複数形はサナージク）と呼ばれる孔雀像への崇敬を通して具現化される。そして、この孔雀像はヤズィーディーの人々が暮らす全てのコミュニティに置かれている。また、輪廻を通じて神性に到達した天使がマラク・ターウースを含め7人存在し、それらはスルターン・アズィ（前に触れたウマイヤ朝第二代カリフのヤズィードとされる）、シャイフ・シャムス（ジャバル・シンジャール地方の方言ではシャイフをシャイと呼称する）、シャイフ・アディ、シャイフ・ハサン、シャイフ・ファハル・アッディーン、そしてシャイフ・マーンドで、このうちシャイフ・アディはマラク・ターウースの次に崇敬される対象となっている。

ここで、シャイフ・アディについて触れておこう。彼は、シャイフ・アディ・ビン・ムサーフィル・アル・ウマウィーと言い、1074年レバノン中部ベッカー高原のバールバック近郊の村ハル

ラーリシュの聖廟を後景にシャイフ・アディと思しき人物が松明を持っている絵が描かれている絵葉書

バ・カンファールで生まれた。その後、12世紀初めにスーフィー教団の一つカーディリー教団の宣教活動のためにイラク北部のシャイハーン地方へ移住し、この地域に居住するクルド人たちの間で敬愛され、その死後ラーリシュ渓谷にある彼の墓は最大の聖地になり、10月6日から13日までの間、巡礼祭ジャマーイー・シーハーディ（シーハーディとはシャイフ・アディを指している）が盛大に行われてきた。

実は、筆者は2005年9月に、シリア北部に点在するヤズィーディーの人々の集落で現地調査を行っている。それまで、ヤズィーディーについてはほとんど知識がなく、無論これといった伝手もないなかで、唯一の手掛かりはダマスカスで知り合ったクルド系の知人であった。彼に事情を説明すると、「アフリーンの町へ行けばヤズィーディーに会えるから」と言われ、半信半疑アフリーンへ向かった。今はシリア内戦によって破壊しつくされたシリア第二の都市アレッポから乗合バスに揺られて1時間半ほどのところにその町はあった。そこで最初に接触したのは、タクシーの運転手であった。彼ならヤズィーディーについて何らかの情報を持っているだろうと考えてのことである。彼に「ヤズィーディーの人に会いたのだが、誰か知り合いにいませんか」と尋ねてみると、「私はヤズィーディーです。自宅はすぐそこなので、お茶でも飲みに来なさい」と返事が返ってきた。不安と緊張が一気に消える瞬間であった。彼の自宅でいろいろな質問をぶつけ、その後2日間にわたりヤズィーディーの人々が暮らす複数の集落を案内してもらって調査を行った。以下はその調査結果の一部である。

彼らが孔雀像を崇敬することは既に述べたが、なぜ孔雀なのであろうか。それは、孔雀は美しく神秘的な羽を持っていること、そしてその羽の先端部分に眼状斑、つまり目のような模様がたくさんあるが、中東世界では目は不思議な力が宿っていると信じられていること（邪視信仰）が関係しているのではないかと推察している。ただ、周知の通り、イスラームは偶像崇拝を厳しく禁じており、孔雀像が偶像とみなされて、ムスリム社会においてヤズィーディーが邪教信仰として異端視されてきたのも事実である。また、一度彼らの墓地を案内されたことがあったが、その際墓石の表面に太陽が描かれているものを目にした。死者は必ず太陽の方向に向けて埋葬するとのことで、太陽神信仰の影響を強く感じた。そして、生活面でもいくつか他の宗教・宗派には見られない習慣や禁忌がある。衣類に関して、下着は白い衣類を着ることが義務付けられている。また、食べ物に関して、ハス（サラダ菜の一種）、モロヘイヤ、キャベツなどの野菜、自分が釣った魚も食すことが禁じられている。そして、

アフリーン近郊のヤズィーディーの墓地の墓石。下半身がマラク・ターウース、上半身がシャイフ・アディが描かれている

で暮らす信徒のなかには、異教徒と結婚する例もあるとのことであった。

棄教や改宗、また異教徒との婚姻が厳しく禁じられている。ただ、迫害を逃れて離散し、西欧社会

ここで最後に、彼らの歴史に触れておきたい。このヤズィード派が誕生したのは、シャイフ・アディがイラクで宣教活動していた12世紀というのが最も有力な説である。13世紀から14世紀にかけて、クルド社会のなかでも比較的大きな部族の間に広がり、ジャズィーラ地方の公の宗教になったと見られている。しかし、16世紀に入って、イランではサファヴィー朝（1501〜1722年）、アナトリア地方ではオスマン帝国（1299頃〜1922年）が勢力を拡大し、彼らの支配下に入った多くのヤズィーディーは、サファヴィー朝支配下ではシーア派に、オスマン帝国支配下ではスンニー派に改宗し、ヤズィーディーの人口が激減したと言われる。その後、オスマン帝国支配下では、19世紀中期から後期にかけてタンズィマート（西欧化改革運動）の一環として、徴税および徴兵の徹底化が行われ、これにヤズィード派を含め多くの少数派集団が抵抗して抗争事件が多発している。20世紀に入ってからは、第一次世界大戦でオスマン帝国が敗北した結果、アラブ属州がオスマン帝国から切り離され、ヤズィーディーのコミュニティはイギリスとフランスによってイラク、シリア間に国境線が引かれたことによって、引き裂かれてしまった。その後、この地域では1980年にはイラン・イラク戦争が勃発し、1991年には湾岸戦争、2003年にはイラク戦争、また2011年にはシリア内戦が起こり、彼らが居住する地域では戦乱が続いている。そして現在、一部のヤズィーディーの人々は冒頭で触れたような悲惨な状況に置かれている。

（宇野昌樹）

19

シリア典礼キリスト教（アッシリア人）

――★クルディスタンの先住民族としてのキリスト教徒★――

他地域で迫害を受けたさまざまな宗教集団の逃げ場となってきたクルディスタンは「宗教の貯蔵庫」とも称されるが、そのクルディスタンのほぼ全域でイスラームの普及以前から存続してきた宗教・民族集団の一つとしてシリア典礼キリスト教諸教会の信徒がいる。彼らはアラム語の一方言であるシリア語を伝統的な典礼言語とし、比較的最近まで現代アラム語諸方言を日常言語としてきた人々であり、19世紀以降にプロテスタントに改宗した少数の人々を別にすれば、そのほとんどはアッシリア東方教会、カルデア・カトリック教会、シリア正教会、シリア・カトリック教会のいずれかに所属する。

このようなキリスト教徒の総称として「アッシリア人」という名がしばしば用いられるが、これは19世紀に創り出された名称である。イラク北部の遺跡の発掘調査が進み、古代アッシリア帝国の存在が広く知られるようになった結果、帝国の故地にアラブ人による征服以前から住むキリスト教徒を古代アッシリア人の末裔とする考えが広まっていった。この「アッシリア人」という名称については諸教会の信徒の間で意見が分かれる。「アッシリア」という名が教会の正式名称にも取り入れられたアッシリア東方教会の信徒の間では「アッシリア人」としてのアイデンティティが広く受け入れられているが、他の教会では「アッシリア人」という名称を拒絶し、「アラム人」としてのアイデンティティを強調する人々もいる。

シリア典礼諸教会のうちアッシリア東方教会は主にかつてのペルシア領内で発展した。現在のイラク領クルディスタン自治区の首都アルビール一帯にはすでにパルティア時代にキリスト教が普及し始めていたようだが、3世紀前半にサーサーン朝ペルシア帝国が成立した後、帝国内のキリスト教徒は、現在のバグダード南方にあった帝都セレウキア・クテシフォンの司教（「カトリコス」、後に「総大司教」）を長とする教会組織を形成し、ローマ帝国内の教会とは異なった道を歩み始めた。431年のエフェソ公会議の決議を受け入れなかったペルシア領内の教会はローマの教会からは「ネストリオス派」として異端視されたが、彼ら自身は西方のローマ帝国内の教会に対して「東方の教会」と名乗った。インドや中国にまで広まり、唐代の中国では「景教」と称された「東方の教会」はアッバース朝初期にその最盛期を迎えたが、その後は信徒のイスラームへの改宗などにより次第に勢力を弱めていく。1258年にバグダードがモンゴル人に攻略された際に「東方の教会」のカトリコスもバグダードを離れ、マラーゲやアルビールなどのクルディスタン周辺の都市に滞在するようになる。信徒の分布する地域も縮小し、16世紀頃までには（インドに残る信徒を除けば）クルディスタン一帯のみに限られるようになった。

第一次世界大戦中、アナトリア東部でキリスト教徒の大規模虐殺が繰り広げられる中で、トルコ南東端ハッキャーリー県の寒村コジャニスに居住する総大司教と配下のアッシリア人は連合国側に付いて参戦し、蜂起するも、敗退し、集団でペルシア領内へ逃走することを余儀なくされた。大戦後のセーヴル条約によってハッキャーリーへの帰還の夢を断たれた難民アッシリア人たちは英国の委任統治下でイラク北部の村への入植を始めたが、イラク独立直後の１９３３年にはドフーク県シメレ村一帯でキリスト教徒に対する大規模な虐殺が起き、総大司教シムウーン21世はイラク政府によって国外に追放され、キプロスを経て、１９４０年には米国に移住した。総大司教府はその後長らく米国シカゴ郊外に置かれていたが、２０１５年にそれまでイラク大司教であったゲワルギス３世が総大司教に選出され、総大司教府もアルビール北郊のアンカーワに移されている。現在のアッシリア東方教会の信徒数は公称40万人、その過半数は北米や欧州、豪州に移住しているが、中東ではイラク北部のほか、イラン（オルーミーエ周辺およびテヘラン）、シリア（主に北東部ハーブール川沿いの入植地）などに信徒が残る。

カルデア・カトリック教会には16世紀半ば以降のカトリック宣教師の活動によってアッシリア東方教会からカトリックに改宗した人々が所属する。当初の拠点であったディヤルバクルのほか、宣教師が駐在したモースルやオルーミーエなどの都市を中心に信徒を獲得した。イラク共和国成立後の信徒の移住に伴い、総大司教府もモースルからバグダードに移転し、現在でも公式な所在地はバグダードとされているが、２００３年の米軍侵攻後のイラクでの治安悪化によって聖職者の殺害や教会の爆破事件が多発した結果、教会の中心機能は事実上アルビールに移されている。教皇庁の統計によれば２０１７年時点の信徒総数は約63万人、アッシリア東方教会の場合と同様にその過半数はいまでは欧米に在住する。１９９０年から２０１７年の間にイラク国内全体の信徒数は39万人から24万人に減少、

2011年に再開したマール・アウギン修道院（シリア正教会、トルコ・マルディン県、2012年４月撮影）

クルディスタン自治区では3万５０００人から7万人に増加しており、信徒の多くがイラク国外に移住、一部の信徒がイラクの中心部からクルディスタンに帰還していることがわかる。イラク北部ではモースルの北方にカルデア教会信徒の村が点在する。２０１４年にＩＳ（イスラーム国）がモースル一帯に侵攻したとき、この地域の北端に位置するラッバン・ホルミズド修道院とその麓にあるアルコシュ村は難を免れたが、それ以南の村は占領され、多くの教会が破壊された。

かつて「ヤコブ派」の名で知られたシリア正教会はエフェソ公会議の決議は受け入れつつも４５１年のカルケドン公会議の決議に反対した人々が形成した教会である。現在のトルコ領クルディスタン南部を伝統的な拠点とし、１９２４年までは総大司教府もマルディンに置かれていたが、第一次大戦中のキリスト教徒虐殺とトルコ共和国の成立を受けて、総大司教府はホムスを経てダマスカスに移転、信徒の多くもトルコを去った。インドなどの信徒を除く、中東系の信徒数は約50万人とされ、その過半数は欧米に住む。クルド人居住地域のうち、トルコ領内ではマルディンとその東方のトゥール・アブディーン地方に2

０００人ほどの信徒が残る。この地域ではキリスト教徒が去った後の村にクルド人が住み着き、教会は牛小屋として利用されていたが、最近では欧米に移住した信徒の寄付などによって教会や修道院の修復が行われている例もあるほか、より西方のアドゥヤマン周辺ではかつて強制的にイスラームに改宗させられた信徒の子孫が教会に戻ってきているという話も聞く。２００３年の統計では、トルコ以外にシリア北東部のハーブール川沿いの入植地に約9万人、イラク北部のモースル教区とマール・マッタイ修道院教区に計3万人の信徒がいたと報告されている。

シリア正教会からカトリックに改宗した人々の教会として17世紀に成立したシリア・カトリック教会は、アレッポ、マルディン、モースルなどの都市を中心に発展した。信徒総数は２０１７年の統計では約20万人、そのうち、４万５０００人がイラク北部のモースル教区、３万５０００人がシリア北東部のハサカ・ニシビス教区の所属となっている。イラク北部ではモースル東方のバフデーダ（カラコシュ）がシリア・カトリック教会信徒の多い村として知られる。２０１５年にはバフデーダ近郊のマール・ベヘナーム修道院にある聖ベヘナーム廟がＩＳによって爆破され、破壊された。

（高橋英海）

マール・アウギン修道院での典礼

20

アルメニア人とクルド人

★その複雑で微妙な関係★

旧ソ連から独立した国の一つにアルメニア共和国がある。アルメニア人は元々コーカサス山脈の南から東アナトリアにかけて居住していた民族で、必然的にクルド人の居住地域と重なっていた。アルメニア人の作曲家アラム・ハチャトゥリアンのバレエ『ガヤネ』に出てくる有名な「剣の舞」はクルド音楽を取り入れたものであるが、それだけアルメニア人とクルド人との接触が深いことを示している。

もっとも、現在のアルメニア共和国の領域内に居住するクルド人は、主にヤズィーディー（アルメニア語ではイェズディ）で、人口は4万人程度、ゾロアスター教やキリスト教、イスラーム神秘主義などの諸宗教に、自然崇拝などが習合した宗教を信仰している。一方、アルメニア人の大半が東方キリスト教会に属すアルメニア使徒教会の信徒で、オスマン帝国末期の1915～16年に政府から弾圧を受け、民族離散状態に陥った。同時にヤズィーディーもムスリムからの迫害を受け、旧ロシア帝国領のアルメニアに逃れてきた。そのため、アルメニア人との関係は比較的良好だが、アルメニア人にはソ連時代、アルメニア・ソヴィエト社会主義共和国（以下ソヴィエト・アルメニア）という「国家」があり、国の中心的な民族となったのに対し、ヤズィーディーたちは、生活水準面でアルメニア人に比べると立ち遅れ気味だった（今でもヤズィーディーの中には半遊牧生活を営んでいる者がおり、山岳地帯では移動しやすいように、キャンピングカーのような家に住んでいるのを見かけることがある）。

概してヤズィーディーは政治的に穏健ではあるが、ソ連時代末期の1989年にヤズィーディー国民連合という団体が結成され、文化、教育面でのヤズィーディーの発展を求めている。これは、1920年代にクルド語の表記法が制定され、現在でもロシア文字やラテン文字表記のクルド語の出版、さらにはクルド語の放送も行われているとはいえ、アルメニア人に比べると民族語や民族文化を維持、伝承するための民族学校や教師、教材の整備が遅れていたことへの不満によるもので、近年はユニセフなどの援助で、状況は多少改善されてきている。

また、ヤズィード派に関しては、その導師たちは、イラクの同胞と宗教面での交流を行っているようだ。イラクのラーリシュに修行や巡礼に行き、イラクとアルメニアのヤズィーディーの紐帯を維持する役割を担っている。そればかりか、2012年9月にアルメニア南西部のアルマヴィ

アルメニア共和国南西部のアクナリチ村にあるヤズィーディー寺院。その側にさらに巨大な新寺院が建立［田村公祐氏提供］

ル地方にあるアクナリチュ村にヤズィーディーの寺院「ズィアラト」が建立され、当時イラク以外で本格的な寺院が開設されたと話題になった。寺院の屋根には太陽崇拝をイメージしたシンボルが掲げられ、内部には彼らが神聖視する孔雀の像が安置されている。なお、15年8月より新しい寺院の建物の建設が始まり、２０１８年秋に落成した。

また、旧ソ連にもムスリムのクルド人たちが居住しているが、ソ連時代以来、国際政治の厳しい波に翻弄されてきた。ソ連邦の成立前後の時期は、その南部の少数民族が多い地域を赤軍が占領した経緯もあり、共産党政権は、少数民族に自治領域を与え、民族文化や共産党エリートの育成を支援することで、政権への支持を得ようとした。その結果、ソヴィエト・アルメニアやアゼルバイジャン・ソヴィエト社会主義共和国（以下ソヴィエト・アゼルバイジャン）のような民族共和国が成立したが、さらに内部に少数民族がまとまって居住していれば、自治共和国、自治州などの自治領域を授けた。ソヴィエト・アゼルバイジャンの西部には、アルメニア人、クルド人も多く、アルメニア人には１９２１年にナゴルノ・カラバフ（以下カラバフ）自治州、クルド人の中でもサファヴィー朝支配の影響でシーア派化していた住民には、１９２３年にクルディスタン郡が、カラバフとソヴィエト・アルメニアとの間に設定された（次ページ地図の都市ラチンを中心とした地域）。さらに、１９３０年5月に、クルディスタン郡はイランとの国境地区を加えてクルディスタン管区に格上げされ、一層のクルド文化の発展が期待されるはずだったが、近隣諸国のクルド人に対する宣伝工作でトルコやイランとの外交関係が悪化することを恐れた外務人民委員部（省に相当する役所。なお、戦間期のソ連では、大臣の代わりに人民委員という職名が用いられた）からの横槍で、この自治管区はわずか2か月で廃止されてしまう。

第20章
アルメニア人とクルド人

ナゴルノ・カラバフの地図

これ以降、彼らを取り巻く環境は一変する。当時、ロシア南部ではウクライナ系住民が一層の文化的自治を求めてロシア系住民と対立するなど、少数民族優遇政策が連邦政府にとって制御不能になっていたうえ、30年代の暴力的な大規模農業化や急激な工業化で、ソ連社会は大混乱に陥る。この状況下で、隣接する反共国家に対して経済発展や少数民族文化の保護を宣伝してきた連邦政府にとって、クルド人をはじめ、ドイツ人、ポーランド人、朝鮮人など、国境の外側に同胞がいる国内の少数民族は、国外逃亡でもされると、反共宣伝に利用される潜在的な脅威となった。その結果、連邦政府は１９３６～３７年にクルド系住民を国境から遠い中央アジアに追放する。さらに、第二次世界大戦末期に連邦政府はトルコへの出兵を計画し、

44年には敵国に協力しかねないトルコ国境に居住するトルコ人やスンニー派クルド人まで、中央アジアに強制移住させたのだった。

ところで、クルディスタン管区と違い、30年に廃止される憂き目を見なかったカラバフ自治州であったが、1988年に現地のアルメニア系住民が、ソヴィエト・アゼルバイジャンからソヴィエト・アルメニアへの帰属変更を連邦政府に請願する運動を始めたことから、アルメニア人とアゼルバイジャン人との対立が先鋭化した。1991年末にソ連邦が解体すると、その直前まで治安維持軍によってカラバフのアルメニア人武装勢力とアゼルバイジャン軍の武力紛争を押さえていた歯止めが効かなくなり、独立したアルメニアとアゼルバイジャンとの全面戦争へと移行した。この戦争では、アルメニアに住むヤズィーディーたちも、自国の政府の宣伝に従い、アルメニア軍に加わった。最終的に、アルメニア軍はカラバフの大半とその周辺地域を占領し、94年5月に停戦を迎えた。

旧クルディスタン管区には、クルド人が強制移住させられた後もアゼルバイジャン人が居住していたが、アルメニア軍に追われ、難民となった。この地区はカラバフとアルメニア本国の間に位置し、アルメニア軍にとっては、カラバフの安全を保障する要衝であるため、アルメニア軍はアゼルバイジャンに返還する姿勢を見せていない。一方、周辺地域から旧クルディスタン管区に移ってきていたクルド人たちも、この地がカラバフ紛争の激戦にさらされたため、難民と化した。そのため、彼らの先住権を認めて帰還を許すかどうかも、今後重要な論点となろう。

（吉村貴之）

21

ユダヤのリバイバル

★メディア王国から現代まで★

2015年10月、イラク・クルディスタン地域政府の宗教省がユダヤ教担当を新設した。宗教マイノリティの権利を保障する政策の一環で、ヤズィーディーやバハーイー、アフレ・ハック、ゾロアスターなどの担当デスクも設置された。地域政府はそれまでも宗教や民族の少数派擁護に取り組んできたが、「イスラーム国」による非スンニー派イスラーム教徒に対する残虐行為が、逆に宗教マイノリティの覚醒や社会の意識変化を促した面もある。

ユダヤ教の担当はシェールザード・マームサーニーで、ユダヤ教徒の母親とイスラーム教徒の父親をもつ。1976年生まれのマームサーニーは若い頃からユダヤ教徒であることを隠さなかった。ユダヤとクルドについての著書が原因でイスラーム過激派に襲撃され、右手を失った。

宗教省は、現在、イラク・クルディスタン地域に暮らすユダヤ教徒の数を300から400家族、または数百人から1000人とみる。クルド系ユダヤ教徒はクルディスタンのなかでもイラクに多く、少数がイランやトルコ、シリアに散在していた。だが今日、社会の一構成員として存在感をもっていたかつての面影はない。

旧約聖書の列王記は、紀元前8世紀、北イスラエル王国がアッシリア帝国に滅ぼされた際、捕囚された人々がハボールやメディアの地に移住させられたと記している。ハボールは現在のトルコ・シリア国境地帯とする説が有力だ。メディア地方には、のちにアッシリア帝国を滅ぼすことになるメディア王国が生まれようとしていた。クルドがその末裔だと語り継ぐ王国である。

時代は下って1世紀、アルビールを首都とするアディアバネ国の王妃と息子がユダヤ教に改宗し、多くの民が王家にならったという。その後、この地域におけるユダヤ教徒の足跡ははっきりしないが、12世紀のスペインの旅行家「トゥデラのベンヤミン」がアマーディーヤに2万5000人のユダヤ教徒がいると記述している。アマーディーヤは現在のイラク・クルディスタンの山間にある町で、キリスト教徒も多い。

マームサーニー氏（右端）と最高齢のラビといわれたザッカリーヤ・バラシ氏（右から4人目）［シェールザード・マームサーニー氏提供］

ユダヤ教徒は独自の部族を形成しなかったが、部族とは強い関係をもっていた。放牧や農業に携わる山間のユダヤ教徒は非部族民であっても特定の部族の庇護下に入ったし、都市部の商人や職人は交易や行商、材料を調達するために旅することが多く、各地の部族に金銭を支払って安全を保障してもらう関係にあったためだ。ユダヤ教徒が抗争の仲介を担うこともあった。都市のユダヤ教徒は服飾や織物の優れた職人であり、ワインづくりも行っていた。

第二次大戦直後、イラン西北部に成立したクルディスタン共和国にもユダヤ教徒が登場する。イラクから越境して共和国の軍事面を率いたムスタファー・バールザーニーが拠点としたオシュナヴィーイェにはユダヤ・コミュニティが存在した。共和国の崩壊が明白となり、バールザーニー部族が再びオシュナヴィーイェまで撤退してきたとき、ユダヤ教徒が食料を提供するなど陰ながら支援し、そのまま部族と行動を共にした人々もいたという。

その後バールザーニーはソ連で長い亡命生活を送ることになる。夫人は共和国で生まれたばかりの息子マスウードたちとイラクのクルディスタンの実家に身を寄せた。ユダヤ教徒への弾圧が強まるなかで、バールザーニーの家族と親交を絶やすことのなかったユダヤ・ファミリーの存在も伝えられる。

アルビールで安息日の夕食シャバット・ディナーに招かれたとき、同席した男性から「私もバールザーニーです」と名乗られて驚いた。確かにバールザーニーのファミリーネームをもつユダヤ教徒も歴史に名を残している。有名なのは16世紀から17世紀のラビ、サムエル・バールザーニーと娘のアセナスだ。

ファミリーネームは出身地を表すことが多いから彼らがバールザーニー部族とは限らない。だが逆に、山奥の部族社会であるバールザーン出身者がバールザーニー部族と無関係ではありえない。部族の保護下にあったユダヤ教徒か、そうしたユダヤ教徒がバールザーニー部族と婚姻関係を結んだと考えるのが妥当だろう。

アルビール旧市街のスークに隣接する古い一画。かつてユダヤ教徒が集まっていた。ユダヤ教徒が去った後、イスラーム教徒が住むようになったが、多くが廃屋になったままだ

イラクでは１９４０年代の反ユダヤ政策とユダヤ排斥の蛮行、イスラエル建国によってユダヤ教徒の海外脱出に拍車がかかった。１９４８年のイスラエル建国からイラン経由での移民空輸作戦が終了する１９５２年の間に12万人を超える人々がイスラエルに逃れた。そのなかにクルディスタンと周辺地域のおよそ２万５０００人も含まれており、その多くがクルド人と見られる。それ以前からイスラエルにはクルド人が２万人近くいたが、ほとんどがイラク北部の出身だったという。現在、エルサレム近郊を中心に15万から20万人のクルド系ユダヤ人がいると推定される。

クルディスタンからほとんどのユダヤ教徒が姿を消した後は、クルドとユダヤの関係はイスラエルとの関係に置きかえられた。１９６０年代から１９７５年の「アルジェ協定」にいたるイスラエルによるクルド支援は別章（第25章）に詳しい。

この間１９６６年８月に、イラクに配備されていた最新のソ連製ＭｉＧ－21戦闘機をイスラエルが奪うという小説もどきの事件が起きた。キリスト教徒のイラク空軍パイロット、ムニール・レドファがＭｉＧ－21戦闘機を操縦してイスラエルのハツォール空軍基地に着陸したのである。エリート軍人がモサドの作戦に乗る決断をした最大の理由は、クルド空爆の任務を命じられたことだったといわれ

る。バグダードに残っていた家族は計画実行の日、ピクニックを装ってイラン国境を越え、空路イスラエルに入国した。エスコートしたのはクルドの地下組織だ。

イスラエルにとって、中東の反イスラエル諸国のなかに「クルド国家」というパートナーをもつことは安全保障上の利となる。イスラエルは否定するものの、イラク戦争後、イスラエルの軍事企業がペシュメルガを訓練しているとの報道が何度かある。2004年に米ジャーナリストのセイモア・ハーシュが主に匿名の証言を集めた記事を書き、2年後にはBBCが訓練中の映像を報じた。

2015年にはイスラエルがクルド原油の3分の1を購入したと話題になった。クルドは原油の買い手を確保するのが難しい。イラク連邦政府とクルディスタン地域政府の対立がこじれ、たびたび連邦政府が買い手にまで強硬姿勢をとるためだ。だからクルド原油は格安である。イスラエルのネタニヤフ首相や閣僚がイラク・クルドの独立を公然と支持するのは、歴史的な親近感だけでなく、現実に共有できる利もあるからだ。

2017年秋にイラク・クルディスタン地域政府が行った独立を問う住民投票の支持者のなかに、クルドの民族旗とイスラエルの国旗を掲げる人々を何度か見た。反面、イスラエルとクルドとの接近は周辺国の危機感を煽り、複雑な地域情勢の不安定要因をさらに積み増す。

中東諸国の反ユダヤ感情、反イスラエル政策はクルド社会をも蝕んだ。マームサーニー氏たちとて、いまだに身の危険から解放されているわけではない。内にも外にも、乗り越えなければならない壁が幾重にも連なっているように見える。

（勝又郁子）

Ⅳ

クルド人問題の展開

22

トルコ共和国初期の「国民」創出

★人口センサスにおける「クルド人」の捕捉★

トルコ共和国の建国以来、「クルド人」が想像されるとき、それは常に、ナショナルな意味合いでの「トルコ国民」とは誰かという問いと絡み合っていた。オスマン帝国の残滓の上に建国されたトルコ共和国は、西欧モデルの国民国家を目指すなかで、多様な言語的、宗教的背景をもつ人びとから、不可分で均質的な「トルコ国民」を形成しようとした。しかし、その過程は統一とは反対に、複数の要素が癒着して形成されてきた集団を近代的な文脈で引きはがし、細分化する作業であったようにも思われる。

独立戦争期まで、トルコのネーション意識で大きな比重を占めていたのは伝統的な集団分類の指標となってきた宗教であった。このことは、1923年に締結されたローザンヌ条約で、トルコ領に居住するギリシア正教徒とギリシア領に居住するムスリムの住民交換が合意されたことにより、国民の属性が言語ではなく、宗教によって「調整」されていたことからも裏付けられる（建国の時点でトルコにおける宗教的均質性は相当程度達成されており、1927年の時点で、ムスリム人口は全人口の97・36％を占めている）。

しかし、この「調整」を経たトルコでは、近代化という錦の御旗のもと、1924年のカリフ制の廃止に開始される急進的な世俗化改革が進められた。ネーション意識の比重は、宗教から言語、文化、共和国理念の共有へと移行した。司法や教育だけでなく、日常的な習慣にまで介入して、近代的で西欧的なナショナルアイデンティティをつくり出そうとする一連の改革は、イスラーム的な価値観に基づいて生活する保守的なムスリムにとっては受け入れがたいものであった。これらの改革に最も大きな反発を見せたのが、トルコ人とともにムスリム共同体を構成していたクルド人である。シャイフ・サイードの乱を皮切りに、東アナトリアで反乱が頻発すると、クルド人の存在は体制側にとって安全保障や領土保全上の明白な脅威として認識された。国家語として威信づけられたトルコ語の使用は、国民統合の核となっていたことから、クルド人は言語面でも政治的統一体としての「トルコ国民」概念を揺るがすものであった。

ここで決定的に重要な意味を持ったのが、1927年に統計局によって開始された人口センサス事業である。人口センサスは、領土内を掌握する自らの支配正当性を内外に示すだけでなく、明確なかたちを持たない集団を整理して、数値で読み取れるものにした。では、このなかで「クルド人」はどのように捕捉されたのだろうか。トルコにおける人口センサス調査においては宗教、言語、出身地、国籍等、複数の項目の組み合わせによって領域内人口の分類がなされた。トルコ憲法で、「トルコ人（Türk）」はトルコ国籍を持つものを指したことから、質問項目に「民族」を設定することは避けられている。多様なエスニック集団を測るため、「民族」を示すものとして読み替えられたのが、「母語」項目である。

図1　非トルコ語母語話者集団内での使用言語割合（1927年）

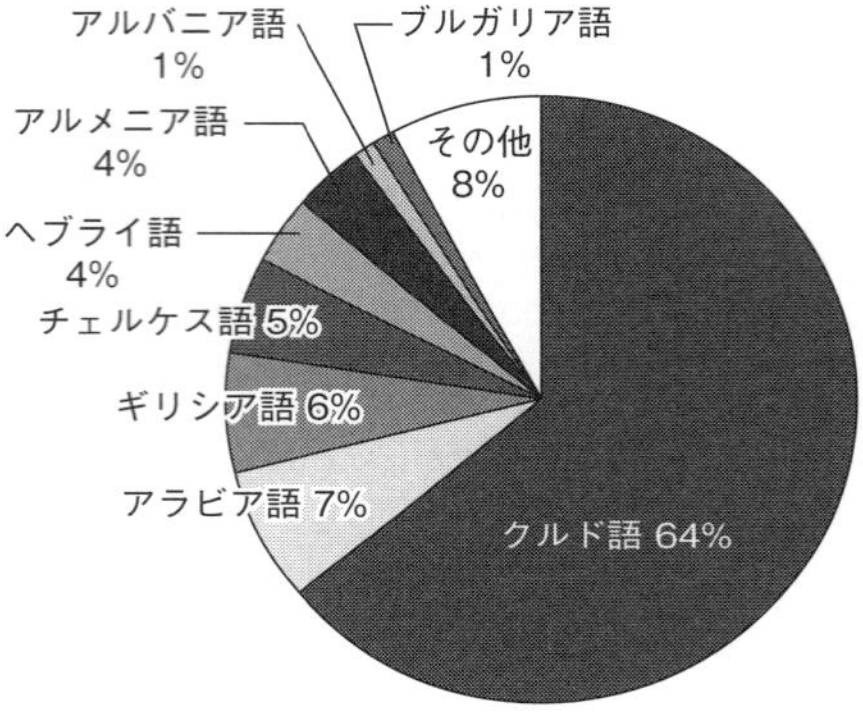

表1　クルド語母語話者の人口内割合が高い県（1927年）

	人口内割合（%）	クルド語母語話者数（人）
ハッキャーリー	88.9	17,005
ヴァン	76.6	57,723
ビトリス	74.6	67,678
スィイルト	74.1	75,962
ディヤルバクル	68.7	132,209
マルディン	60.8	109,841
ベヤズット	58.2	60,926
エラズー	52.8	112,493
ウルファ	42.0	182,788
マラテヤ	41.8	28,323
エルズィンジャン	41.4	54,877

出所：1927年トルコ人口センサスより筆者作成

しばしば混乱を招く概念とされる「母語」は、トルコのセンサスでは、「家庭内で話されていることば」と定義されている。つまり、意図されたのは私的領域における恒常的な言語実践の把握である。１９２７年調査は、特にクルド人が集住するアナトリア南東部のデータの欠如による非整合性の問題を抱えているが、クルド語母語話者集団にかんする大きな傾向、すなわち、非トルコ語母語話者集団内での圧倒的な数の多さ（１９２７年調査の段階で、非トルコ語母語話者人口の約64%がクルド語母語話者である）と、クルド語優勢の圏域が存在すること（１９２７年調査では、ハッキャーリー、ヴァン、ビトリス、スィイルト、ディヤルバクル、マルディン、ベヤズット、エラズーの8県では人口の半数以上がクルド語母語話者である）ははっきりと捉えられている。クルド語母語話者集団の規模や重要性は、他の非トルコ語話者集団とは全く質が異なっていた。

図2　母語別第二言語使用状況（1935年）

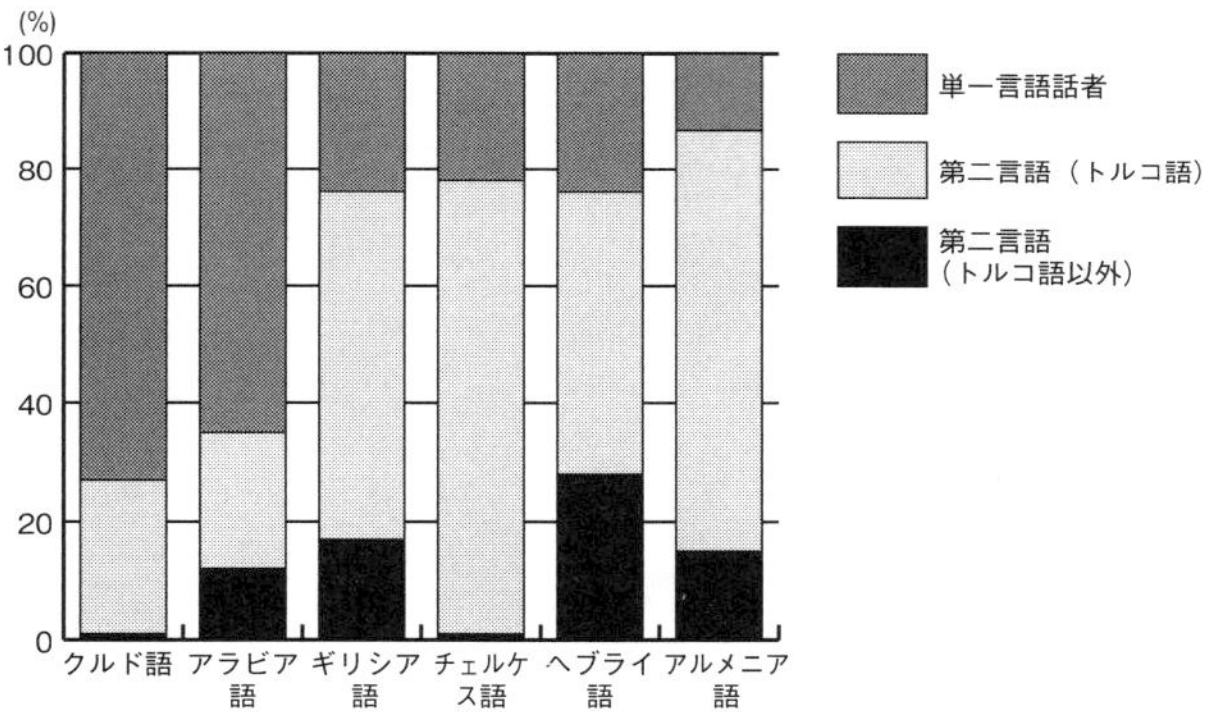

出所：1935年トルコ人口センサスより筆者作成

1935年の第二回調査以降、「母語」に加えて「第二言語」（非トルコ語が母語の場合はトルコ語使用の可否）項目が設定されると、その異質性はさらに際立つことになる。単純にトルコ語使用の可否を聞くのではなく、「第二言語」として具体的な言語名の回答が求められたのは、「母語」を聞くことだけでは判然としない、より正確な民族情報を絞り込むことが求められたためと考えられる。ふたつの項目をかけあわせることで、母語話者集団ごとのトルコ語使用率を取り出すことにくわえ、言語的にトルコ化した人びとのオリジナルな言語を類推することが可能になった。

この作業で明確になったのが、他の非トルコ語母語話者集団に比べ、クルド語母語話者集団のモノリンガル割合がきわめて高いことである。土着の民族として東アナトリアで圧倒的多数派を占めていたクルド人の言語使用実態が、都市部を中心に生活する非ムスリムや、バルカンやカフカスなどから移民として流入したムスリムとは異なることは調査を行わずとも自明の事実であった。しかし、計量的に把握され、地理的分布が浮かび上がったことで、クルド地域はかなり明確な形で矯正政策の対象となった。クルド人の強制移住により東アナトリアのトルコ化を図った、1934年制定の入植法はその典型例である。母語使用は制限され、識字化事業や公教育をつうじてトルコ語の普及が推進された。5年ごとに行われる人口センサスで、東アナトリアの言語地図がどの程度塗り替えられたのかが数値によって測られた。

クルド語が優勢な地域での矯正事業が推進された一方で、言語的多様性の現実は、全ての言語の源流はトルコ語であるとする荒唐無稽な学説、いわゆる太陽言語論や、クルド人は「山岳トルコ人」であり、彼らが用いるクルド語は土着化したトルコ語であるという言説によって覆われた。ところが、1965年調査以降、統計集には言語に関する調査結果が掲載されなくなった。言語に関する質問項目そのものは1985年調査時まで継続されていたが、この間のデータは非公表である。本来データの公開が前提とされるはずの人口センサス事業における、この突然の沈黙は、均質的「トルコ国民」を形作る虚構の言説が破綻をきたし、「クルド人」の存在が抑えきれないほどの力を持ちはじめたことを雄弁に物語っている。

（穐山祐子）

23

イギリス委任統治下イラクのクルディスタン

★長期的な展望を欠いた統治★

第一次世界大戦の勃発とオスマン帝国の敗戦は、イラクはもちろんのこと、クルド人の命運をも左右する大きな転換点となった。1914年、オスマン帝国からの解放者を名乗るイギリスがバスラに侵攻、1917年には現在のイラクの南半分に当たるバスラ州とバグダード州を占領下に置き、翌年には北部のモースル州に軍を進めた。大戦終結後には、戦勝国のイギリス、フランス、ロシアなどを中心に、「戦利品」としての占領地域の分配作業が始まり、人為的な国境が引かれていった。こうして、クルディスタンの南部分は、モースル州の一部として、国民国家とは名ばかりのイラクに組み込まれ、イランやトルコの同胞たちと切り離されていくことになった。

1920年に開かれたサンレモ会議では、イギリスによるイラクの委任統治が承認された。委任統治とは、なんだかよくわからない言葉であると思う。要は、国際連盟によって委任された国（この場合は戦勝国であるイギリス）が、敗戦国など一定の地域を統治することであり、国際連合が定める信託統治の前身となった制度だ。20世紀初頭には、大英帝国の栄華はもはや過ぎ去ろうとしていたし、帝国主義を前面に押し出したあからさまな支配は時代遅れと考えられるようになっていた。ちょうど、アメリカではウィルソン大統領がヴェルサイユ体制の構築を提唱し、国際連盟が設立された頃で、直接支配にとって代わる新たな統治体制の必要性が議論されていた。

しかし、民族自決の原理というのは都合のよい言葉だ。建前上は国際連盟を通した統治という体裁を整え、人道主義という綺麗な皮を被せてはいるが、侵攻当初のイギリスは、クルド人の行く末どころか、イラクの政治的自立についても確固たるビジョンなど持ち合わせていなかった。イギリスにとってのクルディスタンの重要性といえば、石油資源があるということ、そして数では多数を占めるシーア派に対するカウンターバランスとしての役割だった。だからこそ、もともとフランスの取り分として色分けされていたモースル州を、イギリスは是が非でも獲得したかったのだ。

さて、イギリスによる統治体制を考える上では、オスマン帝国がクルド人をどのように統治していたかということを抜きにして語ることはできない。クルディスタンは、オスマン帝国の辺境に位置する。専制君主の君臨する強力な支配体制を築いていたオスマン帝国も、こと地方支配となると事情が違った。広範な領域に均等な支配を及ぼすのは難しく、実際イスタンブルから遠く離れたクルディスタンは多分に自立性を保持していた。

さらに、同地域の特色は、二大勢力であったスンニー派のオスマン帝国とシーア派のサファヴィー朝（後にガージャール朝）の間に位置し、両勢力の緩衝地帯としての役割を果たしていたということだ。辺境の地クルディスタンは、その地理的重要性ゆえに多くの統治者を惹きつけたが、同時に種々の勢力が混在し、時には支配者たちの抑圧を受けつつ、中央政府からの遠さも手伝って中途半端ながらも自治を手にしていた。こうして、アミールと称される、諸部族を束ねる指導者や、後には宗教的権威であるシャイフが広範な影響力を持ちつつ、19世紀頃まで緩やかな支配体制が維持された。

　第一次大戦後の国境画定によって、もともと辺境地だったクルディスタンは、新生国家イラクにおいてまたも辺境に押しやられることになる。イギリスは、オスマン帝国同様、土着の有力者であるシャイフに一定の権限を与えることでクルディスタンを掌握しようと試みた。しかし、クルド系諸部族間の利権争いが繰り広げられる結果となり、内部分裂や反乱、イギリスの軍事介入などが続き、安定とは程遠い様相を呈した。

　一部のクルド人には民族主義的機運が芽生えたが、文化的・社会的・言語的にも多様なクルド社会を一つにするほどの求心力にはならなかった。民族や国家に対するクルド人の意識の薄さは、親族や部族への帰属意識の強さの

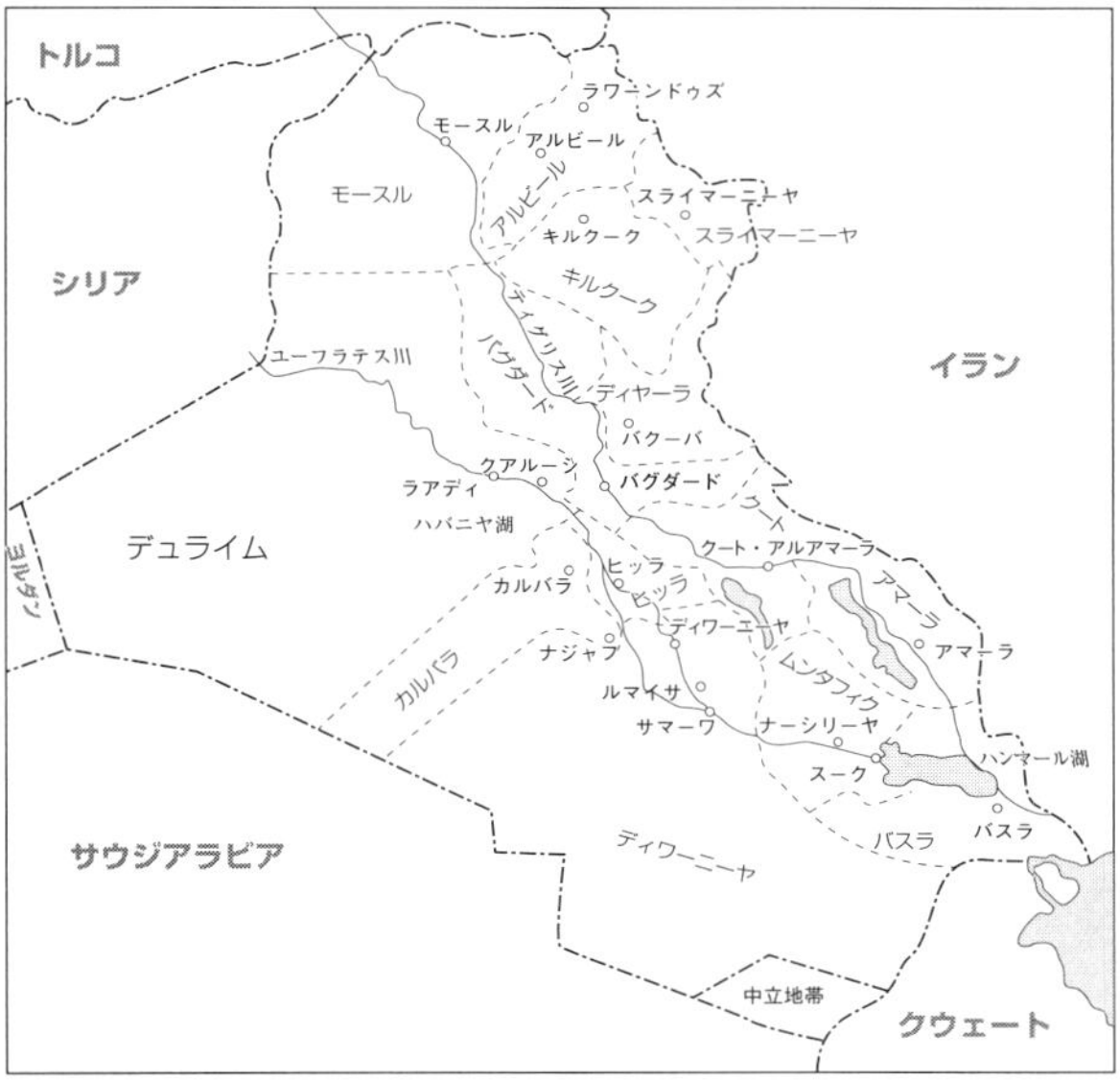

イギリス委任統治下のイラクの行政区分

［出 所：Dodge, Toby, *Inventing Iraq: the Failure of Nation Building and a History Denied*, Columbia University Press, 2003 より筆者作成］

ないだろうか。

裏返しでもある。これは、クルディスタンが辺境であり続けてきたことと大いに関連しているのでは

イギリスと親交のあったクルド人の中には、より広範囲な権限を求めてイギリスに反旗を翻す者もいた。シャイフ・マフムード・バルズィンジーがその代表例だ。しかし、オスマン帝国にせよイギリスにせよ、地方のクルド系部族やシーア派勢力を政権の中枢に取り込むことに関して積極的ではなかった。イギリスは、スンニー派アラブ人の元オスマン帝国エリート官吏や地方名士たちを中心とした政府作りを進めていった。行政経験に乏しいクルド人やシーア派を登用するのは、「安価で効率的な支配」を目指すウィンストン・チャーチル（当時の植民地大臣）の考えにはそぐわなかったからだ。

委任統治開始当時のイラクの人口は300万程度と見られ、うち半数以上がシーア派、それに次ぐのがおよそ5分の1を占めるクルド人だ。数においてはクルド人を下回るスンニー派アラブ人が政権の上層部を占め、その上に最終意思決定者としてのイギリスが君臨するという国家形成のあり方は、その後のイラクに国としての一体感の欠如をもたらした。

イギリスが進めたモースル州の併合も後に多くの課題を残すことになった。一つ有名なエピソードがある。イラク建国前夜、若き日のアラビアのロレンスは、クルディスタンの独自性を理由に、モースル州をイラクに編入せずイギリスの直轄領とすることを提案したが、「イラクの母」とも称されるイギリス女性官僚ガートルード・ベルは反対した。当時すでに、モースルには石油資源があることがわかっていたし、さらに、バスラ州とバグダード州だけでは、シーア派が人口の大多数を占めることになる。イラクが国として独立するなら、スンニー派の多いモースル州は、バランスを取るためにも

国家の一部として保持すべきというのが彼女の言い分だった。「クルド人の独立にあてる資金はない」というベルの言葉が、紛れもないイギリスの本音であろう。

こうして、モースル州のイラク併合は現実のものとなったが、その後もトルコ共和国との間で領有係争が続いた。今に至っても、モースル問題は過去の話ではない。現在イラクのモースル県には複数の油田や天然ガス田があり、その多くがクルド自治区周辺に集中している。それらの資源を誰が開発し、収益をどう分配するかをめぐって、イラク政府とクルド人の対立は続いている。長期的なビジョンを欠いたイギリスのクルド統治政策。そこから生み出された火種は、今なおくすぶり続けているのだ。

（増野伊登）

コラム2

ガーズィー・モハンマド
——裁判官からクルディスタン共和国大統領へ

山口昭彦

下の写真を見ていただきたい。一人の人物が、テーブルを前に座っている。後ろにはクルディスタンの地図が見える。第二次世界大戦終結間もない1946年1月、イラン西北部の町マハーバードでクルディスタン共和国の樹立を宣言したガーズィー・モハンマドである。

17世紀半ばに建てられたマハーバードの町は、あたり一帯を治めていたクルド系有力部族モクリー族が根城としていたところだ。当時の名サーヴォジュボラークは、トルコ語で「冷たい泉」を意味する。その名の通り、町のそばには水流豊かな川がとうとう流れ、町やその周辺を潤している。春から夏にかけては緑あふれる町となる。

ガーズィー・モハンマド［出所：Meiselas, 2008］

クルディスタン共和国の設立が宣言されると、町は一気に首都となった。イランの枠内での自治を求めていたとはいえ、クルド人が国家の樹立を宣言するのは、クルディスタンの歴史のな

コラム2

ガーズィー・モハンマド

かではじめてのできごとであった。その大統領となったのが、ガーズィー・モハンマドであった。

ガーズィーとは、アラビア語の「カーディー」という語のペルシア語読みであり、イスラーム法による裁判官を意味する言葉だ。事実、ガーズィー・モハンマドの一族は、マハーバードの町で代々、裁判官職を務めてきた由緒ある家系であった。史料によれば、もともと17世紀にこの町が作られた頃にすでにこの町にいたハーッジー・モハンマド・イーサーなる人物の子孫がある時期からこの地方のカーディーとなり、以後、代々カーディー職を務め、ハーッジー・モハンマド・イーサーから数えて9代目にあたるのがガーズィー・モハンマドだという。

法官といっても、単なる法の番人ではない。町の名家として政治にも深く関わっていた。たとえば、第一次世界大戦中、ロシア軍がこの地方に進軍した際に、町やその周辺の防衛のために命を賭して戦ったのが、ガーズィー一族であった。

さて、ガーズィー・モハンマドは、1900年5月1日（ただし、諸説ある）にマハーバードに生を受けた。父アリーもまた人々から高い敬意を受ける法学者であった。父やおじのもとで初等教育を受けたガーズィー・モハンマドはさらに勉学を積むかたわら、アラビア語はもとより、英語、フランス語、ロシア語にも通じていたという。

その宗教的な学識を買われたのであろう、1920年半ばには若くして町の宗教寄進局の長官を務めた。ついで、おじアボル・ハサンに代わって町の文化局局長となり、男子校と女子校二つの小学校を開いている。1931年に父の死を受けてマハーバードのカーディーに任じられ、その落ち着いた話しぶりも手伝って、人々から信望を集めたという。こうした性格が、後に彼を運動の指導者へと押し上げたのはいうまでもない。

1946年3月から翌年2月まで米国の駐在武官補としてテヘランに駐在し、クルディスタン共和国をも訪問したアーチー・ローズヴェルト・ジュニアは、ガーズィー・モハンマドに会った数少ない外国人のひとりだろう。そのときの印象をおよそ次のように記している。

「ガーズィー・モハンマドに会う機会のあったものはみな、彼の個性に印象を受けずにはいられなかったし、彼がクルド民族主義者たちの象徴となったいきさつを容易に理解できた。彼は50がらみの小男であり、古い軍服のオーバーコートをまとい、わずかにあごひげを生やし、禁欲的な顔つきをしている。……酒もタバコもたしなまず、小食だ。声は穏やかで、めりはりがきいており、所作は落ち着いているが、効果的だ。ちょっとした国際主義者で、世界の諸民族に関心をもち、ロシア語、わずかながら英語、そしてエスペラント語を知っている。机はいくつかの外国語の文法書、読本、文学作品でいつも散らかっていた。たぐいまれな勇気と自己犠牲に裏打ちされた、しかしまた、度量の大きさや温和さで和らげられた、深い信念をもった人物のように見えた」。

クルディスタン共和国自体は1年足らずで崩壊し、ガーズィー・モハンマドは1947年3月31日に弟やいとことともに処刑された。墓は、マハーバードの町の外れにいまも残る。

24

イラク革命とクルド人

★「左派」台頭の波に乗ったクルド政党★

1958年の王政打倒・共和政革命について、イラク人たちはしばしばこういう。「1258年のモンゴル来襲によってイラクは暗黒の時代に陥った。その700年後、王制が打倒されてイラクが本当にイラク人の手に戻ってきた」。

1921年に独立を果たしたものの、英国の委任統治下におかれたイラク。英国がヒジャーズから連れてきたハーシム一族のファイサルを国王に据えて、英国の対中東間接支配の核となったイラク。1930年代後半以降、国内ではナショナリスト勢力や左派勢力、右派軍人が台頭し、親英王政のくびきから解放される「真の独立」を目指していた。

それが達成されたのが、1958年7月14日、アブドゥルカリーム・カースィム准将やアラブ民族主義将校のアブドゥッサラーム・アーリフらが中心となって起こした軍事クーデターである。軍人によるクーデターが「革命」と称されたのは、軍が動くとともに民衆がつぎつぎに街中に出、民衆が政権交代に賛意を示したため、結果的に革命となったのである。「イラクが本当にイラク人の手に戻った」とする所以だ。

では、クルド人にとっては1958年革命はどうだったのだろう。他の民衆同様に、待ちわびた、望ましい変化だったのか。少なくとも初期は、そうだった。1946年にマハーバードのクルディスタン共和国が崩壊した後、ムッラー・ムスタファー・バールザーニーはイランを離れ、ソ連に逃れていた。カースィムは革命後イラク共和国首相に就任すると、バールザーニーに恩赦を出し、彼を新生イラクに迎え入れたのである。

なぜカースィムがクルドの英雄、ムッラー・ムスタファーを受け入れたのか。ひとつには、エスニック的、宗派的に複合社会であるイラクを治める上で、カースィムが「父はスンニー派のアラブ人、母はシーア派のクルド人（フェイリー・クルド）」という、自らの複雑な出自を国民統合の売りにしたということがある。また1958年革命を実質的に成就させたのが、当時国民的な動員力を誇っていたイラク共産党であり、そこに多くのクルド人が加わっていたから、ということもあろう。革命が反英的であるとして欧米諸国との関係が悪化したため、カースィムがソ連との友好関係を求めていたということもある。いずれにしても、革命直後に発表された暫定憲法は、イラク史上初めてクルド民族の存在を明記し、「クルド民族はアラブ民族とともにひとつのイラクを構成する」と認めたものとなった。

しかし、共産党を始めとする左派勢力が後押しして成功した1958年革命は、クルド社会全体にとって均質に望ましい結果をもたらしたわけではなかった。そもそもカースィムがバールザーニーをイラクに呼び寄せた理由には、バールザーニー率いるクルド兵士たちをイラク・クルディスタン地域に送り込み、クルド諸部族掌握に利用しようとしたことがある。共産党など左派勢力にとっては、地方の大土地所有制度を解体し、農地改革を推し進めることが革命後の政策の中心眼目だったが、クルド社会も南部同様に地主の激しい収奪が行われていた。そのためクルド諸部族長の間には、革命の進展に反発する者も少なくなかった。

クルド民族主義政党であるクルディスタン民主党（ＫＤＰ）の党首に迎え入れられたバールザーニーもまた、クルディスタンにおける封建一族であり、事務局長のイブラーヒーム・アフマドら世俗的左派知識人のＫＤＰ政治局幹部としばしば対立した。この対立が具体的な分裂となって実現したのは、１９７５年以降のことである。後の話になるが、イラクのバアス党政権は70年代、長年ＫＤＰを支援してきたイランに対して、アルジェ協定を締結して国境問題で譲歩するとともにクルド勢力への協力を停止させた。その結果イラク軍と衝突したＫＤＰは大きな敗北を喫したのだが、そこで、ＫＤＰ政治局幹部はＰＵＫ（クルディスタン愛国連盟）として分派したのである。

クルド人地主勢力以上に１９５８年「左派」革命のターゲットになったのは、トルコマン人の富裕層だった。イラクでトルコマン人が集中して居住するのがキルクークである。キルクークには、主としてセルジューク朝時代から居住するトルコ系民族のトルコマン人が居住していたが、石油産業の発展と都市の拡大によって、周辺地域からクルド人たちが労働者として流入した。その結果、革命当時にはキルクークの人口の半分がトルコマン人、３分の１がクルド人となっていたという。そして地元で富裕層を形成するトルコマン人と、キルクーク社会の下層を占めるクルド人との間には、歴然とした階級格差があった。

革命を支えた共産党は波に乗っていたが、当時イラク共産党の幹部の３割を占めていたクルド人の勢いもまた、上り調子だった。とりわけ、１９５９年３月にモースルでアラブ民族主義者の反乱が鎮

ムスタファー・バールザーニーとアブドゥルカリーム・カースィム
［出所：Meiselas, 2008］

圧されて以降アラブ民族主義勢力は急速に力を失い、反対に共産党系勢力がますます勢を誇っていた。

革命から1年後のキルクークでの騒擾事件は、こうしたなかで発生した。共産党支持のクルド人勢力が革命1周年を記念して実施したデモ行進と、地元トルコマン人たちの間で衝突、発砲事件が起き、騒擾状態となった。衝突により数十人の死者が出たが、市内の治安を取り仕切っていたのはクルド人警察や兵士たちで、以降トルコマン人はこの惨事を「トルコマン人に対する大量殺戮」と長く語り継いで非難している。

このキルクーク騒擾を契機に、カースィムは共産党と手を切る。そもそもカースィムが共産党の協力を仰いだのには、カースィムのライバルであるアーリフらアラブ民族主義勢力の力を削ぐためだった。だが、革命から2

か月後にアーリフを権力の座から排除し、モースル反乱を鎮圧して以降は、強大化した共産党勢力をいかに抑えるかが課題となった。１９６０年半ばにはカースィムは政府要職より共産党員を次々に解雇し、共産党系の農民組織や青年組織を閉鎖していった。共産党を通じたクルド人の起用も、減ったのである。

なによりも、ＫＤＰなどクルド民族主義勢力にとっては、その悲願たる独立への道筋が全く立てられなかったことが、不満であった。反対にカースィムは、バールザーニー一族と対立関係にある地元クルド諸部族を支援し、部族間抗争を煽った。１９６１年にはカースィム政権も「内乱」と認めるほどに対立は先鋭化し、カースィムの政権運営に大きな障害となった。その結果、カースィムにより排除されたバアス党などアラブ民族主義勢力がクルドに接近するなど、反カースィム派の台頭を招き、63年にはバアス党のクーデターによって倒されることになったのである。

カースィムのクルド政策は、他の独裁政権同様、クルドの自治や独立を真剣に考えたものではなかった。それでも１９５８年革命とカースィムの存在は、クルドとアラブ・スンニー派、シーア派の共存を体現したものとして、２００３年以降のイラクでも評価されている。

（酒井啓子）

25

アルジェ協定とイラク・クルド民族運動の挫折

★バールザーニーの歩みをたどって★

バールザーニーはイラク北東部のバールザーンを拠点とする部族である。そのシャイフ（指導者）は、伝統的にナクシュバンディーという流れのスーフィー（イスラーム神秘主義）教団を主宰する家系であった。バールザーニー一族は、オスマン帝国の支配への抵抗運動を指導して19世紀に歴史に登場する。ムスタファー・バールザーニー（１９０３～７９年）は、そうした家系に20世紀の初頭に生を受けた。

兄のアブドゥッサラーム２世はオスマン帝国に反乱を起こし捕らえられて処刑されている。その次の兄のアフマドがバールザーニー部族を率いることとなった。アフマドは、第一次世界大戦後にイラクを委任統治領として支配したイギリスと、そのイギリスから独立したイラク王国に対して、反旗を翻した。

１９４０年代に入るとアフマドに代わってムッラー・ムスタファー・バールザーニーがバールザーニー部族を実際に指導するようになった。理由は、ムスタファーが指揮官として軍事面での才能を発揮したからであった。第二次世界大戦でイランとイラクが混乱すると、その隙を突いてムスタファーなどはイランに入った。そしてイランの北西部でマハーバードを首都とするクルディスタン共和国が成立すると、その軍事部門で重責を担った。

しかしながら１９４６年12月にイラン中央政府軍がマハーバードへ侵攻してくると、同共和国は崩壊した。ムッラー・ムスタファーは部族民を率いてイラン軍からイラクへと逃れた。そしてイラク軍に追われるとトルコへ逃れた。そしてトルコ軍に追われるとソ連領へ入り亡命生活を始めた。イラン軍、イラク軍、トルコ軍を振り切ってのムスタファーの長征であった。この長征によってムスタファーは伝説となった。

ムスタファーらは、その後12年間をソ連で過ごすこととなる。この間にムスタファーはロシア女性と結婚している。

１９５８年のクーデターでイラク王制が崩壊すると、ムスタファーらは帰国を許された。首都バグダードに居を構えてクーデターを起こしたアブドルカリーム・カースィム将軍と協力した。しかし、北部にまでカースィム将軍が自らの支配を及ぼそうとするとムスタファーと対立するようになった。ムスタファーは、北部のクルド地域に居を移して中央政府の力の浸透に抵抗した。クルド地域に戻ると、ムスタファーは、たちまちのうちに北部のクルド人の指導者としての地位を確立した。具体的にはイラクのＫＤＰ（クルディスタン民主党）の党首となった。イラクのＫＤＰは、イランでのクルディスタン共和国樹立を主導したイランＫＤＰに触発されてクルドの知識人などによって設立された。

１９６１年から70年までの間、北部のクルド人と中央政府の間で内戦が戦われた。そして１９７０年にクルド人の自治に関する合意が結ばれた。しかし、この合意は実施されることはなかった。

というのは、１９７２年にイランが、ムスタファーに武器援助を提案しクルド人がイラク政府と戦闘を再開するようにと、そそのかしたからである。当初クルド側は懐疑的であった。戦わせておいて、最後にはイラクからの譲歩と引き換えにクルド人を裏切るのではないかと懸念したからであった。そこでシャーのクルド人支援に米国が関与することとなった。ある意味ではワシントンが保証人となってクルド人を安心させたわけだ。親ソ連のイラクの混乱は米国の望むところでもあった。

この秘密作戦にはイスラエルも関与した。イラクの弱体化は、イスラエルにとっても国益にかなっていたからだ。イスラエルがアラブ諸国との戦争で奪った兵器がイランに運ばれクルド人に渡された。クルド人のゲリラたちが供与された武器でイラク政府に対して戦いを再開した。戦闘が始まると同時にイランは密かにイラクに次のように申し入れた。両国の国境問題でイラクが譲歩すれば、クルド人への支援を即座に停止すると。

国境問題とはシャットル・アラブ川の領有を巡るものであった。ティグリス川とユーフラテス川はメソポタミア地方の南部で合流してシャットル・アラブ川となってペルシア湾に注ぐ。この川がイランとイラクの国境をなしている。一方でイラクは、この川の全体が自国領であると主張した。つまり国境線はイラン側の岸というわけだ。他方でイランは、川の中で船の通れる一番大きな流れの部分が国境線という主張であった。平たく言えば、川の半分はイラン領であるとの認識であった。

さて武器供与の開始から3年後の1975年にOPEC（石油輸出国機構）の総会がアルジェリアの首都アルジェで開催された。出席したシャーとフセインが会談し、以下のような合意に達した。イラクは国境問題でイランの主張を受け入れる。つまり川の半分はイラン領との主張を受け入れた。ちなみに1980年にイラクは、この合意を廃棄して対イラン戦争を、つまりイラン・イラク戦争を始めた。

さて話をアルジェに戻すと、領土面でのイラクの譲歩と引き換えに、イランはクルド人への支援を打ち切ると約した。この合意がアルジェ協定である。この合意成立の直後にイラク軍が大攻勢を開始した。イランは約束通りに直ちに武器供与を停止した。不意を突かれたクルド側は総崩れとなった。ムスタファーは、必死になって米国に仲介を依頼した。シャーを翻意させるようにとの訴えであった。

しかし米国は動かなかった。当時の国務長官のヘンリー・キッシンジャーは、「秘密作戦を伝道事業と間違えてはいけない」と発言したと伝えられている。つまり冷酷にもクルド人を見捨て、切り捨てたわけだ。

クルド人の多くがイランへと亡命した。ムスタファー自身は１９７９年３月に治療中の米国の病院で死亡した。革命でイラン王制が終焉した翌月であった。

ロシア人の妻は子供を産まなかったが、他の妻の産んだ息子のイドリースがＫＤＰの指導者となった。イドリースの死亡後は弟のマスウードが、その跡を継いだ。現在イラク北部を支配するクルディスタン自治政府の指導者である。

ムスタファー・バールザーニーとサッダーム・フセイン
［出所：Meiselas, 2008］

クルディスタン自治政府議会の建物のロビーには巨大なムスタファーの肖像画が飾られており、儀仗兵がその両脇を固めている。マスウードの率いるＫＤＰに批判的な人々の間でさえムスタファーのクルド民族運動に与えた巨大な影響を評価している。

なおムスタファーの遺体は、イラン革命後に米国から同国に運ばれて埋葬された。そして、その後に遺体は故郷のバールザーンの美しい渓谷を見下ろす地に移された。死してなお、ムッラー・ムスタファー・バールザーニーは国境を越えた。

（高橋和夫）

コラム3

ムスタファー・バールザーニー

勝又郁子

1979年3月2日の『ニューヨークタイムズ』紙は「クルド指導者ムスタファー・バールザーニー死亡」という見出しの記事を写真入りで掲載した。オスマン帝国によって絞首刑に処せられた反乱者の息子として生まれたことに始まり、独立クルディスタンを求めて戦い続けた波乱の一生を紹介し、肺がん治療を受けていたジョージタウン大学病院で3月1日に亡くなったと報じた。治安上の理由から病室の名札はムスタファー・イーラーニーとなっていたという。3日後のロイター通信は、遺体がテヘランから50キロほど西のキャラジュに暮らす息子の家に到着し、イラン各地から数千のクルド人が集まったと伝えた。ムスタファーは翌日、空軍ヘリによってオシュナヴィーイェに運ばれて埋葬された。かつて、マハーバードに成立したクルディスタン共和国時代にバールザーニーのペシュメルガが陣を敷いた町だ。

ムスタファー・バールザーニーは1903年3月14日、現在のイラクのバールザーンで生まれた。険しい山が天を仰ぐように聳え、早春には深い渓谷に雪解け水が砕け落ちる山岳地帯だ。部族抗争などから逃れてきた人々の隠れ里が点在していたといわれる。そうした人々をも組み入れ、バールザーニー部族はイスラーム神秘主義ナクシュバンディー教団のシャイフの家系として19世紀に台頭した。正確にはバールザーン地域の複数の部族からなる部族連合だ。宗教的な求心力と政治力を合わせ持ち、オスマン帝国やイギリスの委任統治下に置かれたイラクで反乱を繰り返した。そのなかでムスタファーの祖父、父、伯父、兄たちが処刑されている。彼自身も3歳のときに母親とともにモースルで投獄された。

議事堂に飾られたムスタファー・バールザーニーの肖像画

クルディスタン共和国時代の1946年には、ムスタファーの意を受けてイラクでクルド民主党（KDP）が設立されている。共和国崩壊後、ムスタファーと517名の部族兵は投降を拒否し、ソ連への亡命を決意する。イラン軍、イラク軍、トルコ軍の追撃をかわしながら3週間におよぶ夜間行軍を生き延びて1947年6月17日、一行がアラス川を渡った。

ソ連では中央アジアで不遇をかこったが、スターリンの死後はモスクワに居住した。11年後、イラクの革命政権によってバールザーニーとその部族は英雄として迎えられた。だがまもなく中央政権と対立し、自治交渉と武力衝突を繰り返すようになる。バールザーニーの亡命中、KDPでは左派のイブラーヒーム・アフマドが台頭して書記長の座にあり、党名もクルディスタン民主党に改められていた。アフマドによれば、「クルド人だけでなくクルディスタンに暮らすすべての人々の政党」という意味が込められていたという。バールザーニーはアフマドやジャラール・ターラバーニーの一派とも対立したが、最終的に党内の左派勢力を抑えて党を掌握した。60年代にはイスラエルとイランがイラク政権と戦うKDPを支援し、1972年から米国がこの秘密工作に加わった。時代背景や1975年に民族闘争が瓦解するまでの経緯は第25章に詳述されている。

KDPの覇権を争ったアフマドに晩年、話を聞いたとき、「私がバールザーニーに敗れたのはソ連にのめり込んだからだ。彼はソ連と米国、周辺国とのバランスを取ることができた。そのバランスを崩して米国だけを信じたとき、彼もまた敗れる運命にあった」と述べている。

ムスタファー自身は宗教指導者ではないが、敬意を込めてムッラー・ムスタファーと呼ばれる。1993年秋、オシュナヴィーイェの墓から民族旗に包まれたムッラー・ムスタファーがバールザーンに帰ってきた。長男イドリースと並び、生死を共にした仲間とともに眠る。彼らが残したKDPはクルディスタン共和国で生まれた次男マスウードが継ぎ、さらにネチルヴァンやマスルールの孫世代に移ろうとしている。

ムスタファー・バールザーニーと長男イドリースの墓。イドリースは1989年、病で没した

26

シリアのクルド人諸部族

★歴史と現況★

シリアにおける主なクルド人の居住地は、アレッポ、ラッカ、ハサカの3県の北部の地域と、ダマスカス、ホムス、アレッポなどの大都市の一角である。このうち、クルド人の諸部族の伝統的な居住地域は、アレッポ県アイン・アラブ郡、ラッカ県タッル・アブヤド郡、ハサカ県カーミシュリー郡、マーリキーヤ郡などである。なお、有力な部族として言及する資料はないものの、アレッポ県アフリーン郡にもクルド人の諸部族が居住している。これらの地域は第一次世界大戦後に画定された国境によりトルコと隔てられているが、諸部族は国境をまたいで分布していることが多い。シリア政府の公式な見解は、クルド人は1925年にトルコでのクルド人の蜂起が鎮圧され、トルコ政府による弾圧から逃れてシリア領内に移動した者が多いことを強調している。また、近年では、シリアにおいて経済開発や都市化が進むにつれ、地方から大都市への人口移動が進み、ダマスカスやアレッポの郊外に部族的な人間関係や行動様式を保ったまま集住する人々もみられるようになっているようだが、クルド人もその例外ではないと思われる。

シリアの北部、東部、中部には様々な部族が居住している。

これらの諸部族は、父系の出自を遡ることができる地縁・血縁集団とみなされる集団であり、アレッポ県、ラッカ県、ハサカ県においてはクルド人の部族も多数みられる。クルド系諸部族の間では、どの程度遊牧に従事しているかだけでなく、アラビア語の使用の頻度や周辺のアラブ系諸部族との通婚の程度が各々異なっていた。そして、諸部族の各々が周辺のアラブの諸部族と和戦を繰り返した。また、諸部族が同盟して部族連合を結成することもあったが、この連合もクルド人の諸部族のみが排他的な連合を作っていたわけではない。シリア国内における著名なクルド系部族や部族同盟は、左記の通りである。

ミッリー部族：１９４０年代の時点でシリアにおける最大規模のクルドの部族と考えられていた。現在のハサカ県ラアス・アインやアブドゥルアズィーズ山地から、トルコのディヤルバクルにかけて移動する生活を送っていたが、シリアとトルコとの国境が画定されると、一部はトルコ領内にとどまり、新たに指導者を立てた。

ハフルカーン部族：現在のハサカ県マーリキーヤ郡を主な居住地とした。部族民の中にアッシリア教会やヤズィーディーのような宗派の信徒を含んでおり、ハフルカーン部族は20世紀前半に発生したアルメニア人、その他キリスト教徒に対する虐殺から彼らを保護する役割を演じた。

ドゥクーリーヤ部族：現在のハサカ県カーミシュリーからダルバースィーヤにかけてのトルコとの国境地帯に居住していた。複数の部族を従属させる有力部族として知られていた。

ミッリーヤ部族連合：１８０２年にアラブの諸部族とクルドの諸部族のおよそ23部族が結成した部

族連合で、先述のミッリーとは異なる集団である。アームーダー市周辺でシリアとトルコとの国境にまたがって分布した。

バラーズィーヤ部族連合：複数の部族からなる連合体で、現在のアレッポ県アイン・アラブ郡を主な居住地とした。

20世紀前半のシリアにおけるクルド系諸部族は、クルド人としての民族的帰属に基づいて一枚岩的に行動していたわけではなかった。フランスによる委任統治（1921〜46年）に対する態度も部族ごとに異なっており、フランス当局に協力的だったもの、シリアの愛国主義・国民主義運動の側に立ったもの、そして近隣のアラブの諸部族に対する個別の対抗関係により態度を決めたものなど様々である。そうした中、都市部出身のクルド人のエリートの中に、フランスに対する抵抗運動で活躍したイブラーヒーム・ハナーノー（1869〜1935年）のような人物がいる。ハナーノーは、シリアの公式の歴史においてフランスに対する抵抗運動の象徴的人物として扱われており、諸部族の態度やハナーノーのような人物の存在は、20世紀前半のシリアにおけるクルド人の民族主義運動を考察する上で興味深い。

フランス当局は、当時シリアに存在していた名家、部族などを、既存の力関係や序列に沿って政治的な取り込みを図った。そのため、フランスに対して執拗に反抗した部族を除けば、クルド系諸部族のうち有力部族の指導者らが当時の国会に進出した。その代表例が、ミッリー部族とミッリーヤ部族連合である。また、ハフルカーン部族もフランスに協力して委任統治期に勢力を拡大した。これに対し、ドゥクーリーヤ部族はフランスに抵抗した部族として知られている。シリア独立後も、既存の有力部族が国会議員のような政治的地位・権益を獲得することが多かったが、クルド人の諸部族の状況については、1950年代に入ると変化が生じ始めた。すなわち、シリア国内でのアラブ民族主義の高揚に伴い、次第にクルド人に対する差別的な雰囲気や制度が形成されたのである（第27章参照）。その結果、1950年以降国会に進出したクルド人の部族指導者はほとんど確認できなくなった。これに加えて、クルド人の民族主義運動においても、社会主義の影響を受けた民族主義運動の場で、既存の地主や資本家にあたる諸部族の有力者が、その出自を明らかにして民族主義運動を指導する例も見られなかった。

アレッポ県北西のクルド人の居住地である、アフリーン市近郊を流れるアフリーン川（2004年6月）

エジプトとの合邦期（1958〜61年）、バアス党政権期（1963〜70年）は、農地改革や一部部族に特別待遇を認めた部族法の廃止など、部族全般に対する待遇が厳しくなった。特に、クルド人についても「アラブ・ベルト」の設置のための追放・土地収用や、一部クルド人のシリア国籍剝奪のような、今日の諸問題の基となる政策が実施された。ハーフィズ・アサドは、1970年に政権を奪取すると国内の団結を優先して部族や農地改革についての急進的な政策を一部緩和した。しかし、クルド人に対する政策や彼らが抱える問題の多くは、改善のための措置がほとんどとられず、この状況はバッシャール・アサド政権（２０００年〜）においてもシリア紛争勃発（２０１１年３月）後まで変わらなかった。ただし、アサド政権下においてクルド人の諸部族から人民議会（＝国会）議員や著名な政治活動家が全く輩出されなかったわけではなく、アレッポ県アイン・アラブ郡からはバラーズィーヤ部族連合の指導者たちが半ば世襲的に人民議会に選出されているようである。また、ドゥクーリーヤ部族出身者が共産党の著名な活動家として活躍し、２０１２年には人民議会選挙でダマスカス選挙区から当選した後、一時副首相として入閣を果たした。これに加えて、クルド民族主義勢力の民兵組織である人民防衛隊（ＹＰＧ）が占拠する地域においてクルド系諸部族が評議会を結成し、何らかの政治勢力として活動を始めつつあるが、そこでも有力部族としてドゥクーリーヤ部族から代表が選出された。

（髙岡　豊）

27

シリアのクルド人問題

★制度的差別の系譜★

クルド人が多く暮らす主要な国であるトルコ、イラク、イランに比べて、シリアのクルド人は同国社会に同化していると考えられることが多い。例えば、シリアでもっとも長い歴史を持つ政党で、1960年代以来連立与党として政治に参画するシリア共産党（ハーリド・バクダーシュ派）は、党書記長、執行部メンバーをはじめとするメンバーほぼ全員がクルド人である。また、共和国ムフティーを頂点とするシリアのイスラーム教法曹界も多くのクルド人が幹部を務めてきた。シリア人の歴史観においても、十字軍の支配から東アラブ地域を解放したクルド人のサラーフ・アッディーン・アイユービー（サラディン）は、英雄として位置づけられており、その末裔を自負する多くの人々が、自らをクルド人と位置づけつつ、アラビア語を母語とするなどしてシリア社会に同化している。

とはいえ、このことはクルド人に対する差別が存在しないことを意味しない。

シリアでのクルド人に対する差別（ないしは区別）の起源は、フランス委任統治時代にさかのぼることができる。フランス当局は、シリア社会の民族・エスニック集団、宗教・宗派の多様

図１　シリアの主な民族・エスニック集団、宗教・宗派集団別人口比

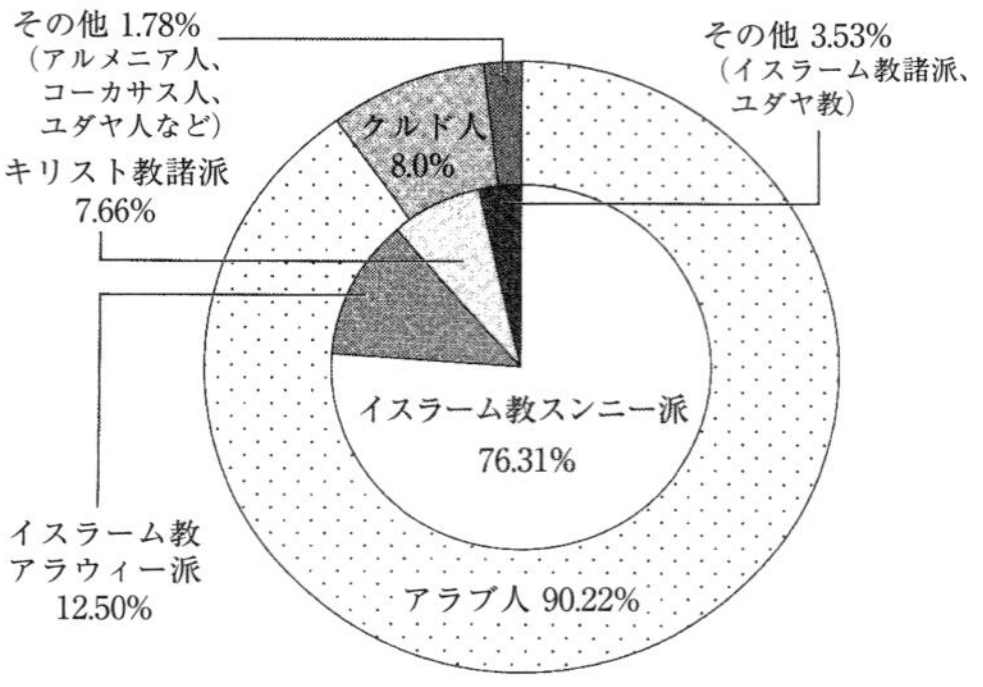

出所：青山弘之『シリア情勢――終わらない人道危機（岩波新書1651）』岩波書店、2017年、41ページ。

性に着目し（図1）、その差異を強調して社会を分断することで、支配を強化しようとした。具体的には、クルド人、イスラーム教アラウィー派、ドゥルーズ派といったマイノリティを軍（レバント特別軍――のちのシリア軍）で重用し、アラブ人、イスラーム教徒スンニー派に対置するとともに、数年に一度の割合で、行政区画（さらには国境）を変更することで、地域間、そして民族・エスニック集団、宗教・宗派間の対立を助長しようとした。

独立（１９４６年）後の度重なる軍事クーデター、階級闘争やイデオロギー闘争によって不安定な情勢が続くなか、シリアでは権威主義化が進み、国家による社会の監視や締め付けが強まった。こうした動きは、アラブ民族主義の称揚と並行して加速し、１９５０年代半ば以降、アラブ人以外の民族・エスニック集団がしばしば嫌がらせの対象となった。そのなかでもっとも厳しい差別に晒されることになったのが、軍事クーデターに参加した士官の多くを輩出していたクルド人だった。１９５０年代半ばになると、「クルド軍事独裁」といった批判が散見されるようになる一方、クルド語のレコードの回収・廃棄やクルド人を狙った焼き討ち事件が起こるようになった。

クルド人への差別は、エジプトとの合邦（アラブ連合共和国、1958～61年）を解消した1960年代に「合法的な制度」として定着していった。その背景には、アラブ民族主義を牽引したナセル（ガマール・アブドゥンナースィル）政権下のエジプトよりも「アラブらしさ」を誇示することで、統治を正統化しようとする為政者たちの思惑もあった。

差別の制度化は、エジプトとの合邦解消後に発足したいわゆる「分離政権」（1961～63年）のもとで実施された「例外的統計」と、バアス党政権（1963年発足）のもとで推進された「アラブ・ベルト構想」の二つを通じてかたちを得た。

例外的統計は、クルド人が多く暮らすハサカ県で1962年に実施された人口統計調査を指す。この統計調査は、これに先立つ国勢調査で、ハサカ県の人口増加率（1954～62年）が全国平均の4・3％を大きく上回る21・7％を記録したことを受けたものだった。ハサカ県の急激な人口増加は、周辺諸国から流入し、不法滞在している外国人が算入されたことが原因とみなされ、1962年法律第93号に基づき、例外的に同県に限って人口統計調査が再実施されたのである。

この調査によって、ハサカ県の人口数は下方修正され、そこで暮らす多くのクルド人がシリア国民でないと断定され、国籍を剝奪された。しかし、シリア人であるか否かの判断は恣意的で、一つの家族がこの峻別で分断されることすらあった。国籍を剝奪された人々は「外国人」（アラビア語で「アジュナビー」〔ajnabī〕）と「無戸籍者」（アラビア語で「マクトゥーム」〔maktūm〕、ないしは「マクトゥーム・カイド」〔maktūm al-qayd〕）に大別され、国内での移動の自由、選挙権、私有財産所有、公務員就労資格、公立学校入学資格などを奪われた。その数は「外国人」が現在20万人、「無戸籍者」が約8万人と推計さ

図2　アラブ・ベルト

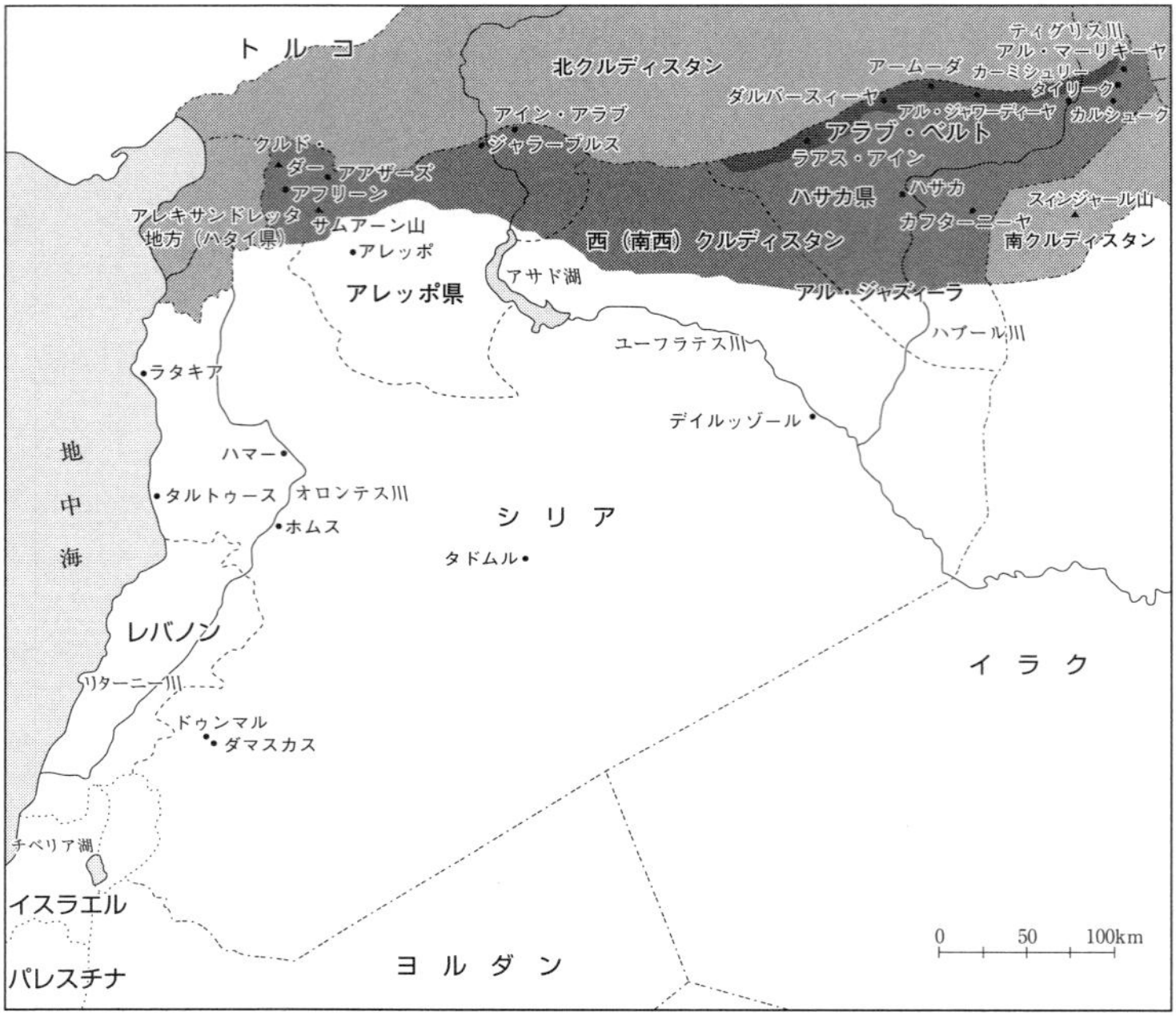

出所：青山弘之「シリアにおけるクルド問題：差別・抑圧の“差別化”」『アジア経済』第46巻第8号、2005年8月、47ページ

れている。

一方、アラブ・ベルト構想は、トルコ国境に面するラアス・アイン市（ハサカ県）からティグリス川にいたる全長約275キロ、幅約10キロの地域（図2）に社会主義的なモデル農村地帯を建設することを名目として立案された政策を指す。1960年代半ばから1970年代半ばにかけて実施されたこの構想に基づき、ハサカ県、ラッカ県、アレッポ県の国境地帯に居住していたクルド人約10万人が土地や財産を奪われ、強制移住を余儀なくされた。またこれと並行して、公共機関でのクルド語の使用禁止、コバーニー市（アレッポ県）のアイン・アラブ市への改称に代表されるクルド語名の町・村のアラビア語名への名称変更などの措置が推し進められた。シリアで特定の民族・エスニック集団、宗教・集団への帰属

を理由にこうした制度的な差別を受けたのは、クルド人だけだった。

1970年に成立したハーフィズ・アサド政権は、トルコと対抗するため、クルディスタン労働者党（Partiya Karkerên Kurdistan――略称PKK）を国内で保護し、物心面での支援を行ったが、国内の制度的差別を撤退することはなかった。

これに対して2000年に発足したバッシャール・アサド政権は2002年、クルド人に対する制度的差別の存在を初めて公に認め、改革を約束した。そしてこの公約を履行するかたちで、バッシャール・アサド大統領は2011年4月、「外国人」への国籍付与を定めた政令第49号を施行し、制度的差別解消に向け歩を進めた。だが、同年3月の「アラブの春」波及に端を発するシリア内戦が深刻化するなかで、抗議デモをかわす狙いもあったこの法律に同調する住民は少なく、国籍取得申請を行ったのは3万6000人に過ぎず、実際に国籍を回復したのも1000人ほどだった。

シリア内戦によって疲弊したバッシャール・アサド政権が、2012年半ば頃にハサカ県とアレッポ県のトルコ国境地帯から軍部隊や国家機関を戦略的に撤退させると、同地では民主統一党（Partiya Yekîtiya Demokrat――略称PYD）が実効支配を強め、2014年には西クルディスタン移行期民政局（通称ロジャヴァ〔Rojava――クルド語で「西」の意〕）を名乗る暫定自治政体を発足させた。その支配地域では、民族・エスニック集団、宗教・宗派の多様性が強調され、クルド語による教育も行われるようになった。だが、住民はイスラーム国などのテロに晒され、米国が主導する有志連合による「テロとの戦い」への参加を余儀なくされる一方、PYDをPKKと同根の「テロリスト」とみなすトルコの執拗な介入に直面するなど、苦難に苛まれ続けた。

（青山弘之）

28

イラン革命とイラン・イラク戦争

★化学兵器の悲劇へ★

１９７８年に始まったイランの革命状況は、国内周辺地域への中央政府の支配力を弱めた。クルド人の地域も例外ではなかった。そして地下活動を続けていたイランＫＤＰなどが公然と活動するようになった。しかも中央政府軍の武器庫から兵器が流出すると、クルド人の武装勢力が力を増した。

クルド人は「イランに民主主義を、クルディスタンに自治を！」というスローガンを掲げて自治を求めた。

クルド人の自治の問題に関しては、革命勢力の内部でも、議論があったようだ。１９７９年２月の革命勢力の権力奪取の直後に首相や外相のポストに就いたリベラルとされた人々は、独立は問題外としても自治に関しては交渉の余地を示唆していた。しかしながら、結局、革命政権は自治を付与しなかった。革命の指導者であったアーヤトッラー・ルーホッラー・ホメイニーは、武装組織の統一を求めていた。つまり革命政権の支配する軍隊にクルド人の軍事力も統合されるべきだとの意向であった。

クルド人が、これを拒否すると、革命政権は、軍事力でクルド人の動きを押さえ込もうとした。最初に送り込まれたのは革命防衛隊だった。だが結成直後の革命防衛隊は十分な装備と戦場での経験を持っておらず、クルド人の武装勢力との戦闘で苦戦を強いられた。

革命政府は、次に正規軍を動員した。アメリカ製のF4ファントム・ジェット戦闘機まで投入した大規模な作戦が展開された。そして革命政権が、クルド人の運動を鎮圧した。

革命政権の強硬な対応の背景には、内部での権力抗争で宗教勢力が優位に立ったという事実があった。つまりテヘランでの権力闘争と影絵のように連動しながらクルド地域での内戦が戦われた。

そして、このクルド地域での内戦が、その後のイランの歴史に大きな影響を与えた。というのはアメリカ製の兵器の使用は、その交換部品の補給を必要としたからだ。ハイテク兵器というものは、補修という概念ではなくメンテナンスという思想で動かされている。つまり、ある部分が故障したり不具合になったりすると、その部分を修理するという発想ではない。機械というものは、一定時間使用すれば摩耗し疲労するのであるから、修理をするのではなく新たな部品と取り換えるのである。となれば交換部品の補給なしにはハイテク兵器は長期間にわたっては運用できない。これが革命政権のリベラルな部分がアメリカとの接触を開始した理由の一端であった。

１９７９年10月の国連総会に出席したイランのイブラーヒーム・ヤズディー外相が、アメリカのサイラス・バンス国務長官と会談した。また10月末から11月初旬にかけてアルジェリアで同国の独立の記念日を祝う行事が開催された。これに出席したアメリカとイランの要人には、格好の会談の場面となった。当時のジミー・カーター大統領の安全保障問題の補佐官だったズビグニエフ・ブレジンスキーと革命政権のメフディー・バーザルガーン首相とヤズディー外相さらに国防相が会談した。これがイラン国内のイスラーム勢力と左翼勢力の強い反発を引き起こした。

もちろん、その背景にあったのは同時期のアメリカがシャーの入国を認めるという決断であった。がん治療のためであったが、イラン人の多くは、これはアメリカがシャーを使って反革命の陰謀を計画している証左だととらえた。このタイミングでアメリカと革命政府の閣僚が接触したのであるから、さらに反発が強かった。

そして3人が帰国した直後の11月4日にアメリカ大使館が急進派学生に占拠され、その後444日間続く人質事件が始まった。この事件を受けてバーザルガーン内閣が崩壊した。そしてホメイニーに従うイスラーム勢力が権力の独占へと動き出した。こうして見ると、クルド地域での内戦が、アメリカ・イラン関係を決定的に悪化させる一要因であった。

ところで、なぜイランの革命政府は自治の要求に応じなかったのだろうか。一つには、革命の指導者のホメイニーの歴史観があった。それによると、民族主義という考え方は、イスラーム世界を分断し弱めてきた。民族ではなく宗教を統治理念として建設されたオスマン帝国が解体したのは、民族主義の流入によって支配下の人々が民族主義に目覚めたからであった。イランのイスラーム革命が目指すべきは民族主義ではなく、それを超えた宗教の理念によるイスラーム教徒の統合である。イスラーム革命政権の最高指導者が、こうした歴史観と世界観を抱いていたのでは、マイノリティ民族との交渉は困難である。

さらに重要な要因はイランの多民族性である。イランにはクルド人以外のマイノリティ民族も数多く生活している。北東部から時計回りに指摘するとトルコマン、南東部のバローチ、南西部のアラブ、

ハラブジャの化学兵器の犠牲者の墓地（2010年3月）

北西部のアーゼリーなどである。もし仮にクルド人に自治を与えるとすると、他の民族にも同様な対応が必要になる。イランの革命政権には、その用意はなかった。

1980年9月イラクが、イランに対して戦争を開始した。開戦理由の一端は、国境問題の「解決」であった。1975年のアルジェ協定でイラクは両国の国境線はシャットル・アラブ川の中心だと認めた。しかし、この協定を破棄しシャットル・アラブ川の全てがイラクの支配に服するべきだと再主張した。

この戦争、つまりイラン・イラク戦争が始まると、イラクはイランのクルド人を、イランはイラクのクルド人を支援した。当初はイラクが優勢でありイラン領の一部を占領した。しかし、やがてイランが反攻に出て奪われた領地を奪回した。そしてイラクの首都バグダードと南部の大都市バスラを結ぶ地域への攻勢を開始した。

イラクは化学兵器を多用するなどして、繰り返されるイラン軍の攻勢に耐えた。南部の戦線が膠着すると焦点が北部に移った。イランはイラクのクルド人勢力と協力して北部で圧力を強めた。

そうした中で1988年3月にイラクのクルド人地域の都市ハラブジャにイラン軍が入った。そこで化学兵器によって虐殺された多数の遺体を発見した。イランが世界のジャーナリストを招いたので、ハラブジャの悲劇が世界に知られるようになった。

これはイラン・イラク戦争末期からイラクのフセイン政権が開始していたクルド人に対するジェノサイドともいえるアンファール作戦の一環であった。イラクは、クルド人多数を殺害し、その村落を破壊し、住民の強制移住を行った。クルド人地域のアラブ化が進められた。

（高橋和夫）

V

湾岸戦争後の世界

29

湾岸戦争と難民

★民衆蜂起から自治発足へ★

1990年8月2日、イラク軍が突然クウェートに侵攻した。クウェートを併合したイラクに対し、国連は期限を定めてイラク軍の無条件撤退を求める安保理決議678号を採択した。同決議に基づいて多国籍軍は撤退期限が過ぎた翌年1月17日、空爆やミサイルによる攻撃を開始した。2月24日に地上作戦が始まると27日にはクウェートが解放された。この時点でブッシュ米大統領が停戦を発表し、4月6日、大量破壊兵器の破棄などを義務づけた国連決議687号をイラクが受け入れて、湾岸戦争が終結する。67万人規模の多国籍軍のうち42万5000人を投入した米軍を中心に、クウェート、サウジアラビア、エジプトやシリアなどアラブ諸国も参戦した。総額1100億ドルあまりのコストのうち日本は135億ドルを拠出した。資金、医療や技術支援も含めると湾岸戦争に関わった国は40にのぼる。

この湾岸戦争がクルド人にとって歴史的な転換点となった。2月の停戦直後、まずイラク南部でフセイン政権に対する民衆蜂起が発生し、続いてクルド人の多い北部でも市民が軍・治安組織の施設を襲った。北部ではクルド系組織の連合体クルディスタン・フロントが各所でイラク軍を攻撃していたが、民衆蜂起は想定していなかった。むしろ人々が反応したのは、ブッシュ米大統領の「イラク軍とイラクの人々が自らフセイン大統領を排除すべき」という言葉だ。ラジオを通じてイラク全土に伝えられた米大統領の発言を、人々は民衆蜂起のゴーサインと理解した。

北部で民衆が蜂起したのは3月5日だった。ラーニヤという町で勃発し、7日には文化・思想の中心都市スライマーニーヤで、続いてハラブジャ、コヤ（コイ・サンジャク）、シャクラーワへと拡大し、11日にアルビールで火の手があがった。

当時のクルド社会に「ジャーシュ（ロバ）」と呼ばれる人々がいた。政権側につく「裏切り者」に対する蔑称だ。イラン・イラク戦争中の80年代にフセイン政権がイランと通じたクルド勢力への報復として行ったアンファール作戦にも加わった。彼らにすれば、政権側につくことで自分の部族民と土地を守ったのだが。10万人を超えるといわれたジャーシュの多くが、この時期にクルド側に〝復帰〟している。政府軍や治安組織に籍を置いたまま内部情報を提供したり、ペシュメルガとして参戦したりした。町によってはイラク軍や治安部隊を説得して撤退させるなど、交戦を回避させたジャーシュの部族指導者もいた。最初に民衆蜂起を起こしたのも、ラーニヤを束ねていたジャーシュの部族だった。

2週間でクルディスタンはほぼクルド勢力の支配下に置かれた。だが、頼りの多国籍軍は動かなかった。湾岸戦争のクウェート解放という目的は果たされたし、政権崩壊やクルド人の分離独立でイラクが分裂し、地域が混乱することが危惧されたからでもあった。

フセイン政権が湾岸戦争で温存していた精鋭の共和国防衛隊を投入した3月末、形勢は一気に逆転した。なかでもペシュメルガに対して威力を発揮したのはヘリ攻撃だ。3月初めのシュワルツコフ米

トルコの国境地帯に避難していたが、村に戻ってきた人々。村は完全に破壊されており、素手で石を積み上げて仮の住まいにしていた

中央軍司令官とイラク軍との停戦協議で、イラク軍は戦闘機を使うことは禁じられたが、ヘリの使用は認められていた。クルドは3年前に化学兵器攻撃に晒されている。「ハラブジャを思い出させてやる」というイラク軍司令官の言葉は人々をパニックに陥れた。トルコやイラン国境を目指して人々が殺到し、家族を脱出させようと戦列を離れてしまうペシュメルガが続出した。

サラーフ・アッディーン大学のイブラーヒーム・ハマラシュ教授に当時の話を聞いたことがある。学生だった彼はアルビール陥落の直前に脱出し、逃げ惑う群衆の中にいた。雨雲がのしかかってくるような陰鬱な夕刻、裕福なアインカワ地区を通り過ぎながら、生まれ育ったこの町を見るのは最後だと思った。近隣の家族とともにピックアップ型のダットサンに女性や子供を乗せ、男は徒歩で、はぐれたら山間のサラーフ・アッディーンで落ち合うと決めた。父と合流できたが、イラクに残ると決めた家族と別れ、7日間歩き続けてイランに入った。トルコは避難民の受け入れを拒んだが、イランは入国を認めた。イランでは一日中、イラクのラジオを聞いていた。ある日、モースル大学大学院への合格者名が放送され、その中に自分の名前があった。イラク政府は大学や軍への復帰を1週間を期限として認め、民衆蜂起の罪は問わないという。ハマラシュ氏はイラク軍とクルド勢力双方が通行の安全を保障した道を戻り、緩衝地点でイラク軍に引き渡され、約束通りモースル行きを許されたという。

山に逃れ、トルコやイランの国境に押し寄せた避難民は国連の調査によると180万人を超えた。とくにトルコ国境では多くの人が野宿を余儀なくされた。『ニューヨークタイムズ』紙は、山岳地帯の寒さと飢え、疲労、病などで一日に500人から1000人が死亡したとの推計を報じている。非人道的なイラクの民衆攻撃を非難する国連安保理決議688号が4月5日に採択され、これを根拠として米英仏はイラクの北緯36度以北の飛行禁止区域と安全地帯を設定して難民の帰還を促した。

安全地帯を基盤にクルド勢力はフセイン政権と自治交渉を続け、軍事的にも秋までにア

スライマーニーヤの刑務所跡で暮らす一家。食料は海外からの支援でまかなっていた

スライマーニーヤの刑務所跡。民衆蜂起の時は、市民が襲撃して囚人を解放した。現在は記念館になっている

ルビールとスライマーニーヤの主要都市を支配下に治めた。自治交渉が決裂すると、クルディスタン・フロントが一方的に自治を宣言、1992年5月に自治議会選挙を実施し、翌月に自治政府を発足させた。米英仏の飛行監視に守られ、フセイン政権の関与を一切排除した自治が動き出す。

この時期を通じて、トルコも決断を強いられた。経済的には、1990年8月6日に国連安保理決議661号によってイラクに対する経済制裁が決議されると、トルコはただちにイラクから地中海の港につながる石油パイプラインを止め、主要貿易相手だったイラクとの全貿易を停止した。軍事的には、インジルリク飛行場を多国籍軍が使用することを認め、10万規模のトルコ軍がイラクとの国境に展開してイラク軍の勢力を分散させた。

画期的だったのは、トルコのオザル大統領の指示を受けた外務省がイラクのクルド指導者と秘密裏に接触したことだ。トルコではまだクルドの存在について語ることがタブーだった時代である。民衆蜂起最中の3月8日、ジャラール・ターラバーニーとムフスィン・ディザイーがアンカラに招かれ、外務省と協議した。大統領の決断には政権内からも批判が出たが、オザルは「敵対すれば、他の勢力がイラク・クルドを反トルコの駒として使う」と述べている。

さらに大統領報道官は、トルコはイラク・クルドの独立には反対だが、イラクの連邦制には反対しないとの立場を伝えたと述べた。翌年、トルコはターラバーニーとマスウード・バールザーニーにトルコの外交官パスポートを発給して自由に欧米に入国できるよう配慮している。オザル大統領は1993年に急死したが、四半世紀後を予見していたかのようだ。

（勝又郁子）

30

シリアのクルド民族主義運動

★分裂の歴史★

シリアのクルド民族主義者は、フランス委任統治開始（1920年）とともに活動を本格化させ、1927年には最初の政治結社であるホイブーン運動を結成した。だが、当時（そして現在も）クルド人活動家の多くは、民族・エスニック集団の違いを越えて国家や社会の建設をめざすマルクス主義、シリア国民主義、イスラーム主義に共鳴し、クルド民族主義運動は必ずしもクルド人の政治運動の主流をなしていなかった。

クルド民族主義運動が活性化したのは、1950年代後半以降で、そのさきがけとなったのが、1957年に結成されたシリア・クルディスタン民主党だった。結成直後の1958年にシリア・クルド民主党に改称した同党の活動はしかし、アラブ民族主義が高揚するなかで当初から困難に直面した。シリアとエジプトが合邦して建国されたアラブ連合共和国（1958〜61年）のもとで、独断的な支配を強めていたナセル（ガマール・アブドゥンナースィル）大統領が1959年、翼賛的な政治団体のアラブ社会主義連合を結成し、シリア国内の全政党の解体と同連合への参加を決定すると、シリア・クルド民主党は他の政党とともに解党を余儀なくされた。それだけでなく、1960

図1　クルド民族主義政党・政治組織の系譜

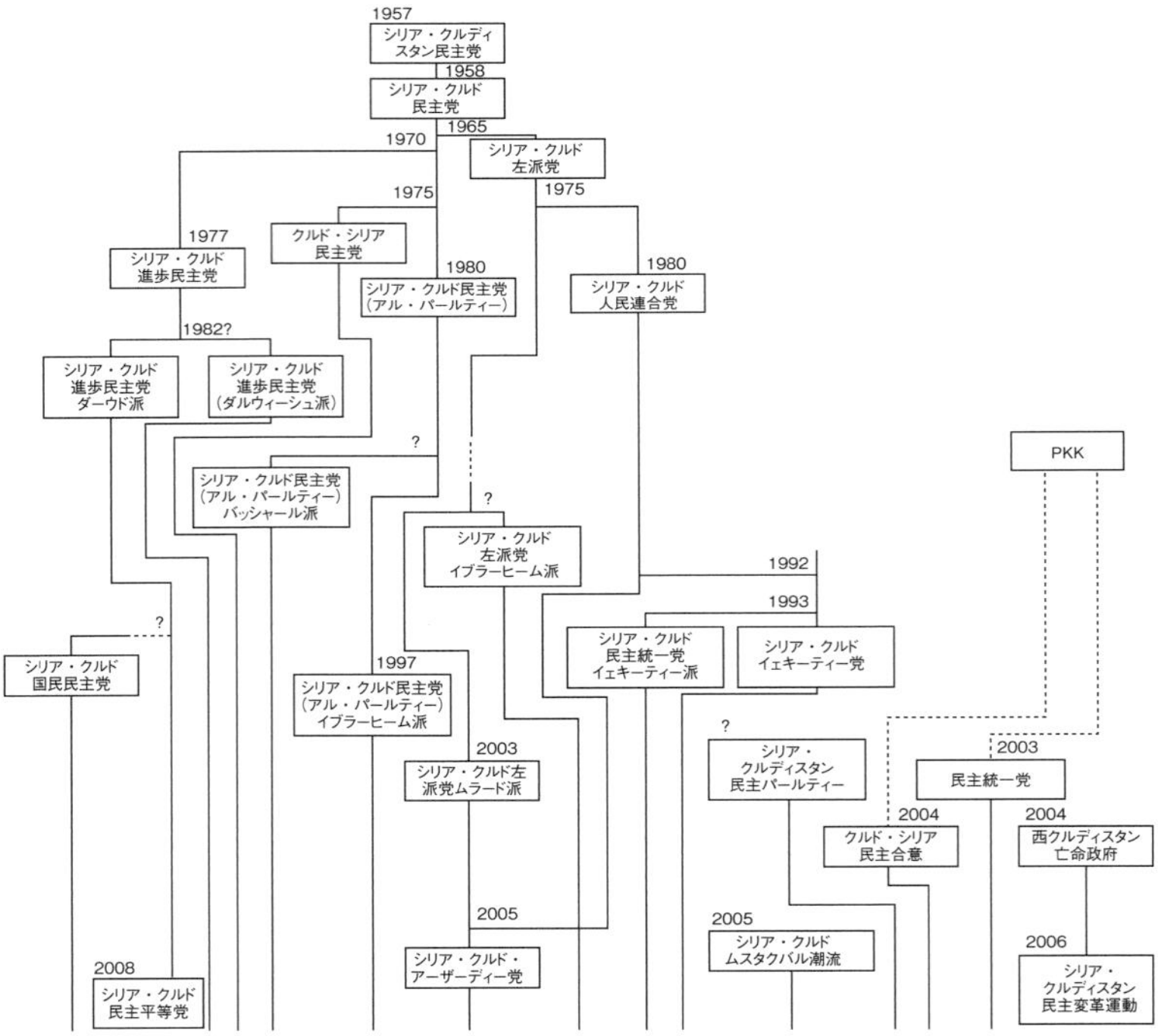

出所：青山弘之「シリア：権威主義体制に対するクルド民族主義勢力の挑戦」間寧編『西・中央アジアにおける亀裂構造と政治体制（研究双書 No. 555）』JETRO アジア経済研究所、2006年、178ページをもとに筆者作成。

年半ばには、党幹部を含む約5000人が逮捕され、クルド民族主義の放棄を迫られた。

エジプトから分離（1961年）後も、クルド民族主義運動の前途は多難だった。その理由は、バアス党政権発足に伴う強権支配やクルド人に対する制度的差別だけではなかった。シリアのクルド民族主義者は、分離独立をめざさず、シリアという既存の国家のなかでのクルド人の民族としての地位承認、政治経済への参与、制度的差別の補償要求をめざす点で概ね共通している。シリア・クルド民主党が結党直後に、領土的野心を暗示する「クルディスタン」の呼称を「クルド（人の）」に改めたのもこうした事情を踏まえたものだった。だが、彼らはその後、階級闘争、イデオロギー闘争、周辺諸国のクルド民族主義組織との関係をめぐって内部対立を激化させ、四分五裂し、そのことがこの共通の目標の実現を阻害した。

今日、シリアでは、以下のような組織が有力だが、それらの政党も指導者どうしの対立で複数の派閥に分裂したり、離合集散を繰り返しており、クルド民族主義者自身ですら、実際にいくつの政党・政治組織が存在するかを把握できないという（図1）。

・シリア・クルド民主党（アル・パールティー）ナスルッディーン・イブラーヒーム派――シリア・クルド民主党の後身。
・シリア・クルド民主党（アル・パールティー）アブドゥルハキーム・バッシャール派――シリア・クルド民主党の後身、シリア・クルド民主党（アル・パールティー）イブラーヒーム派から分離（分離時期不明）。
・シリア・クルド左派党ムハンマド・ムーサー・ムハンマド派――1965年8月にシリア・クルド民主党から分離。
・クルド・シリア民主党――1975年にシリア・クルド民主党から分離。
・シリア・クルド進歩民主党――1970年8月にシリア・クルド民主党から分離（1977年に現在の党名に改称）。

・シリア・クルド民主平等党――１９８０年代初めにシリア・クルド進歩民主党から分離（２００８年に現在の党名に改称）。
・シリア・クルド・イェキーティー党――１９９２年から１９９３年にかけて結成。
・シリア・クルド民主統一党（イェキーティー）――シリア・クルド・イェキーティー党が発足する直前に離反した活動家が１９９３年に結成。
・シリア・クルド国民民主党――シリア・クルド民主平等党の離反者が結成（結成時期不明）。
・シリア・クルディスタン民主パールティー――結成時期不明。
・民主統一党（Partiya Yekîtiya Demokrat ――略称ＰＹＤ）――２００３年９月にトルコのクルディスタン労働者党（Partiya Karkerên Kurdistan――略称ＰＫＫ）の元メンバーが結成。
・クルド・シリア民主合意――２００４年９月にＰＫＫの元メンバーが結成。
・西クルディスタン亡命政府――２００４年４月に発足。２００６年１月にシリア・クルディスタン民主変革運動に改称。
・シリア・クルド・アーザーディー党――２００５年５月に結成。
・シリア・クルド左派党ハイルッディーン・ムラード派――１９６５年８月にシリア・クルド民主党から分離。
・シリア・クルド人民連合党――１９７５年にシリア・クルド左派党から分裂（１９８０年８月に改称）。
・シリア・クルド・ムスタクバル潮流――２００５年５月に結成。

１９７０年に成立したハーフィズ・アサド政権のもと、クルド民族主義運動の活動は著しく制限された。同政権は、ＰＫＫやイラク・クルディスタン民主党（Kurdish Democratic Party of Iraq——略称ＫＤＰ・Ｉ）、イラク・クルディスタン愛国同盟（Patriotic Union of Kurdistan ——略称ＰＵＫ）を戦略的パートナーとすることで、トルコやイラクと対峙しようとしたが、国内でクルド民族主義組織が野党として公然と活動することを認めようとはしなかった。この傾向はバッシャール・アサド政権発足（２０００年）当初後も続き、２００４年には「カーミシュリーの春」と称されるクルド人による一大反政府抗議運動が弾圧の対象となった。

事態が変化したのは、２０１１年に「アラブの春」がシリアに波及して以降だった。シリア内戦と称されるその後の混乱のなか、シリア・クルド民主党（アル・パールティ）バッシャール派が軸となり政治連合体のシリア・クルド国民評議会を結成し、国外を拠点とする親欧米系の反体制派の一翼を担った。

だが、混乱のなかもっとも勢力を伸張したのは、ＰＫＫの系譜を組むＰＹＤだった。同党は、アサド政権が辺境地域の実効支配を放棄すると、ハサカ県およびアレッポ県のユーフラテス川以東のジャズィーラ地方、アレッポ県北西部のアフリーン地方を実効支配し、２０１４年2月に西クルディスタン移行期民政局（略称ロジャヴァ〔Rojava ——クルド語で「西」の意〕）と称する暫定自治政体を発足させた。ロジャヴァは、ジャズィーラ、アフリーン、コバーニーという三つの地区からなり、それぞれに内閣（政府）に相当する執行委員会、議会に相当する行政委員会が置かれ、分権的な統治が行われるとともに、ＰＹＤの民兵だった人民防衛隊（Yekîneyên Parastina Gel ——略称ＹＰＧ）やアサーイシュ（Asayiş, クルド語で「治安」の意）と呼ばれる警察・治安機関が治安と防衛を担当した。またYPGは、米国の支援を受けて、他の弱小武装集団とともにシリア民主軍を結成し、アル・カーイダ系組織（シャームの民のヌスラ戦線、シャーム自由人イスラーム運動）が主導する反体制派やイスラーム国に対する「テロとの戦い」に参加し、イスラーム国の「首都」と目されるラッカ市解放を主導していった。なお、この過程で米国主導の有志連合は、ロジャヴァ支配地域に10以上とされる基地を建設し、地上部隊を駐留させることで、その最大の軍事的後ろ盾となった。

ＰＹＤは、ほかの反体制派とは異なり、武力ではなく、政治を通じた政権交代、体制打倒をめざすことで、アサド政権から「愛国的反体制派」として認められ、ロシアやイランとも連携し、ロジャヴァの実効支配を確固たるものとした。しかし、ＰＹＤをＰＫＫと同じテロ組織とみなすトルコは、ＰＹＤの躍進に反発し、その台頭に警戒感を強めていった。

２０１６年に入ると、ＰＹＤは恒久的な自治政体である北シリア民主連邦の樹立に向けた動きを本格化させ、２０１７年9月と12月には支配地域における地方自治議会の選挙を実施、２０１８年1月には連邦全体の国会に相当するシリア領内に侵攻し、ユーフラテス川西岸からアレッポ県北東部のアザーズ市に至る地域を「安全地帯」と称して実効支配していたトルコが２０１８年1月に大規模軍事作戦を敢行し、アレッポ県北西部のアフリーン郡を実質占領したことで、この動きは中断を余儀なくされた。

また、有志連合の「テロとの戦い」によりイスラーム国が弱体化すると、ロジャヴァに対する米国の後援にも陰りが見え始め、その支配の行方は不透明なものとなっていった。（青山弘之）

31

アブドゥッラー・オジャラン

★クルド独立運動の英雄かテロリストか★

クルド人の間ではアポというニックネームでも知られている。アポとはクルド語で「おじさん」を意味する。トルコ政府にとってはテロリストの頭目であり、多くのクルド人にとっては民族運動の指導者である。

クルド人の多いトルコ東南部のシリア国境に近い寒村オメルリの貧しい農民の家庭に7人兄弟の長男として生まれた。生まれた年はつまびらかではない。あるジャーナリストとのインタビューで本人は1946年か47年だろうと語っている。48年と記している資料もあるし、49年との記述も存在する。子供時代は大変に熱心なイスラーム教徒だった。成長してアンカラ大学政治学部に進学しマルクス・レーニン主義に感化された。在学中にクルド人の独立運動の指導者として台頭した。1970年代にトルコからのクルド人の独立を求める組織の創設メンバーとなった。そして、それが1978年にPKK（クルディスタン労働者党）へと発展した。オジャランは、その党首となった。PKKは、シリアの支援を受けて1980年代には武装闘争を開始した。シリアは自国の強い影響下にあるレバノンのベカー高原にPKKの訓練キャンプを設置させた。またオジャラン自身も、ベカーに亡命していた。

しかしトルコ政府が、戦争も辞さない姿勢を見せて強い圧力をかけると、1998年にシリアはオジャランをレバノンから追放した。オジャランはPKKに同情的であったギリシアへの入国を求めアテネ空港まで到着したのだが、入国を許されなかった。次にロシアで1か月滞在したのだが、そこからも追放されてしまった。トルコやアメリカからの強い圧力のせいであった。次にオジャランはイタリアに向かった。そこで2か月を過ごし亡命を求めたが、イタリアも同じような強い圧力を受けたので亡命の許可を与えなかった。そして、結局1999年にケニアでトルコの諜報当局によって逮捕された。ケニアはアフリカにおけるCIA（アメリカ中央情報局）の拠点である。また逮捕時にケニアのインド洋沿いの港湾都市モンバサにアメリカ海軍のイージス艦が停泊していた。おそらく通信の傍受などアメリカが側面からオジャラン逮捕を支援していたのだろう。さらにケニアとイスラエルの関係も密接である。イスラエルの諜報当局も、オジャランの逮捕に一役買ったようだ。少なくともオジャラン自身は、そう信じている。

PKKとの戦いで多くのトルコ軍将兵が死傷していたにもかかわらず、また地方裁判所が国家の分断を謀ったとして死刑判決を下していたにもかかわらず、トルコ政府はオジャランを処刑しなかった。ひとつにはEU加盟を望んでいたトルコとしては、死刑を廃止していたEUへ配慮する必要があったからだ。トルコ自身でも、その後に死刑が廃止された。それを受けて判決は無期懲役に変更された。イスタンブルの南西の沖50キロのマルマラ海に浮かぶイムラル島にオジャランは今も収監されている。

この島の過去の住人には、ロシア革命後に権力闘争に敗れてトルコに一時期亡命していたレオン・

第31章
アブドゥッラー・オジャラン

トロツキーがいる。オジャランは刑務所では厳しい監視下に置かれている。弁護士との面談さえ制限されている。弟のメフメットのみが定期的な面会を許されているので、この弟を通してオジャランの動向が伝わってくる。このオジャランが生きて拘束下にあることが、その後のトルコ政府とＰＫＫの交渉を容易にした。

というのは投獄下であっても、オジャランはＰＫＫへの影響力を保持しているからだ。それゆえトルコ政府がクルド人との交渉を考慮するようになると、重要な役割を果たすようになった。特に２０００年代に入り現在のＡＫＰ（公正発展党）が権力を握ると、クルド文化への一定の理解を示し始め、和平への前向きな姿勢を見せた。

トルコ政府が和平交渉に真剣になったのは、ＡＫＰがクルド人の支持を求め始めたからだろう。ＡＫＰの党首のエルドアンは大統領選挙の公選制を導入しようとしていたからであった。また憲法を改正して大統領制度を変えようとしていたからであった。それによって大統領の権限を強化しようとしていた。いずれにおいてもＡＫＰの基礎票に新たな支持層の票を上乗せする必要があった。当時のエルドアン首相がクルド人の支持を強く求めた背景であった。

選挙対策を置いておいても、クルド人との和平は、トルコにさらなる安定と繁栄をもたらすだろうと期待された。交渉では、トルコ政府はＰＫＫに武装闘争の停止や武装解除などを求めた。逆にクルド人は、クルド語の公用語化、民族差別の解消、ＰＫＫを狙い撃ちにしている反テロ法の撤廃、トルコにおけるクルド人の存在の公的な認知、政治犯の釈放、そして小党に有利な方向への選挙法の改正を求めた。現在のトルコの政党法では、総投票の10％以上の票を獲得した政党にしか議席が与えられない。大政党に有利なシステムである。この足切りのハードルを5％に引き下げよとの要求である。これによってクルド人などの少数派の政党も議会に代表を送り込みやすくなるはずであった。

２０１３年のクルド暦のノウルーズ（正月）にあたる春分の日に発表されたメッセージでオジャランは公に停戦を求めた。しかし和平努力は今日まで結実していない。その理由はシリアの内戦が交渉に悪影響を与えたからである。またクルド人の民族主義に敵対的なトルコ民族主義者とエルドアンが接近したからでもあった。その結果、大統領の権限が強められ、その大統領にエルドアンが就任した。そして内戦が再開された。

オジャランという人物のたどった道には、多くの解放運動の指導者のたちと共通点がある。最初は武力闘争を展開し後に和平路線に転じる。そうした指導者は数知れない。その一人に、たとえばＰＬＯ（パレスチナ解放機構）の議長を長年務めたヤーセル・アラファトがいる。当初パレスチナの武力による解放を訴えていたアラファトは、やがて外交による闘争へと路線を変えていった。しかしながらアラファトの路線変更もパレスチナ国家の樹立には結び付かなかった。同じように、オジャランの場合も、いまだに国家はおろか自治さえもクルド人のために獲得していない。しかしオジャランは、投獄中とはいえ死亡したわけではない。この人物の生涯も、クルド民族解放闘争の物語も、いまだにクライマックスを迎えていない。まだ、山場が用意されているのではないだろうか。

（高橋和夫）

コラム4

オジャランとPKK

勝又郁子

アブドゥッラー・オジャランはやや前屈みに腰掛けていた。外の光が届かない小屋の中で塊のような影を作っているだけなのに、眼光が迫ってくるようだった。1991年8月、ベカー高原にあったゲリラ・キャンプに滞在していた時のことだ。

ベカー高原はレバノン領だが、実質的な支配はシリアの手中にあった。ハーフェズ・アサド大統領の時代で、シリアはトルコと水問題や領土問題を抱えていた。アサド政権にとって、トルコでの革命を目指すクルディスタン労働者党（PKK）を支援することはトルコに対する政治カードの意味を持つ。とはいえ、オジャラン党首やわずかな幹部がトルコで起きた1980年の軍事クーデター直前に国境を越えてシリアのアイン・アラブ（コバーニー）に潜んだ頃、PKKがクルドの歴史を動かす存在になるとは誰も予想していなかったにちがいない。

オジャランPKK党首。1991年8月ベカー高原にて

オジャランはトルコ東南部シャンルウルファ県のオメルリで極貧の小作農家に7人兄弟姉妹の長男として生まれた。生年は1945〜49年まで諸説あるが、オジャラン自身も正確にはわからないらしい。それでも誕生日とされる4月4日には毎年、支持者がオメルリに集まって

祝うのだという。母親はトルコマンともアルメニア人ともいわれる。ジャーナリストのアリザ・マーカスによると、子供時代、大好きな姉ハヴァが幾ばくかの金銭と小麦の袋と交換に見知らぬ男性に嫁いでいった。PKKの元メンバーは、この体験がオジャランの女性解放運動につながったのだろうと語っている。

子供時代に通ったコーラン学校では聖職者となることを期待されたという。小学校でも成績がよかったから、少年オジャランの夢はエリートである軍人になることだった。だが士官学校の入学試験に落ちた時は、自分の出自が問題だったと語っていたという。1966年にアンカラの職業学校に入り、卒業後はディヤルバクルやイスタンブルの役所で働いた。学資を貯めてアンカラ大学の政治学部に入学したのが1971年、軍部が政治介入した「書簡によるクーデター」の直後だ。トルコは革命的左翼運動の波に洗われていた。オジャランも活動家の死亡事件に対する抗議活動に加わって7か月間、投獄された。のちに、この時の刑務所は革命思想の学校のようだったと語っている。大学をドロップアウトし、活動グループを率いるようになった。クルド地域での革命を掲げたオジャランとその仲間は拠点を東南部のディヤルバクルに移し、1978年、PKKを設立した。

オジャランは18年にわたってベカー高原とダマスカスから闘争の指揮を執り、欧州にもネットワークを張り巡らせた。PKKの強みは、欧州での啓蒙活動とトルコでのゲリラ闘争、ベカー高原の基地が連動していたことだ。

オジャランのシリア出国が確認されたのは1998年10月だ。トルコの軍事的圧力にシリアが屈したかたちだった。クルド・ディアスポラ社会が存在する欧州への亡命はかなわず、4か月の逃避行の末にケニアのナイロビで逮捕され、トルコに連行された。1999年6月に死刑判決が言い渡された。その後、EU加盟をめざす

PKKは現在、イラク・クルディスタン地域とイラン国境にあるカンディール山一帯の広範な山岳地帯に本拠を置く。PKK戦死者の墓を訪れたゲリラ。墓は2017年のトルコによる越境空爆で破壊された（2015年6月撮影）

民主化改革で死刑が廃止されて終身刑となり、マルマラ海のイムラル島で受刑している。

オジャランは刑務所でアナーキズムの理論家マレイ・ブクチンに傾倒し、そこから構築した「民主的連邦」を提唱するようになった。ＰＫＫの諸組織を束ねる立場にあり、党設立メンバーでもあるジェミル・バイクは、これを「排他的な権力が支配するネーション・ステートに代わるべきシステム」と位置づける。

「民主的連邦」への模索は、クルド主導で自治が行われているシリア北部で進む。目指すのは差別も権力もない社会で、小さなコミュニティからボトムアップ方式でつながるネットワークだ。バイクは「国境の意味は薄れる」という。トルコだけでなく他のクルド勢力もＰＫＫの影響力が国境を越えて自分たちの統治機構を浸食するのではないかと警戒するゆえんだ。

32

トルコのEU加盟とクルド問題

★問題解決の鍵であり続けるのか★

1999年12月に開かれた欧州委員会のヘルシンキ会議において、トルコを加盟候補国とすることが決定された。トルコは「加盟のためのパートナーシップ」を受け、憲法・法改正に着手することとなった。トルコがEU加盟交渉国になるための焦点の一つがクルド人の権利拡大であった。

トルコ共和国は歴史的にクルド人に対して、同化政策、つまり「トルコ人になること」を強いてきた。クルド人はトルコでは少数民族と見なされてこなかった。トルコにおいて、少数民族は宗教に基づいて区分されている。そのため、ユダヤ人（ユダヤ教徒）、アルメニア人（アルメニア教徒）、ギリシャ人（ギリシャ正教徒）は少数民族と見なされるが、スンニー派やアレヴィーといった宗派は異なるものの、ムスリムであるクルド人はトルコ人を構成する人々であり、少数民族とは見なされてこなかった。一方で、クルド人も自分たちを少数民族と区分されることを拒んでいる。クルド人は、自分たちがトルコ人とともにトルコ共和国の建国に尽力した「共同建国者」という自負を持ち、かつ南東部および東部では自分たちが多数を占めているため、少数民族だという認識は薄い。

ただ、トルコ政府の同化政策により、彼らの母語であるクルド語の使用が著しく制限されてきたのは事実である。トルコ共和国ではトルコ語が公用語であることが現在の憲法第３条で明記されており、義務教育ではトルコ語が使用されることが決められている。加えて、クルド語による一般の出版物の発行や政治的意見を述べることも憲法で禁止されていた。トルコがＥＵ加盟交渉国となるためには、この点を改善する必要があると考えられた。

２００１年10月３日の憲法改正において、憲法第26条の「法律で禁じられた言語による思想の表明と宣伝の禁止」と憲法第28条の「法律で禁じられた言語での出版の禁止」が廃止された。さらに、ＥＵ調和法に基づく法改正によって、テレビとラジオでクルド語放送を行う手続きが進められたり、欧州人権裁判所の判決結果を受け、トルコ国内で再審を求めることが容易になったりした。また、子供にトルコ語以外の名前をつけることも可能となった。

ＥＵは民主主義を標榜する地域組織であり、加盟候補国には加盟のためのパートナーシップを課し、国内で法整備を促す。また、加盟交渉国となった後も、35分野においてＥＵの基準を満たすことが加盟のための条件となる。

とはいえ、こうした民主的な改善だけでＥＵは動いているわけではない。クルド問題に関しては、ＥＵ諸国の安全保障と安定も考慮に入れられている。ドイツやフランス、さらに北欧諸国にトルコからのクルド人の移民、もしくは亡命者が多く住んでいる。また、クルディスタン労働者党（ＰＫＫ）の関連組織も存在していること、トルコとＰＫＫの抗争の悪化により、さらにＥＵ域内へのクルド人の移民および亡命者を増やさないことを考慮していると考えられている。つまり、トルコにおけるクルド問題の解決は、EUの安全および安定に直接影響を与えるのである。

EUはクルド問題に関して、これまでのところ大きく三つの側面で解決を試みている。それらは、第一にクルド人を含む少数民族の保護、第二に基本的な個人の権利と自由の改善、第三に民主化の促進である。トルコでは自他ともにマイノリティとは認識されてこなかったクルド人であるが、EUはクルド人をマイノリティとして扱った。いずれの側面も毎年秋に提示される加盟のための「進捗レポート」においてたびたび言及されてきた。とはいえ、EUもトルコを必要以上に刺激することのないよう、言葉を選びながらこの問題について論じている。

しばしば、EUによる「欧州化」がクルド問題解決の進展に決定的な役割を果たしたと説明されてきた。しかし、トルコにおいて欧州化が有効に機能したのは、加盟候補国となった1999年12月に外務大臣であったイスマイル・ジェムの存在、そして2002年11月に公正発展党が単独与党となったことが大きかった。

ジェムは1997年6月から2002年7月まで約5年間、外務大臣を務めた。トルコ共和国史上においても、5年以上外務大臣を務めた人物は、ジェム、そして公正発展党の外交を長年にわたり牽引したアフメット・ダーヴトオールを含め、5人しかいない。特にジェムはEU加盟を大きく前進させるとともに、ギリシャやシリアとの関係改善を実現するなど、近隣諸国との関係修復に手腕を発揮した。ギリシャとの関係を改善したことがその後のEU加盟候補国へと結実した。

ギリシャとの関係改善について少し詳しく説明しておこう。きっかけは、PKKの指導者オジャランが1999年2月に逮捕された際、ケニアのギリシャ大使館がオジャランを匿っていたことが明らかになった事件であった。これにより、ギリシャは国際的な批判を受け、この外交的失策により当時のテオドロス・パンガロス外務大臣が更迭され、新たにゲオルギアス・パパンドレウが外務大臣に就任した。このパパンドレウとジェムが両国間の閣僚としては異例の協力関係を創り出した。さらに同年８月17日にイズミト沖で、９月７日にアテネで大地震が起き、両国が相互に援助活動を行ったことも両国の信頼関係を高めた。こうした経緯により、トルコとギリシャの対立は解消されたのである。

ジェムは２００１年10月３日に成立した、右記の第26条と第28条を含む35項目の憲法改正にも尽力するなど、トルコのＥＵ加盟交渉への道筋を示した。

ジェムが示した道筋を引き継いだのが公正発展党であった。公正発展党の議員たちは、ＥＵ加盟に積極的であった。なぜなら、レジェップ・タイイップ・エルドアンやアブドゥッラー・ギュルなどは、１９７０年代初頭以降繰り返されてきた「親イスラーム政党」の解党を防ぐには、ＥＵ加盟によって民主化を促進させ、軍部の影響力を抑制する必要があると考えていたためである。公正発展党はＥＵ調和法パッケージに基づく法改正、２００４年に憲法改正を実現させた。しかし、加盟交渉国となって以降は、軍部の影響力低下に成功したこと、さらにキプロス共和国をはじめとした一部の国々がトルコのＥＵ加盟に懐疑的な姿勢を見せたことで、トルコのＥＵ加盟交渉、そして国内の改革は停滞した。

ＥＵ加盟交渉が停滞したことで、ＥＵによるクルド問題解決の圧力も弱まった。公正発展党はこれまでの政党と比して、クルド問題の解決に意欲を見せた政党であることは間違いない。ただし、公正発展党はクルド問題の解決をあくまで政治的なカードの一つと考え、さらなる国内改革に慎重な姿勢を示している。また、2009年の「クルドの開放」や2013年から15年にかけての和平交渉は、EUの圧力ではなく、公正発展党政権のイニシアティヴによって実現した。2016年にはエルドアン大統領および公正発展党が加盟のための「進捗レポート」に反発するなど、トルコとEUの関係がクルド問題解決の鍵となるという機運は低下してきている。

（今井宏平）

33

PKKとトルコ政府の停戦交渉

★対立の連鎖は断ち切れるのか★

トルコ政府とクルディスタン労働者党（ＰＫＫ）は１９８４年から30年以上にわたりトルコの南東部、東部もしくは北イラクにまたがって戦闘を続けてきた。その犠牲者は戦闘に巻き込まれた一般の人々を含め、４万人以上になると見積もられている。このように凄惨を極めた両者の争いであるが、これまで停戦が成立したこともあった。本章では、これまで成立したトルコ政府とＰＫＫの停戦交渉について、１９９３年の初めての停戦交渉、２００９年の「クルドの開放」、２０１３年から15年にかけての和平交渉について概観する。１９９９年のアブドゥッラー・オジャラン逮捕後の停戦も重要であるが、この点に関しては第31章に詳しいので、本章では割愛する。

ＰＫＫのトルコ政府に対する最初の停戦は、１９９３年３月から４月にかけて実現した。１９９２年３月のネヴローズ（ノウルーズ）の際に、当時レバノンのベカー高原で指揮を執っていたＰＫＫの党首、オジャランがトルコ国内のＰＫＫの兵士、およびその支持者たちにトルコ国内のクルド人の領土をトルコ政府から奪還せよというメッセージを発した。このメッセージを受け、ＰＫＫはトルコ政府に対する攻撃を強めた。しかし、

図１　５年ごとのＰＫＫ兵士の死者数

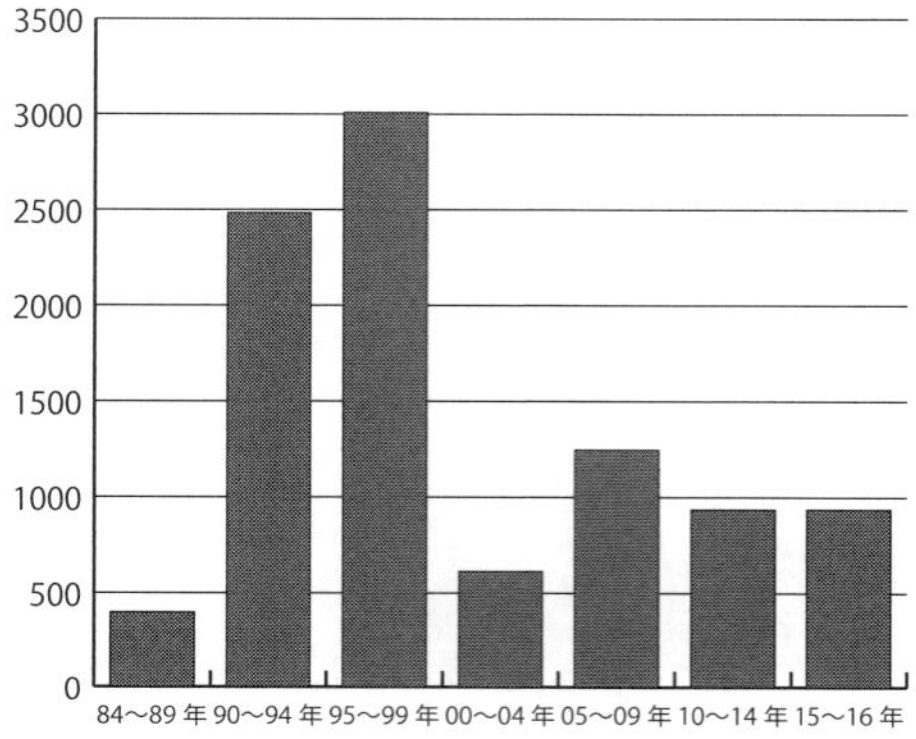

出　所：Gunes Murat Tezcur, The Kurdish Insurgency Militants (KIM) Dataset (https://twjp.github.io/kim/graph.html), 2017年7月2日閲覧。

トルコ政府もＰＫＫの攻撃に対し、あくまで武力で対抗したため、１９９２年のＰＫＫ兵士、トルコの治安機関の死者数は増加の一途を辿った。

　こうした状況を好転させようと考えたのが、当時大統領であったトゥルグット・オザルであった。オザルの祖母がクルド人であったこともあり、オザルは他の政治家に比べ、クルド問題の解決に前向きであった。オザルは、オジャランと近い、イラクのクルディスタン愛国同盟（ＰＵＫ）の党首、ジャラール・ターラバーニーを介して、極秘にオジャランに停戦の呼びかけを行った。オジャランもこれに応え、１９９３年の３月16日に３月20日から4月15日までの間、トルコ政府と停戦すると発表した。しかし、トルコ政府とＰＫＫの最初の停戦は思わぬ形でとん挫する。それは停戦の実現に貢献したオザルが4月17日に急死したことであった。オザルの死後、トルコ側でＰＫＫとの和平に否定的なスレイマン・デミレル首相が大統領に、そしてＰＫＫに対し強硬な路線を採ることになるタンス・チルレルが首相に就任した。結局、5月23日にトルコ軍とＰＫＫの衝突が起こり、停戦は終わった。

　２００２年11月の総選挙で単独与党となった公正発展党は、クルド問題の解決をさらに一歩進め、停戦の実施を武力によって勝ち取る方法からより根本的かつ平和的にクルド問題の解決を模索した。２００５年８月、レジェップ・タイイップ・エルドアン首相はトルコのクルド人の中心都市であるディヤルバクルにおいて、「クルド問題は私の問題でもある。過去の過ちを見過ごすのは大国の行動としてふさわしくない」と述べ、PKKとの停戦からさらに踏み込み、トルコ人とクルド人の和解を目指すことを強調した。このエルドアン首相の宣言は、2009年夏に具体化する。「民主的イニシアティヴ」と呼ばれるマイノリティに対する権利拡大を目指した政策の中心となったのが、「クルドの開放」であった。「クルドの開放」に関しては、短期的・中期的・長期的な計画が示された。最も実現可能性が容易と考えられた短期的な計画では、例えば、大学におけるクルド語学科の設立、東部・南東部アナトリア地域の交通警備の軽減、社会生活における母語（クルド語）の使用の許可が検討された。

「クルドの開放」の前提として、トルコ政府はPKKの武装解除を呼びかけた。この呼びかけに応じ、2010年10月19日に北イラクのPKK党員34名がイラク・トルコの国境のハブル検問所に到着し、トルコ領内に入った。そこで彼らはPKKの支持者らと熱い抱擁を交わすが、その様子がテレビで放映されると、トルコ国民から反発の声が上がった。トルコ政府は世論の反発に押され、結局帰還したPKK党員を収監せざるを得なかった。2009年8月にトルコの政治・経済・社会調査基金（SETA）が実施した世論調査では、「クルドの開放」を支持する割合が48%、支持しない割合が36%という結果となっており、もともとトルコ国民の中でもこの政策に関する評価は割れていた。当然ながらPKKはこの対応に反発し、「クルドの開放」は失敗に終わった。

とはいえ、「クルドの開放」は成果がなかったわけではない。例えば、クルド語のテレビ放送に関しては、2006年3月から一部の民放でその使用が認められたが、教育用の番組では使用しない、一日45分に限るなど、多くの制約があった。しかし、2009年9月にはこうした制限が取り払われた。また、国営のトルコ・ラジオ・テレビ協会（TRT）が2009年1月1日からクルド語によるテレビ放送を、次いで4月1日にはクルド語による24時間のラジオ放送を開始した。

また、2005年からトルコの諜報機関である国家情報局（MiT）とPKKの代表者がノルウェーのオスロで秘密裏に交渉する、「オスロ過程」が始まった。「オスロ過程」は「クルドの開放」が失敗に終わった中でも継続され、2011年までに5度行われたが、2011年9月14日に行われた5回目の交渉がトルコの新聞にリークされたことにより、交渉はとん挫した。

トルコとPKKの対立は、2011年6月の総選挙後に激化し、2011年から12年にかけて、トルコの治安関係者とPKK兵士合わせて700人以上が死亡した。こうした中、2012年12月28日にエルドアン首相が、「MiTのハカン・フィダン局長がブルサ県のイムラル島で服役中のオジャランとPKKの武装放棄に関して協議している」と発表し、トルコ政府とPKKの新たな停戦交渉が始まった。トルコ政府は「クルドの開放」、「オスロ過程」ともに服役中のオジャランを交渉の窓口として活用した。オジャランはPKKの絶対的党首であり、ゲリラ闘争から政治闘争へとその方針を転換しており、トルコ政府の要請にも応じた。ただし、党首とはいえ、服役中のオジャランの考えと北イラクで実際にトルコの治安組織と対峙しているジェミル・バイクやムラト・カラユランといった現場のリーダーたちとの考えには乖離があった。また、2009年の地方選挙以降、クルド系政党が南東部を中心に票を伸ばし、公正発展党の票田が減じたことで公正発展党政権は彼らを警戒するようになっていた。こうしたクルド陣営の齟齬を埋めるべく、トルコ政府は、オジャランとクルド系政党の平和民主党の議員との面会を許可した。オジャランと平和民主党の議員との会談は2度行われ、2度目の会談後、平和民主党の議員が北イラクを訪問してオジャランのメッセージを現場のＰＫＫのリーダーたちに伝えた。オジャランの停戦の提案に現場のＰＫＫのリーダーたちも理解を示し、２０１３年3月21日から正式に停戦と和平交渉が施行された。オジャランによる、①ＰＫＫは武力による闘争の時期から転じ、民主的な政治の門を開ける、②もはや武力による闘争を控え、アイデアと政治について話し合いを行う、③ＰＫＫはトルコ国境から撤退する時期が来た、④我々はトルコ国民という概念を尊重する、というメッセージはネヴローズの際に南東部の民衆に伝えられた。トルコ政府もＰＫＫの停戦を受け、クルド問題解決のために、ＰＫＫ兵士のトルコ領土からの撤退と武装解除、憲法改正を中心とする法的整備とＰＫＫ兵士の心のケアを政府主導で行う、ＰＫＫ兵士を社会に再統合する、という三つの和平交渉の段階を示した。この和平交渉は２０１５年7月まで継続するが、結局、双方の間で撤退と武装解除に関する齟齬が埋められず、２０１５年7月にＰＫＫが停戦を破棄したことで終わりを迎えた。

２０１５年7月以降、２０１８年9月までにトルコの治安組織とＰＫＫの対立は再度激化し、双方に民間人を合わせ、４１１３名以上が死亡している。双方で死者が増えれば増えるほど、新たな停戦・和平交渉はきわめて困難になる。なぜなら、政策決定者がＰＫＫとの和平を検討した時でも、民衆が感情的にそれを許さないためである。ＰＫＫとの和平交渉のためには、民衆の根深いＰＫＫへの不信感を取り除く必要があるが、この作業は容易ではない。トルコ政府とＰＫＫの和平にはまだまだ時間がかかるだろう。

（今井宏平）

34

トルコの「クルド系政党」

★国内民主化と近隣国際紛争のはざまの試行錯誤★

クルド人の定義はなかなか難しい。全員が自分はクルド人だと思う家族に生まれ、クルド語が母語である人は疑いがない。しかし、クルド人の自覚をもつ人でも、片親や祖父母の誰かがクルド人でない場合や、トルコ語に同化が進み、クルド語が全く分からない人も多い。その一方で、母語が何世代も前からクルド語でも、そもそもはアラブ系家系だとしてアラブだと自認する人もいる。また、アルメニア系やシリア正教系のキリスト教徒は、母語が何であれ各宗教アイデンティティに依拠したエスニック・アイデンティティを保っている。ところが、非ムスリムのヤズィード派はクルド人とされる。また、外見上、クルド人は浅黒い肌で細身だと言われることも多いが、明るい肌の色に碧眼のクルド人もいれば、自分は100％トルコ人だと信じる人と瓜二つのクルド人もいる。このように現在の母語や所属宗教、外見的特徴によってクルド人を単純に定義、区別することは難しいが、現在の母語や宗教が何であれ、クルド人とはその自認を有する人たちということになるだろう。

トルコでクルド系政党とされるのは、クルド人アイデンティティの承認や国民としての諸権利向上を主目的にする政党や、

ヴァン市内でネヴローズ（ノウルーズ）祝祭イベントに関するクルド語の案内掲示

独立クルド国家を目指す政党である。ただし、クルド人の支持がそのような政党に集中するとは限らない。国民全体のクルド人比率は2割程度と推測されるが、クルド系政党の得票率は多くて1割超にとどまる。東部・南東部地域でさえクルド系政党が必ず勝つわけではない。国政選挙では特にそうである。地方分権が弱いトルコでは、政権政党が地方への予算配分を左右する。地域の名望家家系は伝統的には政権に近い複数の大政党に親族をかかわらせてリスクを回避してきた。宗教・イデオロギー的な観点で支持政党を決めるクルド人も多い。独立国や自治区としてトルコ社会から区別された政治単位になることに反対の人もいる。そうしたこともあり、親イスラーム中道右派の公正発展党（ＡＫＰ）政権は近年のようにトルコ民族主義に振れる時期もあるが、クルド文化への抑圧状況を改善してきた面もあり、東部・南東部ではクルド系政党を圧倒したこともある。

クルド系政党としては、例えばＥＭＥＰ（社会主義）やHüda-Par（イスラーム主義）などが東部・南東部では局地的に一定の存在感を見せているが、これまでに国会議席を獲得してきたのは、諸人民の民主党（ＨＤＰ）に連なる一連の政党である。中道左派の社会民主人民主義党（ＳＨＰ）から除名されたクルド人議員が１９９０年に人民労働党（ＨＥＰ）を結成して以来、非合法化されては新党結成、という流れを繰り返してきた。

ＨＥＰ結党は、ＰＫＫがゲリラ活動を活発化させ、欧州の政治家や知識人がクルド系の移民や亡命者と連携しながら、クルド民族主義を欧州で組織的に盛り上げ、言語や文化としての体系化を始めた時期と重なる。ただし、PKKとの関係でいえば、現在のHDPを含む左派クルド系政党・市民運動がPKKと濃淡はありながらもかなり関連・連携しているのに対し、HEP結成当初は政治手法（合法的政治活動に徹するべきか）や目的（独立かトルコ内での権利改善か）をめぐり対立していた。左翼学生運動から共和人民党（CHP）とSHPを経て、HEPでは幹部を務めた人物は、筆者との会話で、「PKKを批判してきたが、結果的にはゲリラ活動があったからクルド人の諸権利が現在ほどに改善され、肯定的なクルド意識が醸成されてきたことは否めない」と過去を振り返った。この発言に見られるような、激しい対立の過去がありながらも、PKKの役割と犠牲への一定の敬意と承認も含む、一筋縄ではいかない感情は、HDP支持層以外のクルド人にもあるように思われる。クルド左派の若い世代ではPKKへの親近感はより明確である。HDPはPKKを中心とした組織とネットワークの重なり合いの一部となっており、もはやPKKを批判しては支持者を糾合できない。

その一方で、HDPはクルド系政党という範疇からの脱皮を目指して創設され、クルド系政治運動だけでなく、トルコ政治全体にも大きなインパクトを与えた点で特筆に値する。トルコ政府とPKKとの秘密和平交渉開始と時期を同じくして、HDPの2代前の民主社会党（DTP）期から、男女平等を標榜して党や関連市民社会組織、系列自治体で男女共同代表制を実施し、女性議員留保率を上げてきた。その上に、トルコ全土での組織化と支持開拓を目指し、宗教・宗派・言語的なエスニシティの多様性や、LGBTや環境問題など、アイデンティティや争点別の組織化を、マルクス主義的な市民動員モデルに即して試みている。

また、「民主的自治」と称して、トルコ全体で地方分権を強化し、行政や教育の言語の選択や、徴税の一部、警察行政などを地方に権限移譲するよう主張し始めた。それは、独立クルド国家という要求を放棄して以降の二大政治目標——憲法の国民規定にトルコ人と並んでクルド人も書き入れること、およびクルド語による公教育の実現——を、クルド人の権利と限定せずに、各地域の民意の反映、つまりトルコの民主化として実現することを意味する。

しかし、甚大な人的・物的犠牲を強いられてきた人、特に東部・南東部のクルド人には、クルド・アイデンティティが憲法に明示されなければ承知できないとの思いが強い。この感情と理論のギャップは党の組織化に現れた。HDPと並んで、東部・南東部中心に地方選挙勝利を目指す民主的諸地域党（DBP）が設立され、地域のクルド民族主義感情の受け皿になることが期待された。しかしHDP内でも、民族、宗教、セクシュアリティなどの多様性を比較的に生きやすいコスモポリタンなイスタンブルと、国政の中心のアンカラやクルド人意識が地域全体として高揚している東部・南東部とでは、党のクルド性をめぐって意見が対立してきた。党関係者へのイン

ディヤルバクルの「クルド・コーヒー」の看板

タビューでは、イスタンブルでは党内・支持層への多元主義の浸透が課題だとされるが、東部・南東部では党幹部にトルコ系の左翼活動家がいることへの不快感が出てくる。

ＤＢＰには別の役割も期待されていた。地方選で勝利した自治体で「民主的自治」を実践しながらモデルを示すことである。本来は、それは国政と連携しながら地方分権を整備しつつ行うべきだが、ＤＢＰ系自治体は法的根拠がないままにＰＫＫと連携して脅迫などの手段も用いながら実践し始めた。さらに、シリア内戦ぼっ発後にシリア北部でＰＫＫ系現地勢力が自治区を宣言し、「イスラーム国」との戦闘を通じて欧米諸国から支持を得始めると、トルコ国内のＤＢＰ系自治体でも「民主的自治」を公的に宣言し、一部地区で塹壕やバリケードによって警察を排除する強硬手段にでた。政府がその地区を文字通りの兵糧攻めにしたことで、この試みは人命や街区の破壊、経済活動を含む日常生活の滞りなど多大な犠牲を現地住民に強いることになり、地域住民のＤＢＰとＨＤＰへの不満を高めた。

トルコのクルド問題はいまやシリアやイラクのクルド情勢と連動しており、ＰＫＫ系勢力が支配するクルド自治区や独立国が誕生することを恐れるトルコ政府は、ＨＤＰ党首を始め国政・地方の政治家・活動家を次々に逮捕して徹底弾圧の姿勢を崩さない。２０１４年大統領選挙と２０１５年総選挙でＨＤＰがトルコ系有権者からも支持を得て10％を超える大躍進を果たし、トルコ政治に新しい風を吹かせたが、それもつかの間、今や先行きの不透明感が増すばかりとなっている。

（澤江史子）

※本稿は、科学研究費助成事業（基盤(c)・課題番号２６３６０００２）の成果である。

35

ペシュメルガ

★ゲリラから国軍へなり得るか★

イラク・クルディスタンの兵士はペシュメルガと呼ばれる。クルド語で「死に向かう者」という意味だ。地元では親しみを込めて短くペシュと呼ばれることも多い。その始まりについては諸説あるが、20世紀半ば頃には、ダボっとしたクルドの民族衣装に身を包み、銃を背負って山岳部に身を隠す反政府ゲリラの男たちは、ペシュメルガと呼ばれるようになっていた。兵士や司令官一人一人も、総体としての軍も、すべてペシュメルガと総称される。現在の自治政府の「国防省」に相当する役所もその名は「ペシュメルガ省」だ。

イラクでクルドの反政府武装闘争が本格化したのは1960年代前半だった。当時、戦闘に従事するペシュメルガの規模は1万5000人程度だったといわれる。しばしば、イラク軍から離反してペシュメルガに参加するクルド人の元兵士らが、統率のとれていないペシュメルガの組織化を支援した。1963年にはトルコ国境に近いザーホーに初の士官学校も開設され、1970年代半ばにはカーキ色の軍服が普及し始める。だが、あくまで各々が土地勘のあるエリアを中心に展開し、多くの部隊は、司令官の名前や展開する土地の名前で呼ばれる民兵組織

1960年代のペシュメルガの野営基地［出所：Susan Meiselas, *Kurdistan In the Shadow of History*, 1997, Random House, New York, p.247.］

に近いもので、階級制度も整備されていなかった。イラク軍から奪ったラジオで通信を傍受する一方、指令はすべてクーリエによる手渡しで、ペシュメルガの移動も徒歩やロバが一般的という状況だった。

１９６０年代から１９８０年代まで、イラク政府軍を相手に断続的にゲリラ活動が続いた。もちろん、軍事的には武器や兵力に勝るイラク軍の方が圧倒的に有利であったことは間違いない。それでも、地の利に勝る山間部を拠点に、ペシュメルガはしばしばイラク軍に打撃を与えた。とりわけ、春から夏にかけてイラク軍が攻勢に出ても、雪深い季節になるとペシュメルガに押し返されることが多かった。クルドにとって戦いの目的は、イラク政府に軍事的圧力をかけて和平交渉に持ち込み、クルドの政治的要求を呑ませることだ。政権側は、中央政界での政争に直面し政治的に弱体化すると、頭痛の種の一つであるクルドと和平を結び政治的譲歩をするが、やがて体制を立て直すと、再びクルドへの締め付けを強めて弾圧に至るというパターンが繰り返された。

第35章 ペシュメルガ

こうしたクルドの反政府ゲリラ活動の動機が、自治や独立国家を求める民族主義に根ざしていたことは間違いない。だが同時に、党内のライバル争いやイラク政府との交渉方針を巡る路線対立などを背景に、武装活動は内なる敵にも向けられた。１９７５年のアルジェ協定（第25章参照）によってイランや米国からの支援を失うと、ペシュメルガは壊滅的な敗退を喫し、クルディスタン民主党（ＫＤＰ）からその指導部に批判的な一派がクルディスタン愛国同盟（ＰＵＫ）として分裂した。イランとイラクが戦争に従事していた１９８０年代になると、それぞれがイラク政府やイラン政府の支援を得て互いに相争うという状況も繰り広げられた。

１９９０年代にイラク軍が北部から撤退してクルドによる事実上の自治が始まると、ペシュメルガの反政府武装闘争の時代は終わった。そして、自治政府の立ち上げと同時に、ペシュメルガを党や個人が支配する民兵組織から、政府の下で一元的に組織化された公式な軍隊へ再構成するべく、改革が目指された。しかし、１９９０年代半ば、ＫＤＰとＰＵＫとの間で関税収入と土地争いを巡る諍いが本格的な内戦にまで発展したことで、統合の試みは完全に頓挫した。その後、２００３年のイラク戦争が仕切り直しの好機となった。クルドは新たなイラクの政治プロセスでその権利を確保するべく、党派争いを封印して分断されていた自治政府を再統一し、内戦で二つに分かれていたペシュメルガ省も２００９年には統合した。それでも、現時点でおよそ13万人を数えるペシュメルガのうち、省のもとで統合軍として編成されている兵士の数は約5万と見積もられており、党が指揮権をもっている自前の勢力が、統合軍を凌駕している。自治政府という薄いベニヤを一皮むけば、相変わらず党が暴力装置の支配力を握っているのが今の自治区の実態だ。

検問所のペシュメルガ兵士（2013年3月）

なかなか軍の統合が進まないのは、クルディスタンの部族主義的な社会風土も一因だろう。民族主義的感情が広く共有されるようになっていた1970年代半ばになっても、部族長がどういう立場をとるかによって、その部族が反政府運動に参加するのか、中立の立場をとるのか、反対するのかが決まったという。知識層にクルド・ナショナリズムが広がる一方で、武力闘争に必要な戦闘員を動員できたのは部族長であり、彼らの間ではあくまで自分たちの部族に恩恵が得られる限りにおいてナショナリズムを支持するという部族ナショナリズムが根強く存在していた。時代とともにそうした部族主義は下火になっていったが、1990年代の自治区形成後は、党に対する忠誠心と引き替えに、党から雇用機会や安全などを得るという、党を単位とした、いわばネオ部族主義が広がった。当時、数少ない雇用機会や安全を提供できたのは、自治政府ではなく党だった。党の指導層は、自らが持つ絶対的な権限を、自治政府という新たな仕組みに移譲することを拒み、これがペシュメルガの統合を妨げる要因となった。今でも支持者の間では、党の指導者個人への忠誠心が総じて高い。

ペシュメルガ自身は事実上の自治区が形成された１９９０年代以降、もはや武装闘争を行っていない。それでも、イラク・クルディスタンの今があるのは、長年イラク軍と戦ったペシュメルガの犠牲と苦労があってこそだという意識は広く共有されており、クルディスタンではペシュメルガは今も尊敬の対象だ。そして、２０１４年から過激イスラーム主義組織「イスラーム国」との戦闘が始まったことで、ペシュメルガはおよそ20年ぶりに本格的な戦闘に従事することになった。当初こそ敗走を重ねたが、米軍の支援を得て次々と「イスラーム国」の占領地を奪還したペシュメルガの名声は、クルディスタン内部はもちろん、国際社会においても飛躍的に高まった（第37章参照）。

クルディスタンが仮に将来、独立国家になるのであれば、ペシュメルガは国軍ということになる。その国軍が市民の尊敬を集めていること自体は悪いことではないが、同時に問題もある。自治開始後のクルディスタン政界では、しばしば「ペシュメルガ出身」であることが自治区の指導者としての不可欠な要件だと見なされ、政治指導者よりも軍事指導者の方が、相対的に立場が強い傾向にある。そうした認識は、得てして社会の軍事化を招きやすく、１９９０年代の内戦の一因にもなった。ペシュメルガの犠牲に上に今のクルディスタンがあることは疑い得ないが、かつての反政府ゲリラから、将来の国軍へ移行することを目指すならば、党とペシュメルガとの密接不可分な関係を見直さざるを得ない時代に入っている。

（吉岡明子）

36

事実上の国家

★湾岸戦争とイラク戦争がもたらしたクルドの自治★

2003年4月、米軍の圧倒的な軍事力を前に、30年以上イラクを率いてきたサッダーム・フセイン政権は崩壊した。このイラク戦争の開戦理由であったはずの大量破壊兵器は結局見つからず、しかも戦後統治の失敗がイラクを大きな混乱に陥れたことで、国際的には戦争の大義に大いに疑問符がついた。それでも、長らく独裁政権の下に置かれ、国連の経済制裁という、いわば鎖国状態に置かれていたイラクの人々にとっては、このイラク戦争が新しい時代の幕開けになったことは間違いない。

だが、北部のクルド人にとっては、新しい時代の幕開けはむしろその10年ほど前に訪れていた。1991年の湾岸戦争後、フセイン政権への不満を爆発させたイラクの人々の民衆蜂起はクルディスタンにも波及した。この蜂起自体は政権が温存していた精鋭の共和国防衛隊によって無残に鎮圧されることになるのだが、クルド難民が大挙してイラン国境やトルコ国境に押し寄せ、冬山で立ち往生する苦境が国際的なメディアで広く報じられた。それがきっかけとなって国際社会が関与するところとなり、紆余曲折の末、1991年秋にフセイン政権はクルド人の支配を諦め、その軍をイラク北部から撤退させた。イラク軍

クルディスタン地域政府（自治政府）の紋章

が去った土地の面積は、クルド人がクルディスタン、すなわち自分たちの土地だと信じる場所の範囲からすると、その半分ほどにしか過ぎなかった。だが、これはクルド人が初めて得ることができた政権の支配を受けない「解放区」だった。この解放区で翌年、選挙を行って議会や自治政府を発足させ、事実上の自治区としての新しい時代が始まった。現在の自治政府の紋章に「1992」という数字が刻まれているのは、自治のスタートがこの年だったからに他ならない。

しかし、新たに始まったこの自治が順風満帆だったわけではない。軍を撤退させて統治を放棄した以上、イラク政府は公務員への給与支払いや食糧配給、電力供給を含め、北部における経済活動をほぼ停止させた。そもそも国境に近いクルディスタンは経済的に立ち後れた辺境地帯であり、農業や遊牧を除くとめぼしい産業はない上に、1980年代末の政権による大々的な軍事掃討作戦によって、国土は荒廃していた。もっぱら、国際社会からの人道支援や石油関連品の密輸などが経済の生命線という状況だった。政治的にも、覇権争いや土地争いを背景に、1990年代半ばには二大政党であるクルディスタン民主党（KDP）とクルディスタン愛国同盟（PUK）との対立が、一時的に内戦へと至る。

こうした困難な状況下ではあったが、イラク政府の支配を離れたことで、自治は人々の生活にも大きな変化をもたらした。例えば、公的な建物からイラク国旗が消え、公用語であったアラビア語が強制されなくなった。教育現場や公文書でもクルド語が使われるようになり、学校ではクルドの歴史が教えられるようになった。１９９２年に発足したクルディスタン議会は、２００３年までの約10年間の間に改正法案も含めて80近い法律を制定している。イラク政府は１９９３年からサッダーム・フセインの顔が印刷された新イラク・ディナール紙幣を流通させ始めたが、自治政府はそれまで使われていた旧紙幣を使い続けた。新規供給がないため、経年劣化ですり減ってぼろぼろになっていったが、流通枚数が限られていたことがインフレの昂進を抑制するという副効用もあったという。イランやトルコとの国境の一部もクルドが直接管理するようになった結果、国連職員や国際ＮＧＯ、外国の諜報員やイラクの反体制派など、様々なヒトが往来し、密輸品を含めて多くのモノが行き交い、関税収入は自治政府の貴重な収入源になった。

とはいえ、当時の自治区は、国内的にも国際的にも承認されたものではなく、仮に、フセイン政権（あるいはその後継者の政権）に対する国連経済制裁が解除され、再びイラクが国力を回復すれば、クルディスタンが再統合される可能性は常に存在した。それは、イラクの中央政府にとって国土の統治を回復するという当然の行動であり、国際社会からみればイラクの内政問題である。すなわち、クルドにとって、自治が危機に瀕した時に国際社会からの支援が得られない可能性が高いということを意味する。だからこそ、米国政府が２００３年にイラク戦争へと向かっていった時、クルドはそれを全面的に支持し、支援した。バグダードにおける政権交代、そして自治に対する法的な裏付けを得ることなくして、クルドの未来は開けないからだ。

もう一つ、イラク戦争においてクルドが米国政府に軍事的に協力した理由は、その支配領域を拡大するためだった。前述したように、1990年代の自治区の境界は、イラク軍が撤退したラインを基準としており、クルドの居住地域の一部でしかない。イラク戦争時、クルド兵のペシュメルガは、米軍とともに南進し、軍事的に一定の影響力を及ぼし得る領土を拡大した。とりわけ、その石油資源の存在ゆえに長年にわたってクルドが土地を追われてきたキルクークには、このイラク戦争を機に大勢が帰還し、人口面でクルドが多数派を形成するようになった。

イラク戦争後の新たな民主化プロセスにおいて、クルドは1990年代に手にしてきた事実上の自治を、イラクの憲法や法律で守られた公式な自治とするため、精力的に新生イラクの国家建設に関与していった。アラブ政党はイラク戦後に帰還した亡命政党が多い中、クルドは自分たちの支配地域で市民とのつながりを維持してきたことや、クルド政党間のライバル争いを封印して一枚岩で交渉に挑んだことなどが奏功し、2005年に制定されたイラクの新憲法において、クルドは満額回答を勝ち取った。すなわち、1990年代に築いた自治のほぼ全てを既成事実として憲法上で認めさせたのだ。もちろん、国防や外交、財政、天然資源など、国家の主権に関わる事柄は中央政府の専管事項とされたが、実際には、自治政府である「クルディスタン地域政府」が、自治区内の防衛と治安維持の主体となり、各国にクルディスタンの外交代表部を置き、自治区内の天然資源開発を独自に推進するなど、「事実上の国家」とも呼び得る状況を作り出した。

独立国家という究極の目標は、公的には封印された。もちろん、一般市民の間には独立したいという期待は存在したが、政党幹部の間では、現実的に最適な選択肢として、クルドの権利が守られるような民主的なイラクの国造りに参画し、その下で自治区として最大限の権利を確保するという路線をとった。これ自体は、実はクルドの姿勢として長らく一貫している。というのも、欧米や周辺諸国を含め、国際社会は主権国家体制の秩序を揺るがす分離独立運動を歓迎しないという事実を、クルド政党幹部はよくわかっていたからだ。だからこそ、1990年代に解放区となった時も、1970年にイラク政府とクルド政党との間で結ばれた自治合意（数年後に破綻）をモデルとして、イラク国家に留まることを前提に自治の制度設計をスタートさせた。域内の通貨として経済的な結びつきの強かったトルコの通貨リラではなく、旧イラク・ディナール紙幣を使い続けた背景にもそうした配慮があった。加えて、イラク戦争後は主にイラクの南部で生み出される膨大な石油収入の一部が、人口比に応じてクルディスタン地域にも分配されるようになり、イラクの一部に留まることのメリットは経済面で極めて大きかった。

しかし、自治を謳歌する一方で、イラク国内では、イラク全体の利益よりもクルディスタンの利益を第一に考えるクルドに対する風当たりは徐々に強まっていった。そして2010年代に入ると、イラク国内の権力掌握を狙ったマーリキ首相とクルドの間で軋轢が高まる場面が増え、やがてクルドは、自治以上の選択肢を真剣に検討し始めることになる。

（吉岡明子）

コラム5

ジャラール・ターラバーニー

勝又郁子

「民主主義はイラクの万能薬だ。民主主義が実現すれば、クルドを含むすべての問題が解決する」。ターラバーニーはスライマーニーヤの執務室で身を乗りだして断言した。湾岸戦争後に始まった自治をクルド同士の武力衝突によって危機に陥れ、ようやく和解が成立した直後の1998年末。濃紺のスーツ姿を預けたデスクに、ピンクのスイートピーが飾られていた。

剛胆な切れ者でありながらチャーミングな指導者として、支持者だけでなくライバルからも「マーム・ジャラール（ジャラールおじさん）」と敬愛される。クルド人がのけぞるような失態——サッダーム・フセインとキスまでした時は、おしどり夫婦のヘロー夫人に叱責されて謝罪した——もないではないが、それも許されてしまうキャラクターは天性だろう。

ジャラール・ターラバーニー。1998年暮れ、スライマーニーヤのPUK議長執務室で

1933年、イラク・クルディスタンのドゥカーン湖に近いケルカーンで生まれた。父親のホサームッディーンはイスラーム神秘主義カーディリー教団のシャイフだった。クルド研究者のマルティン・ファン・ブライネセンによると、18世紀末、イラン北東部のブーカーンからキルクーク近郊にやってきたムスタファーという人物がカーディリー教団のシャイフとなって頭角を現した。息子のシャイフ・アフマドが近隣のターラバーンに新たな館を構えたのが家名の由

来となった。本家筋ともいうべきキルクークの系統と、ジャラール・ターラバーニーが属するコイ・サンジャク系統がある。

ターラバーニーは13歳で青少年の政治組織を結成している。第二次世界大戦直後、イラン北西部でクルディスタン共和国が宣言され、その年のうちに崩壊した激動の時期だ。その後、ムスタファー・バールザーニーのクルディスタン民主党（KDP）に参加し、KDP第二代議長でのちに義父ともなるイブラーヒーム・アフマドと出会う。二人が率いたグループはバールザーニーと対立してKDPを離れた。1970年代はパレスチナ闘争にも参加したという。バールザーニーの闘争が崩壊した1975年、ターラバーニーはシリアのダマスカスで左派組織を糾合してクルディスタン愛国同盟（PUK）を立ち上げた。KDPがバールザーニーの息子たちによって再建されると、PUKとKDPの二大政党がイラクのクルド人を率いる時代が始まる。

1991年の湾岸戦争が大きな転機となった。直後の民衆蜂起は失敗するが、これを機に念願の自治が動き出す。その後、イラク反体制派の大同団結でもターラバーニーは重要な役割を果たした。11年に及ぶ自治の経験は成功も失敗も含めて、イラク戦争後の国の枠組みづくりを牽引していく。

ターラバーニーは新憲法下で最初のイラク大統領となり、2014年7月まで2期8年その地位にあった。大統領職は多分に象徴的だが、彼の広い交友関係はとりわけ調停に力を発揮した。マーリキ首相（在位2006〜14年）とクルド勢力との決定的な対立を回避させたのも、クルディスタン地域政府を認めようとしなかったトルコをイラクの大統領として訪問し、劇的な関係改善への扉を開いたのもターラバーニーだった。

代償も大きかった。大統領としてバグダード

コラム5

ジャラール・ターラバーニー

に居住して地元スライマーニーヤを離れている間にPUK指導層が亀裂を深め、一部が離党した。後継者争いや資金など様々な争点があったとはいえ、ターラバーニーの不在が拍車をかけた。政治局員のアフマド・ピーレによれば、「PUKはなんといってもマーム・ジャラールの政党だ。他の誰にも内紛を収拾できなかった」。

ターラバーニーの葬儀。スライマーニーヤに戻ってきたターラバーニーに付き添う人々

　大統領任期中の2012年12月に脳梗塞で倒れ、その後は儀礼的な場に姿を見せるだけになった。2017年10月3日、ドイツの病院で死亡。6日に特別機でスライマーニーヤに戻った時は、別れを告げようとする人々が町を埋め尽くした。クルドの独立を問う住民投票が行われたことに対して連邦政府が次々と〝懲罰的措置〟を出していた混乱の最中だった。職務を離れて久しかったにもかかわらず、「マーム・ジャラールがいてくれたら」というため息を何度も聞いた。民族や宗派の利害が対立しやすいイラクにとって稀有な指導者だった。

37

クルドの対「イスラーム国」戦

★拡大する領土と膨らむ独立の夢★

イラク戦争後に悪化したイラクの治安は2006年前後に最悪期を迎えたが、その後徐々に改善し、2010年頃にはかなり落ち着きを取り戻していた。しかし、その後の米軍撤退、隣国シリアでの内乱、当時のマーリキ首相の統治に対する不満に根ざしたデモの拡大などの要因は、再び武装勢力がイラクでテロ活動を活発化させる下地となった。そうした武装勢力のなかでも急速に勢力を拡大していったのが、「イラクにおけるアル・カーイダ」だった。2014年初めにはアンバール県ファッルージャを制圧し、その後同年6月、イラク第二の都市モースルを陥落させたことで、世界に衝撃を与えた。モースルからさらに南へと兵を進め、イラク中部で一定の支配領域を築いた彼らは、「イスラーム国」と改名してカリフ国家の再来を宣言した。

国土の少なからぬ部分をテロリストに乗っ取られるという国難に直面したイラクで、この「イスラーム国」の進撃を歓迎したのが、他ならぬクルドだった。なぜならば、「イスラーム国」がモースル一帯に攻め入ったことでイラク軍が雲散霧消し、それまでペシュメルガとイラク軍の双方が展開していた自治区の南側の土地が、クルドの単独支配下に入ったからだ。そうした土地は係争地と呼ばれており、クルド人住民の他、アラブ人やトルコマン人、その他少数派が混在し、将来的に自治区に併合するか、バグダードが直接統治を続けるか、その帰属が未確定となっていた。2005年に制定された新憲法では、2007年までに住民投票を行ってこの係争地の帰属を決定することになっていたが、フセイン政権下での強制人口移住の是正を伴う複雑なプロセスは困難を極め、長らく棚上げとなっていた。そのことに不満を抱き、係争地の多く、とりわけキルクークはクルディスタンの一部だと信じるクルドにとって、「イスラーム国」の台頭でイラク軍が雲散霧消したことは、キルクークを含む係争地を実効支配する千載一遇のチャンスと受け止められたのだった。

加えて、この2014年夏という時期は、クルドにとってもう一つ重要なタイミングと重なっていた。それは、5月にトルコ向けの石油輸出パイプラインが稼働を開始したことだ。自治区内の油田を開発し、独自に輸出ルートを持つことで、イラク政府に依存しない経済力を持つことが可能になる。それを念頭に、自治政府は2000年代半ばから積極的に国際石油会社を誘致し、トルコ政府との関係を深めてきた。シーア派色が強くイランと同盟関係にあるイラク政府とトルコ政府の関係がぎくしゃくするのと反比例するように、トルコはイラクのクルドと関係を強化し、ついにイラク政府の反対を押し切って、自治区の原油輸出用パイプラインをトルコ国内のそれに接続させた（第42章参照）。

イラクにおいて、自治区として大きな権限を手にしていたクルディスタン地域だったが、国家主権はあくまでイラク政府にある。自治政府の活動が天然資源や外交、国防など主権に関わる領域に拡張すればするほど、イラク政府から反発を招いてきた。とりわけ、2010年にイラク首相として再任されたヌーリー・マーリキは、権威主義的な手法で自らの手に権力を集中させることを意図し、必然的に自治の権限を最大限に拡張しようとするクルドと頻繁にぶつかるようになっていた。こうした状況下で、自治区にとってイラクとの最も重要な結びつきは予算の分配だった。逆に言えば、独自の財源を手に入れて、財政的自立が可能になるならば、イラク政府の予算に依存する必要はなくなる。

この独自の石油輸出の実現と、係争地の実効支配の確立は、クルドにとってそれまで非現実的と見られていた独立国家樹立の実現可能性を、飛躍的に高めた。イラク政府に不満があれど、独自の財源や、長年のクルド迫害の歴史の象徴であるキルクークなしでの独立はありえなかったからだ。加えて、キルクーク油田も接収したことで、低迷していた石油生産量の底上げを図ることもできた。自治区の大統領であるマスウード・バールザーニーは2014年7月、BBCのインタビューで「我々はもはやゴールを隠さない」と述べて、独立を目指す姿勢を初めて公にした。

だが、そうして一度は盛り上がったクルドの独立熱は、急速に下火になる。2014年8月に、それまで南進していた「イスラーム国」が北に向けて進軍したことで、瞬く間に自治区とその周辺に展開するクルド兵のペシュメルガも戦闘に巻き込まれていったからだ。米軍の空爆支援を得たことで当初の劣勢を挽回したが、イラク軍から奪った兵器を手に勢いを得ていた「イスラーム国」は、一時は主都アルビールの防衛さえも脅かした。この出来事は、テロリストが支配する領域を「隣国」とすることは危険すぎるという、至極当たり前の課題をクルドに突きつけた。ここから、自治政府もイラク政府同様、対テロ戦を当面の最優先課題とせざるをえなくなった。

その後彼らは、自分たちを、前線で「イスラーム国」と互角に戦える数少ない戦力だと欧米社会に喧伝して、軍事支援を引き出すことに成功した。従来、国際社会からイラクへの軍事支援は、イラク軍やイラク警察向けに限られており、自治区の防衛を担っているとはいえ、ペシュメルガに最新兵器が供与されることも軍事訓練が提供されることもなかった。しかし、それが「イスラーム国」に対抗するという錦の御旗を得たことで、ペシュメルガもそうした軍事支援に与ることが可能になったのだ。とりわけドイツなど、ディアスポラのクルド人口が多い国は、クルドに対して世論が同情的であるためか、かなり積極的な支援を展開した。米国を中心とする連合軍との共同作戦司令部も、バグダードと並んでアルビールにも設置された。

図1　対「イスラーム国」戦で広がった支配地域とその後の喪失

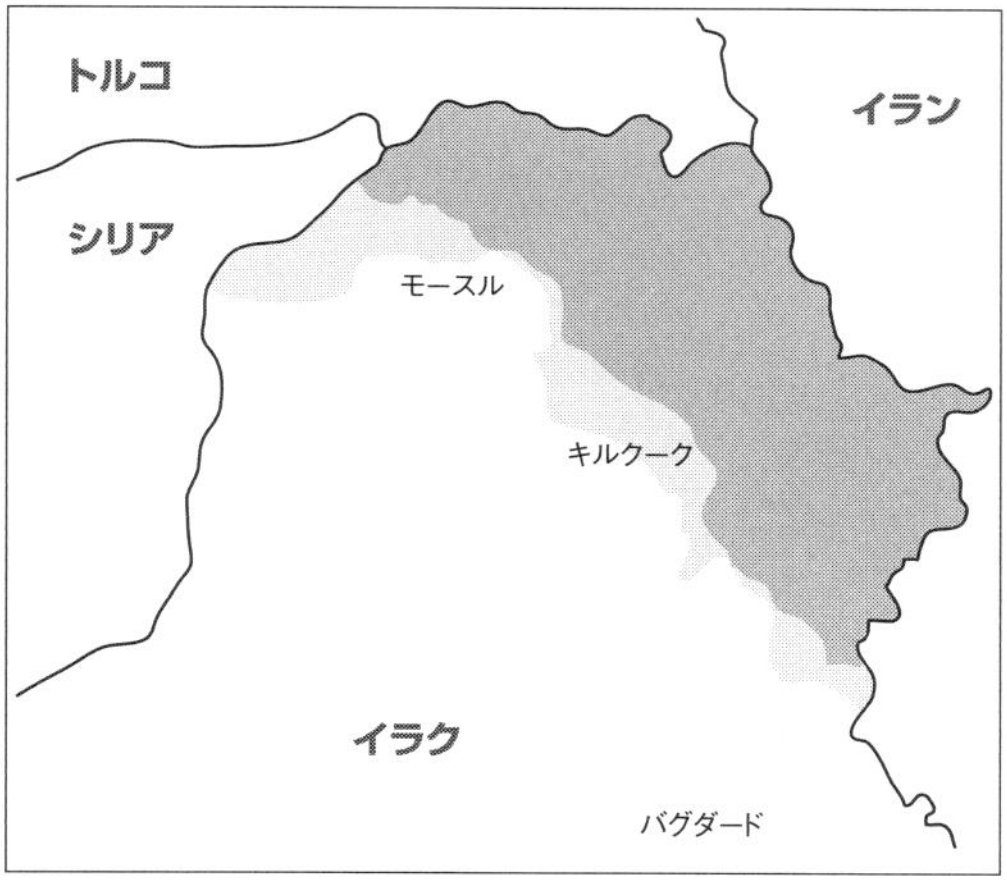

注：濃い網掛けと薄い網掛けを併せた部分が対「イスラーム国」戦で拡張した際の最大エリアで、薄い網掛けの部分がその後イラク軍が奪還したエリア。
出　所：Sergio Peçanha, “How the Kurdish Quest for Independence in Iraq Backfired,” BBC, November 5, 2017. (https://www.nytimes.com) より作成。

「イスラーム国」との激しい戦闘で、ペシュメルガの死者は1000人を超えた。これほどの戦死者が出るのは、1980年代に反政府武装闘争をしていた時代以来だ。それでも、その頃のクルディスタンでは戦時下という暗さがあまり感じられなかった。それは、テロとの戦いによって、イラクにおいて、あるいは国際社会において、自分たちのプレゼンスが高まっているという期待があったからかもしれない。

２０１５年が終わる頃には、クルドが自分たちの土地だと信じるエリアのほぼ全域から「イスラーム国」を駆逐した。その時点でモースルは依然として「イスラーム国」の支配下だったが、かつてはクルド人が多く住んでいたものの、今ではもはやモースルはクルディスタンの一部とは見なされなくなっており、それゆえモースル奪還はイラク軍の手に委ねられた。そして、２０１７年6月、モースル奪還作戦がいよいよ終盤に入り、イラクにおける対テロ戦争の終結が見え始めた頃、改めてバールザーニー自治政府大統領は、クルディスタンの独立を問う住民投票を9月25日に実施すると宣言した。「イスラーム国」との戦いを奇貨として、係争地の支配を固め、住民投票の結果を盾に将来の独立を前提とした話し合いをイラク政府と開始しようという算段だった。だが、この目論見は大きく外れる。住民投票が強行されたことに強く反発したイラク軍の反撃に遭い、結局２０１７年が終わるまでにはクルドは過去3年間に実効支配していた係争地のほとんどを失った。クルドにとって「イスラーム国」との戦いとは何だったのか。その総括はまだ始まっていない。

（吉岡明子）

38

イラン革命後のクルド人

★権利の向上を目指す不屈の人々★

１９７９年のイラン革命前、パフラヴィー王朝（１９２５～７９年）は、古代ペルシア帝国に遡る王国として支配の正統性を主張し、ペルシア・ナショナリズムを軸に中央集権化を推進した。クルド人を含む少数民族の政治的・文化的権利は否定され、同化政策が図られた。これに反発したクルド人は、ソ連軍の支援の下で１９４６年1月に「クルディスタン共和国」（マハーバード共和国）を樹立した。クルド民族の自治を掲げた国は、わずか1年もたたないうちに瓦解し、樹立を担った「イラン・クルディスタン民主党」（ＫＤＰＩ）は政府の弾圧で地下活動を余儀なくされた。

１９７０年代末にパフラヴィー朝の独裁政治に反対する運動が高揚すると、ＫＤＰＩリーダーのアブドゥル・ラフマーン・ガーセムルーは、亡命先のフランスから帰国し、仲間とともに革命運動に参加した。しかし、クルド人の期待はまたもや裏切られた。１９７９年2月以降の権力闘争によって主導権を握った、ルーホッラー・ホメイニー師率いるイスラーム勢力は、少数民族の権利よりも、シーア派イスラームとペルシア語を基礎とする国家統合を優先させた。

サファヴィー朝期にマハーバードの太守であったボダーグ・ソルターン（1641～90年）の霊廟の敷地内の木陰で、老人たちがバックギャモンのようなゲームをしていて、牧歌的である

クルド人は、１９７９年のイスラーム共和制の是非を問う国民投票の方法と１９８０年の国会選挙の結果に不満を抱き、抗議行動を起こした。そのため、イスラーム革命防衛隊を主体とする政府軍とクルド人の間で小競り合いが頻発するようになった。１９８０年９月にイラク軍がイランに侵攻し、イラン・イラク戦争が開始した。革命防衛隊は、イラクとの関係を疑い、クルド人活動家への攻撃を強めた。非合法化されたＫＤＰＩは、１９８３年に拠点をイラクに移した。さらに１９８９年に、党首のガーセムルーがイラン中央政府との和解交渉の最中にウィーンで暗殺され、後継者のサーデク・シャラフキャンディーも、１９９２年にベルリンのミコノス・レストランで暗殺された。ＫＤＰＩは人気が高く政治力に長けたリーダーを相次いで失い、加えて内部分裂や他のイランのクルド人組織との対立に悩まされた。１９９０年代以降、イラン中央政府との関係悪化を恐れるイラク・クルディスタン地域政府が、対イラン軍事作戦中止の圧力をかけたため、イラン・クルドの諸政党はクルド系イラン人への影響力を次第に低下させた。

１９９７年以降、「全てのイランのためのイラン」を掲げる、改革派のモハンマド・ハータミー大統領の下で自由化の兆しが訪れると、クルド人の文化団体や文学組織、市民団体が次々と結成され、クルド語での出版活動や文化・社会活動が活発化した。しかし、保革対立の激化の余波を受けて、クルド系で初めてコルデスタン州知事に任命されたアブドゥッラー・ラマザーンザーデをはじめとする改革派リーダーが多数逮捕される事件が2001年に発生した。アフマディーネジャード政権下（2005～13年）では、クルドへの締め付けがさらに強まり、多数の活動家が逮捕、処刑された。そうした中、2004年に設立されたトルコの「クルディスタン労働者党」（PKK）のイラン支部「クルディスタン自由独立党」（PJAK）がカンディール山脈を本拠地として武装闘争を開始すると、閉塞感を感じる多くのイラン・クルドの若者たちを惹きつけた。PJAKは、2005年だけでイランの治安関係者120名を犠牲に出すほど激しい戦闘を繰り広げてきたが、2011年にイラン政府と停戦協定を締結した。

葡萄を筆者にふるまおうとするマハーバード市内の八百屋の主人

他方、武力闘争ではなく、国会でのロビー活動や市民運動を通してイスラーム体制内でクルドの文化的権利の向上を目指す試みもなされている。イランのクルディスタン地域は、イラン全国で最も失業率が高いと同時に労働運動が盛んな地域である。ストライキ、投獄

マハーバードのモスクで会ったクルドの女性

された労働運動家の支援、メーデーの記念式典開催、失業対策基金の設立など独自の取り組みがなされている。クルディスタンの労働者たちは、労働問題にとどまらず、2010年に人権活動家で詩人のファルザード・カマーンギャルが処刑された際には、他の市民団体と連携して一斉ストライキを敢行した。

2013年と2017年のイラン大統領選では、クルド系住民の多くが、少数民族の権利向上と経済開発を訴えたハサン・ロウハーニー師に票を投じた。ロウハーニー大統領は就任直後の2013年8月にアリー・ユーネシー元情報相を民族問題担当顧問に任命し、大使や県知事など政権内の高官にスンニー派クルド人の登用を試みた。2015年からコルデスタン州の小中学校でクルド語と文化の教育が開始し、クルディスタン大学にもクルド文学学科が開設されたことで、クルド人の念願の一部が実現した。

イランは、トルコに次いでイラクのクルディスタン地域政府最大の貿易相手国である。近年、好況のイラク・クルディスタンへのイラン資本の投資や貿易に加え、失業率の高いイラン・クルディスタン地域から出稼ぎに行くクルド人が増加し、経済的なレベルでの国境を越えた交流が拡大している。人の往来と共に、イラクからの禁制品も持ち込まれ、特に2006年以降、核開発疑惑を原因とする国際的な対イラン経済制裁が強化されると、密貿易がイラン・クルディスタン地域の一大産業となった。国境を越えたクルド人同士の交流によって、イランのクルド人は、イラクやトルコの同胞と比べて国内での地位や経済状況の相対的な遅れを認識し、不満を蓄積させつつある。

クルド人の連帯意識をさらに強めたのが、2014年8月以降の「イスラーム国」（IS）の出現である。イランに住むクルド人の中から、IS支配に苦しむ同胞への支援活動を行ったり、国境を越えて対IS戦の義勇兵に志願したりする者が増加した。PJAKやKDPIなどイラン・クルドのペシュメルガも対IS戦に参戦した。しかし、有志連合軍からの軍事訓練を受けて自信を深めたKDPIは、2016年から20年ぶりにイランへの越境武装攻撃を再開し、新たな火種となっている。その一方で、ごく少数ながらISに加入したクルド系イラン人も存在した。2017年6月のテヘランでのテロ事件の実行犯は、イラン・クルドのIS要員とされ、モースルがISから解放された後も、イラン・クルディスタン地域では緊張が続いている。そのため、同地域では、治安対策が優先され、ロウハーニー大統領の始めたクルド系住民への宥和策が遅滞する可能性がある。また、イラン政府は、2017年9月のイラクのクルディスタン自治区での独立に向けた住民投票に対し、イラク国家の統一を支持する立場から一貫して反対している。他方、イランのクルド系住民の間では、独立を支持する声もあり、体制内での権利向上を継続するか、大クルディスタンの統一を目指す動きが広がるか、今後も目が離せない。

（貫井万里）

39

ISとシリアのクルド人

★イスラーム過激派と民族主義★

シリアのクルド人の政治勢力は、２０１１年３月にシリア紛争が勃発して以降、紛争やその争点に対して一枚岩的な対応をしたわけではなかった。もともと、クルド民族主義を標榜する諸党派は、アサド政権、トルコのクルディスタン労働者党（ＰＫＫ）、イラクのクルディスタン民主党（ＫＤＰ）などのシリア内外の様々な政治勢力との関係や、そうした勢力間の関係の転変に沿って細分化していた。それが、２０００年以降、バッシャール・アサドの大統領就任とシリア国内での改革機運の高揚、イラク戦争、シリアと欧米諸国との関係悪化、シリア紛争勃発前のシリアとトルコとの外交・経済関係の強化などの状況を受け、いくつかの有力党派や連合に収斂しつつあった。

そうした中でシリア紛争が勃発・激化すると、シリア政府はクルド人の政治勢力の一部の懐柔を試みた。２０００年以降アサド大統領がたびたび「解決」の意向を表明してきたにもかかわらず一向に具体的な措置がとられなかった無国籍クルド人の問題について、２０１１年４月に国籍付与のための法令が公布された。また、２０１３年ごろからクルディスタン民主統一党（ＰＹＤ）とその軍事部門である人民防衛隊（ＹＰＧ）がハサカ、

第39章
ISとシリアのクルド人

ラッカ、アレッポの各県のクルド人の居住地域の治安を掌握する事態がみられるようになった。彼らは、時に政府軍や親政府の民兵と争いつつも、おおむね政府と協調して紛争に臨んだ。その一方で、クルド人の政治勢力は、シリア紛争に際し、反体制運動の鎮圧でも、政権打倒でもなく、自治や政治的権益の拡大のような、政府とも「反体制派」とも異なる目標を達成しようとしているものとみられる。こうした状況の中、やはりシリア紛争に際し他の当事者とは全く異なる政治目標とシリアの将来像を持つイスラーム過激派が、シリア北部、東部で急速に台頭した。団体ごとに態度に差異があるとはいえ、イスラーム過激派諸派の最終的な目標は「イスラーム統治の実現」であり、シリアという国家の「解体」であった。そうしたイスラーム過激派の代表格が「イスラーム国」（IS）であり、同派はユーフラテス川沿岸を占拠すると、トルコとの国境通過地点の奪取を図ってYPGの制圧地域にも進撃した。

まず確認しておくべきことは、「イスラーム国」はテロリズムに依拠するイスラーム主義運動であり、構成員のほとんどがスンニー派のムスリムと思われる集団であるが、だからと言って同派がスンニー派ムスリムに対して友好的な態度をとるとは限らないという点だ。「イスラーム国」は、スンニー派の人々でも彼らの「支配」に服従しない者、彼らの言う「正しいイスラームを実践しない」者に対しては、本来の敵対者である異教徒に対する以上に苛烈な態度で臨んだ。また、シリアやイラクの政府、地元の住民、そして競合する武装勢力から、交通の要衝、石油やガスの生産施設などの経済的権益を奪取すべく、それらを盛んに攻撃した。シリアにおいて「イスラーム国」がクルド人の政治・軍事勢力と交戦した最大の理由は、クルド人が「イスラーム国」に服従しなかったうえ、彼らがトルコとの国境地帯の広範な地域を占拠していたからである。

それでは、「イスラーム国」からはクルド人やその政治・軍事勢力はどのように認識されているのであろうか。「イスラーム国」は、その前身である「イラク・イスラーム国」時代から、クルド語を用いた広報活動を行ってきた。このことは、同派の構成員の中にクルド人、あるいはクルド語やクルド社会の事情にある程度通じた者がいることを示している。かつて「イスラーム国」が10以上の言語で刊行した月刊の機関誌にもクルド語版があった。また、「イスラーム国」が連日発表する戦果報告や殉教者の紹介についての声明では、多数ではないものの、時折クルド人であることを示唆する通称を名乗る構成員が現れる。ここに、「カリフ」に忠誠を誓い、「イスラーム国」が掲げる政治目標である「イスラーム統治の実現」を支持する者は、出身地や人種・民族的帰属にかかわらず、「イスラーム国」の中ではムスリムとして他の構成員と同様の待遇を受けるという、同派の公式の立場が反映されている。

一方、「イスラーム国」は、宗教・宗派的な帰属がスンニー派のムスリムであっても、「イスラーム以外のものに基づく統治」を行う者、特にそうした体制の為政者や軍人・公務員らには「背教者」とのレッテルを貼り、積極的に攻撃する。「背教者」とのレッテル貼りと攻撃の対象は、同派が非イスラーム的とみなす統治の下で暮らす一般の人々にもしばしば拡大される。ここでいう「イスラーム以外のものに基づく統治」とは、「イスラーム国」が実践しているもの以外の政治体制と、それが依拠する思想・信条のほぼすべてを指すといってもよい。一般にはイスラーム主義者・イスラーム過激派とみなされる諸派についても、既存の国家の枠内での議会や選挙を容認するような勢力は「イスラー

「イスラーム国」の刊行した『祖国ではなくイスラームに忠誠を』の表紙

ム国」からみれば「背教者」である。つまり、世俗主義、民主主義、資本主義、共産主義、民族主義、愛国主義、部族主義など、近代の国家形成や統治、政治勢力形成の基となるような思想・信条は、「イスラーム国」にとっては敵対・競合の対象となる。実際、「イスラーム国」は２０１５年３月に『祖国ではなくイスラームに忠誠を』と題する小冊子を発表し、占拠した地域で配布した。これは、地縁・血縁、郷土・祖国、そして民族的な帰属に対する愛着や忠誠心を否定し、もっぱら「イスラーム国」にのみ忠誠を示すべきだとのメッセージである。

　そうなると、スンニー派ムスリムであるにもかかわらず、クルド人の民族主義を標榜するＰＹＤ／ＹＰＧは、「イスラーム国」からは「背教者」と認識されることになる。これに加えて、ＰＹＤ／ＹＰＧは２０１４年以降「イスラーム国」を空爆するアメリカ軍などの地上戦力として育成・強化され、その結果クルド人は、「イスラーム国」から見れば「背教者」にとどまらず、「十字軍の傀儡」とも認識されるようになった。このような状況・認識の下、「イスラーム国」は２０１４年夏以降、クルド人の居住地を含むラッカ県全域を占拠するとともに、ハサカ県ハサカ市、そして２０１４年秋から２０１５年初頭にかけての攻防で世界的にも注目されたアレッポ県アイン・アラブ市（コバーニー市）を

ISLAMIC STATE

هلاك 14 عنصرا من الصحوات والـ PKK المرتدين بعملية استشهادية في مدينة الشدادي

ولاية البركة 25 صفر 1439 هـ

بعد التوكل على الله عزَّ وجلَّ، انطلق الأخ الاستشهادي أبو إسلام القرشي -تقبله الله- يوم أمس نحو حاجز للصحوات والـ PKK المرتدين عند المدخل الشرقي لمدينة الشدادي، فانغمس فيهم وفجَّر عربته المفخخة وسطهم، ما أدى إلى هلاك 14 مرتدا وحرق 4 آليات، ولله الحمد.

クルド勢力を PKK と蔑称する「イスラーム国」の犯行声明

激しく攻撃したのである。なお、「イスラーム国」は、ＹＰＧや同派を主力とする「シリア民主軍」を、「ＰＫＫの背教者ども」という蔑称で呼称する。「イスラーム国」が敵対勢力に蔑称を用いるのは、珍しいことではない。また、ＰＹＤ／ＹＰＧはシリア領内でＰＫＫと連携していた勢力を起源としていると考えられているため、シリア紛争の当事者のうち、彼らと敵対する勢力も彼らをＰＫＫとみなす。中でも、トルコ政府はＰＹＤ／ＹＰＧとＰＫＫを同一視している。

（高岡　豊）

40

ヤズディ教徒を襲った虐殺と拉致の悲劇

★ISによる集団殺戮と奴隷化★

イラク北西部、シンジャル郊外のハルダン村は、武装組織「イスラーム国」（ＩＳ）が支配していた地域だ。２０１６年春にこの村を取材したとき、クルド・ペシュメルガ部隊の攻勢で、ＩＳは撤退したものの、すぐ先からはときおり砲弾が撃ち込まれ、緊張が続いていた。クルド兵とともに、道路わきに広がる丘を上がった。草むらの一角に黄色い花が咲いている。虐殺があった場所とわかるように植えたと兵士が言った。戦闘が絶えないため、発掘作業や埋葬もできないままという。土にまみれた子ども用のサンダルや衣服が散らばる。地面をかき分けると、黄ばんだ人骨がいくつも出てくる。この村だけで数百人が殺された。ヤズディ住民を襲った悲劇とは何か、そしてヤズディ教徒はなぜ狙われたのか。

全長約60キロのシンジャル山は、わらじ型の長大な岩山だ。それを取り囲むようにヤズディ教徒の町や村が点在していた。ＩＳがシンジャル一帯を襲撃したのは、２０１４年8月3日。ＩＳは大部隊で攻め込んだ。町を防衛していたクルディスタン地域政府のペシュメルガ部隊は住民を守ることなく敗走した。自警団はわずかな武器で反撃を試みたが、装甲車など圧倒的な兵力になすすべはなかった。かろうじて脱出できた住民は、北東のクルディスタン地域に脱出した。だが、途中の幹線道路で道をふさがれ逃げ場を失った人びとは、徒歩でシンジャル山に向かうしかなかった。このときおよそ5万人が山中で孤立。アメリカはヤズディ住民を保護するとしてイラクのIS拠点への限定空爆を決断、山の周辺のIS拠点に爆撃を敢行した。山では8月の炎天下のなか、飢えや脱水症状で命を落とす老人や子どもがあいついだ。米英豪軍は山に取り残された人びとに向け、上空からの食糧投下作戦を展開した。ISの包囲が続くなか、クルディスタン労働者党（PKK）とシリアの人民防衛隊（YPG）の合同部隊は、シリア側からISの前線を突破してシンジャル山に脱出路を開き、一部を救出、シリア国境を越えて避難民キャンプに搬送した。襲撃から1か月後、私はシリア経由でシンジャル山に入った。IS拠点が広がる地域を抜けるYPGに同行し、前線地帯を進んだ。山から見おろす町はすべてISに支配されたままだった。多数の住民がまだ山に残り、投下物資とわずかな食糧で命をつないでいた。

一方、イラク・クルディスタン地域の避難民キャンプは、シンジャルから逃れた数万のヤズディ住民であふれかえっていた。仮設テントは足らず、建設中の空き家や小学校の空き教室で寝泊まりする家族もあった。ほとんどが親族を殺されたり、女性や子どもを拉致され、皆、苦悩に打ちひしがれていた。拉致から命がけで脱出してきたアムシャ（当時18歳）に会ったのは、襲撃事件から1か月後のことだった。村が襲われた時、アムシャは生後8か月の息子を抱え、夫と逃げようと試みた。だが途中で住民とともに戦闘員に捕まってしまう。村の男たちはその場で射殺。夫も撃ち殺されたと、のちに聞かされた。女性は集団でバスに乗せられモスルへと連行される。結婚式場のようなホールに監禁されると、戦闘員は「品定め」をしながら、まず若く美しい女性を別室へと連れ出した。なかには小学生ほどの女児までいたと、アムシャは話した。

イスラームでは姦淫《かんいん》は禁止だ。だが、ＩＳは形式的に「結婚」すれば姦淫ではないと教義を都合よく解釈し、ヤズディ女性をイスラームに改宗させ、戦闘員と強制的に結婚させた。結婚の体裁をとっているが、事実上のレイプである。さらに拉致女性に値段をつけて戦闘員どうしで転売を繰り返した。拉致後に収容された部屋で、アムシャと一緒にいた同郷の2人は部屋の片隅で首を吊って自ら命を絶った。自分も死のうと何度も考えたが、幼い息子と、お腹のなかの子どもが思いとどまらせた。

アムシャが結婚させられた相手は、50代の中年男。くりかえし加えられる性的凌辱に耐えられず、2週間後、彼女は脱出を決意する。ある夜、男が寝入った隙に、子どもを抱えて外に出た。夜が明け始めたとき、通りにいた男性におびえながら声をかけ、自分がヤズディ教徒で、ＩＳから逃れてきたと告げた。彼は心を痛め、数日間、家に匿ってくれた。「私もイスラーム教徒。ＩＳはイスラームなんかじゃない。あなたたちが本当に気の毒だ」。男性はアムシャがおぼえていた家族の電話番号をたよりにクルディスタン地域の親族を探し出し、闇ブローカーに数百ドル払って偽造の身分証まで用意してくれた。黒いヒジャーブで全身を覆ったアムシャは、手配してもらったタクシーでＩＳの検問を越え、避難先の家族のもとに戻ることができた。

これは悲劇のなかの稀な例にすぎない。かろうじて脱出できた女性たちの証言によると、凌辱に抵抗して撃ち殺されたり、移送中のバスから飛び降りて轢き殺された女性もいたという。

ヤズディ教徒は、おもにイラクに暮らし、その数は約60万人といわれる。クルド語を母語とするが、

2014年、ISの襲撃にさらされ、シンジャル山に逃れたヤズディ教徒。この一家は親族の女性と子どもを拉致された。山で孤立したため、有志連合軍機が上空から食料やテントなどを投下していた（2014年9月）

イラク・クルド地域のソラニやバディニ方言より、トルコ・シリアで主要なクルマンジ方言に近い。ヤズディ教徒は、ヤズディの家に生まれた者しかなれず、信者を増やすための布教活動はしない。ゆえに彼らにとっては一族や部族のコミュニティそのものが信仰共同体であった。一方で、他の宗教への改宗は一族からの追放さえ意味し、その保守性が、多様な宗教に囲まれた地域でヤズディ共同体を守ってきた理由のひとつでもある。ヤズディ教にはゾロアスター教の影響が見られ、またイスラーム教、キリスト教の要素も融合する。イラク・クルド自治区アルビルの北西にある聖地シェイハンでは、新年の祝祭セル・サラ（4月）を迎えると多くの信者が訪れる。信仰の対象は「神」であるものの、むしろ孔雀天使（タウス・マレク）に重きを置き、ヘビや鹿も神聖な使者と崇める。このためイスラーム教徒のなかには「邪教・悪魔崇拝」などと見なす者もいて、オスマン帝国時代も含め幾多の迫害にさらされてきた。フセイン政権下では「クルド系」として強制移住によって村が破壊され、イラク戦争後はスンニー派武装組織の標的となった。２００７年にはシンジャル

第40章
ヤズディ教徒を襲った虐殺と拉致の悲劇

近郊ギルオゼール（アラブ名ハタニーア）で、アルカイダ系組織が自爆車両を爆破させ、死者375名を出す事件が起きた。2014年のISによるヤズディ襲撃は、こうした延長線上で起きた事態だったといえる。シンジャルでの女性拉致は周到な計画のもとに遂行されている。ISは町や村に小型バスを何台も手配し、制圧後からモスルやシリア・ラッカなど別々の町に振り分けて連行した。この非道な行為には各国の高名なイスラーム学者も批判の声をあげた。ところが、ISは機関誌上で女性拉致と奴隷化を正当化し、「イスラームに則った行為だ」と宣言した。またヤズディの子どもも拉致されている。男児の一部は戦闘員養成施設で軍事訓練を受けさせられた。ISが公開した映像には、スパイを斬首するヤズディの子ども、モスルでイラク軍へ自爆突撃させられる少年が何人も映っている。

シンジャル襲撃事件で殺害されたヤズディ教徒は、少なくとも2000に及ぶと言われる。拉致された女性や子どもはおよそ6000人。その半数は今も行方不明のままという（ヤズディ団体調べ）。国連は一連のヤズディ殺戮を「ジェノサイド（＝大量虐殺）」と認定、またドイツ政府は支援機関を通じてISの被害にあったヤズディ女性や子どもを優先的にドイツに受け入れた。夫を殺されたアムシャは今、ドイツで心療ケアを受けている。アムシャは言う。「死ぬのは1回です。でも私は夫を殺され、凌辱され、2度死にました。自分の政府さえ私たちを助けてくれなかったのです」。

2016年秋、IS撤退後のシンジャル市内に入った。激しい戦闘で建物は破壊され尽くしていた。大通りの商店街のシャッターには、スプレーで文字が書きなぐってある。「ヤズディ」「スンニー」……。IS戦闘員が書いて回ったものだ。ヤズディと記された店は焼かれ、破壊されている。どれがヤズディの店かを教えたのは、ISに協力を強いられた地元のスンニー派イスラーム教徒だった。ヤズディのペシュメルガ兵は言った。「町は建て直せば再建できる。でも襲撃時にクルド政府が助けてくれず、さらに、これまで隣人だったイスラーム住民にも裏切られた悲しみは、ヤズディの記憶から消えない」。

イラク、シリアでＩＳは支配地域のほとんどを失った。だが、引き裂かれたコミュニティや隣人関係を取り戻すのは容易ではない。ＩＳは去っても、いつまた別の組織に狙われるかと、住民は感じている。ヤズディ教徒の苦しみは終わってはいない。

（玉本英子）

※本稿では「ヤズディ」の表記としたが、「エズディ」「ヤジディ」「ヤズィーディー」とカタカナ表記される場合もある。クルド語（クルマンジ）ではÊzidî、Ezdîなど。

41

遠のいた独立

★住民投票が否定されるまで★

「クルディスタン地域と地域外のクルディスタンが独立国家になることを望みますか」――イラクのクルディスタンで2017年9月25日に行われた住民投票の設問だ。投票者は「はい」または「いいえ」を選択する。選挙・住民投票高等委員会が発表した暫定結果は、投票者数330万5925、投票率72・16％、独立賛成92・73％、反対7・27％だった。

設問にある「クルディスタン地域」とは、憲法によって強い権限を保障された連邦区の正式な名称だ。「地域外のクルディスタン」はその周辺で、クルディスタン地域への編入が未決のままになっている「係争地」と呼ばれる一帯を指す。「イスラーム国」の攻撃を受けた2014年6月、離散したイラク軍に入れ替わってクルディスタン地域政府のペシュメルガが展開したり、その後、有志国軍の支援を受けて解放したりして、係争地の多くをクルドが実効支配するようになっていた。

独立を問う住民投票はクルディスタン地域と係争地で行われた。係争地では、投票に先立って地方評議会が県や町単位で住民投票への参加・不参加を決めた。海外在住者はインターネットを通じて登録、投票した。

住民投票の準備は、2014年7月にマスウード・バールザーニー地域大統領が法整備などを地域議会に要請して始まった。「イスラーム国」との戦いを優先して先送りされてきたが、モースル解放が視野に入った2017年6月、地域政府とクルディスタン民主党（KDP）、クルディスタン愛国同盟（PUK）など政党幹部による会議で9月25日の住民投票実施が決まった。政党間で話が進んだのは、KDPと議会第二勢力のチェンジ運動（ゴラーン）との対立で2015年10月以来、議会が停止していたためだ。

ようやく投票日の10日前に再開された議会で実施が決議された。だが、議論が議会主導で行われていないことへの批判から、チェンジ運動やイスラーム集団などが裁決をボイコットした。メディア主導の「ノー・フォー・ナウ」運動も反対キャンペーンを張った。

クルド社会で住民投票を実施する時期やKDP主導のプロセスが議論になったのに対し、異なる民族や宗教が入り組む係争地ではクルドが独立することへの反発がアラブやトルコマンを中心に根強い。キルクーク県議会が住民投票への参加を決議した際、採決に加わったのは41議員のうち24議員にすぎなかった。

それ以上に、住民投票に対する外部からの圧力は予想をはるかに超え、クルドは国際社会でも孤立した。かつては一定の理解を示していたアバーディー首相も計画が具体化すると強硬な反対姿勢に転じた。緊密な関係にあったトルコは「重大なあやまち」（国家治安評議会）と断じた。欧米諸国は、「イスラーム国」との戦いが続いている状況での住民投票は尚早であり、混乱を招くとの理由で延期を要請した。

米国のティラーソン国務長官が調停案をバールザーニーに伝えたのは、住民投票の2日前だ。ティラーソンの書簡は、連邦政府と地域政府がクルド独立の可能性も含む将来の関係や、対立している石油開発・輸出、予算、係争地問題について協議すること、協議の進捗に米国と国連、英仏が積極的に関与するという内容だった。1年を目途に交渉が決裂した場合、米国は住民投票の必要性を認めるとも記されている。米メディアのブルームバーグは、提案がもっと早ければ受け入れ可能だったと、のちにバールザーニーが交渉担当者にもらしたと伝えた。

スライマーニーヤで開催された独立賛成キャンペーンに集まった人々

住民投票の現段階での実施には異を唱えたクルド政党も直前になって独立支持票を投じると述べ、結果は予想通り圧倒的な独立支持となった。ところが、祝賀ムードは瞬く間に暗転する。クルドを内包する隣国のトルコとイランが国境地帯での軍事演習で圧力をかけ続けた。イランは国境を閉鎖し、貿易も人の往来も途絶えた。イラク連邦政府は国境や空港の管理を引き渡すよう迫り、9月29

日には地域内の国際空港で就航するすべての国際便を停止させた。中央銀行が通達した外貨送金停止などの金融制裁は短期間で解除されたが、経済不安に拍車をかけるには十分な脅しとなった。社会の閉塞感が強まっていく。

10月中旬、イラク軍とシーア派を主力とする人民動員部隊がクルド支配下の係争地に進軍した。16日にキルクーク市を制圧すると、1992年以来クルドが支配しているトルコ国境地帯にまで進行した。国連によると、係争地からの避難民は一時18万人を超えた。その後の停戦合意によって11月半ば以降は落ち着きを取り戻し、避難民も多くが帰還した。この間、キルクークのナジュマッディーン・キャリーム知事が連邦議会の決議を経て罷免され、前線でペシュメルガの指揮をとったコスラト・ラスール地域副大統領らに逮捕状が出されている。

係争地があっけなく制圧されたのは、ディヤーラ県からキルクーク県にかけての防衛区域に展開していたPUKの一部のペシュメルガが戦うことなく撤退したためだ。キルクークの前線が崩壊し、ペシュメルガは他の防衛区域からも後退を余儀なくされた。

KDPは、PUKのバーフェル・ターラバーニーらを「裏切り者」と名指しし、黒幕はイランの革命防衛隊クドゥス部隊のソレイマーニー司令官だと非難した。PUKのラスールも「党内の変節者」が「侵略者」に寝返ったと声明を出した。撤退と引き換えにバーフェル一派が連邦政府やイランから受ける利権についての憶測がネット上に氾濫した。

バーフェルは、多くの犠牲者を出すような戦いを回避するためにアバーディー首相の要請を受け入れ、「戦略的な撤退」を決めたのだと反論した。兵器にも規模にも桁違いの差がある。軍事的な抵抗には限界があったろう。それにしてもクルドの内紛は、いつの時代も最大の弱みだ。

こうしてクルドは、住民投票から1か月後には「イスラーム国」と最前線で戦うことによって支配を広げた係争地のほぼすべてを失った。

米軍が知らなかったはずはない。大方の見方は、米国は、２０１８年5月の総選挙で極端にイランに近い政権が誕生するのを阻止するためにアバーディー首相を支援し、軍事作戦を黙認した、というものだ。首相は「イスラーム国」との戦いに勝利宣言をしたうえで選挙に臨むことができる。クルドの独立を挫き、係争地の支配を取り戻し、少なくともこの時点ではそれまでの首相の「優柔不断」を批判する声は頼れる指導者のそれに替わった。

地域政府は住民投票の結果を「凍結」すると発表したが、連邦政府が求めるのは「完全撤回」だった。連邦最高裁判所は11月20日、住民投票を違憲とする判決を下した。最高裁の報道官は、この最終判決によって住民投票は無効となると発表した。

バールザーニーは10月末をもって地域大統領を辞任し、米国がこれを歓迎した。もっとも、アバーディー首相の続投を支援した米国の目論見もはずれた。総選挙で首相が率いた「勝利連合」は他のシーア派連合の後塵を拝して議会第三勢力にとどまったからだ。

クルディスタン地域では指導層の世代交代に拍車がかかるだろう。新指導層が憲法で保障された自律的な諸権限を堅持するためには連邦議会や政府で発言権を強められるかどうかがカギだ。経済基盤を固めることも重要な課題だ。その先に再び独立への路は見えてこないだろうか。住民投票が無効とされても、独立支持の結果を歴史から抹消することはできないのだから。


（勝又郁子）

VI

経済・生活・越境

42

イラク・クルディスタンの石油

★資源を巡る争いとその蹉跌★

第一次世界大戦後、欧州列強によって中東諸国の国境線が引かれた時、オスマン帝国のモースル州をイギリスがイラク国家に組み入れたのは、そこに眠る石油資源が狙いだったと言われている。モースル州のキルクークに眠る膨大な石油は、イラク建国後も長らく欧米列強の支配下に置かれた。しかし、1970年代にはイラクは資源ナショナリズムを背景に石油資源を国有化し、石油は名実ともにイラクの富となった。

イラク北部では、1960年代からクルドの反政府ゲリラ活動が活発化し始めており、イラク政府はクルドを油田地帯から遠ざけようとしてきた。キルクーク県の県境を変更してクルドが多い地区は近隣県に併合されたり、大勢のクルドがキルクークから南部に強制移住させられたりした。石油産業で働くクルドの人数も大幅に減少した。キルクーク油田からトルコに向かうパイプラインは1977年に敷設されたが、一旦南へ下ってから北上し、クルドが多い土地を迂回するような形になっている。1970年には、一旦イラク政府とクルド政党との間で自治合意が結ばれたのだが、数年後、結果的にそれが破綻した理由の一つは、自治区の境界問題、すなわちキルクークを自治区に含むかどうかという問題だった。こうしてその石油の存在ゆえに、キルクークはクルドにとって迫害の象徴となっていった。

クルドの反政府ゲリラ活動が続いていたこともあり、キルクーク以北のクルドの居住地での石油資源開発は、ほとんど進展しなかった。1990年代にイラク軍が撤退し、事実上の自治区になってからも、技術や資金のないクルドが本格的な開発を行うには至らず、砂糖の精製工場のパーツで簡単な石油精製設備を作り、日量3000バーレルを生産してガソリンなどを供給するというレベルに留まっていた。当時のイラク政府の石油生産量は、増減が激しかったがイラク戦争直前の2002年でも日量200万バーレルあったことに比べると、クルドの石油生産能力は完全に無視できるレベルのものだった。

こうした状況が大きく変化したのは、2003年のイラク戦争後だ。フセイン政権が崩壊し、新たな民主化プロセスの下で2005年に、連邦制を謳った新憲法が制定された。そして翌年から新石油法案の審議がイラク国会で始まった。ところが、イラク政府が一元的に国内の天然資源を管理することを求めたアラブ政党と、自治区内の資源開発の最終決定権を自治政府が持つことを求めたクルド政党との間で折り合いがつかず、交渉は暗礁に乗り上げた。するとクルディスタンでは、自治区の議会が自治区内でのみ有効な「地域法」として、自らの石油法を制定する。そして、地方分権を定めたイラクの新憲法とこの地域法を盾に理論武装して、国際石油会社への猛烈なロビーイングを開始した。

中東や世界の産油地帯は、すでに開発がかなり進んでいるか、資源ナショナリズムの観点から外資を閉め出しているか、いずれかであることが多い。地質上有望でかつ外資フレンドリーな新たな産油地帯が登場したことは、世界中の石油会社の注目を集めた。しかし、地質という面では、世界有数の超巨大油田をいくつも擁するイラク南部にはかなわないし、何よりイラク政府が真っ向から国際石油会社が自治政府と直接契約を結ぶことに反対していた。自治政府と契約すればイラク政府の怒りを買う。それでも、開発契約形態もビジネス環境もイラクの他地域よりクルディスタンの方が良い、と判断した企業に対して、イラク政府ができることは限られていた。クルディスタンにはイラク軍も連邦警察も展開していない以上、実力行使で開発を止めることはできないからだ。なし崩し的にクルディスタンでの石油開発は既成事実化していった。

そこに目を付けたのがトルコ政府だった。中東域内の宗派間のパワーバランスの変化に伴い、イラク政府との関係がこじれていた上、資源輸入国であるトルコにとって、イラク北部という「裏庭」で産出される石油やガスは魅力的だ。イラク・クルドの自治政府と密接な関係を構築しておくことは、トルコ・クルドのゲリラであるＰＫＫ取り締まり対策としても有用でもある。こうした判断のもと、トルコはイラク政府の反対を押し切り、従来のイラク・トルコ・パイプラインにクルドのパイプラインを接続させ、クルディスタンという陸の孤島に石油輸出ルートを提供した。２０１４年初め、自治区はついに、イラク政府に頼ることなく探鉱・開発・生産・輸出という、石油開発の一連の主導権を手に入れた。

イラク政府は自治政府によるパイプライン輸出の開始と同時に、制裁措置として自治区への予算分配を停止した。自治政府の当初の想定では、石油輸出は数年で日量１００万バーレルに達し、イラク政府から予算の配分を受けなくても、クルディスタンの石油がクルディスタンの経済を支える屋台骨

自治政府が開発した油田、フルマラ・ドーム（2013年12月）

になるはずだった。

だが、目論見は外れる。国際市況の変化で、１バーレルあたり１００ドルを超えていた価格は２０１４年央から急落し、あっという間に50ドルを割り込んだ。同じ頃、過激派組織「イスラーム国」がモースルを陥落させ、自治区にも向かって進軍してくるようになると、安定したビジネス環境は吹き飛んでしまった。しかも、油価が低いために国際石油会社の新規投資も進まず、輸出量は日量20万バーレル程度に留まった。イラク政府からの予算は配分されない上、「イスラーム国」から逃れたアラブ人避難民が大挙して押し寄せてくる。危機的な状況に陥ると同時に、好景気時代には覆い隠されていた経済社会問題、すなわち、汚職やネポティズム、非効率なシステム、石油依存などの課題が、市民の目にも明らかになっていった。

「イスラーム国」との戦闘のどさくさに紛れて、ペシュメルガがキルクーク油田を接収した（第37章参照）。その分を足しても輸出量は日量60万バーレルと苦しい状況だったが、最悪期は脱したかに見えた。キルクーク油田の接収は、クルドにとってはもともと自分たちのものだったはずの油田を取り戻したという感覚だが、イラク政府にとっては不法占拠以外の何物でもない。2017年9月に独立を問う住民投票がクルディスタンで実施されると、イラク議会は次々と制裁決議を可決し、対「イスラーム国」戦のためにキルクーク南部に迫っていたイラク軍が、キルクークの町と油田を軍事的に奪還するに至った（第41章参照）。なんとかトルコ向けの独自輸出パイプラインは維持しているが、輸出量は半減した。石油を引き渡す代わりに予算配分を再開してもらうという交渉は行われているが、難航している。低油価時代に財政が苦しいのは、程度の差こそあれイラク政府も同じであり、彼らにとってクルドへの予算配分の優先順位が低いことは自明だからだ。

イラク戦争からの10年余りは、クルドが初めて石油という天然資源に対する事実上の主権を手に入れたかに見えた時代だった。だが、それは同時に、天然資源のみに依存する経済は脆いという、多くの主権国家が陥ってきた蹉跌に、クルディスタンもまた直面しているということに他ならない。

（吉岡明子）

43

アルビール

★クルディスタン地域政府の首都★

北緯36度11分、東経44度、埼玉県熊谷市とほぼ同じ緯度に位置するクルディスタン地域政府（ＫＲＧ）の首都アルビールは、夏は50度近くまで暑くなり、冬は氷点下を記録するくらい寒くなる。ただし、熊谷と違うのは夏でも静電気を感じるほどに乾燥している点である。

アルビールの中心部にある城塞は、２０１４年に世界遺産に登録されており、一説によれば紀元前５０００年から継続して人が居住していたとされる歴史の長い地区である。この城塞を中心に、40メートル道路、60メートル道路、１００メートル道路と呼ばれる環状道路に沿ってアルビール市は広がってきている。ただし、60メートル道路一周でも10キロメートル弱というコンパクトな町である。

２００３年のイラク戦争後、頻繁にテロが発生しているイラクの中では、アルビールはきわめて治安が良く、２０１５年４月に発生したのを最後に、２０１６年には一度もテロ事案が発生していない。また、英オックスフォード・エネルギー研究所によれば、クルディスタン地域だけでも原油の推定埋蔵量が４１０億バーレル、ガス埋蔵量が54兆立方フィートと言われてい

アルビール市民の憩いの場、シタデル広場

る。さらに、アルビール郊外にあるキリスト教徒地区には酒屋があり酒類の入手も容易で、自宅での飲酒は問題なく、ホテルやライセンスを持ったレストランでは酒類の提供もしている。

これらの理由で、筆者が赴任した2013年当時はイラク・ビジネスへのゲートウェイとしてアルビールへの企業の進出が相次いでいた。ビルや住宅、ホテルなどの建設ラッシュが起きて、世界一の高さを誇るブルジュ・ハリーファで有名なダウンタウン・ドバイを開発した、ドバイの最大手デベロッパー、エマール・プロパティーズが、「ダウンタウン・アルビール」と称する不動産開発プロジェクトに着手した。一部では「第二のドバイ」と呼ばれるほどに活況を呈していた。

ところが、アルビールの名前を一挙に有名にしたのは、2014年に過激派組織ＩＳＩＬ（「イスラーム国」）がアルビール市から西に80キロメートルのイラク第二の都市モースルを占拠する事態になって、

キリスト教地区にある酒屋街

アルビールからの特派員レポートが世界中に流されるようになってからである。しかし、これはアルビールの治安への懸念を生み、原油価格の低迷やクルディスタン地域政府の財政危機と相俟って、アルビールに進出していた企業の撤退・事業縮小という動きにつながった。このため町の至る所で、各種建設工事がストップしたままになっている。前出のダウンタウン・アルビールも計画中止となった。

人々の日常生活では、電力不足が深刻化している。２０１４年初めに発行された『クルディスタン・レビュー』というクルディスタン地域を紹介するビジネス情報誌では、平均電力供給時間が２００８年の１日７時間から、２０１３年には23・5時間に劇的に改善していると高らかに謳われていたが、２０１６年末の生活実感としては停電が頻発して集合住宅地区の自家発電がいつも稼働している。筆者もアパートのエレベーターに閉じ込められたことが何回もある。一説には「イスラーム国」から逃れたシリアからの難民やイラクの国内避難民が大挙してアルビールに流入したために電力需要が増大して、電力不足が深刻化したとのことである。自家発電の設備を備えた集合住宅はともかく、自家発電設備のない一般家庭では停電の多さに困っているものと想像される。

次に、水であるが、アルビールは北側や北東側の山脈より豊富な水が流れ込んでおり、地下水をくみ上げて使用しているところが多い。日本の援助で上水網も整備途中であるが、筆者の暮らしていた地区には上水網は未だ整備されておらず、水タンクによる給水と地下水による供給が中心である。ただし、下水処理施設が未整備であり、汚水を地下のタンクに貯めてそれをバキュームカーで汲み取るため、地下水の汚染が心配される。幸いアルビールでは未だコレラなどの伝染病の発生はないが、多くの人々は飲料水としてミネラルウォーターを買い求めて使っている。

アルビールの人たちの食生活は、他の中東諸国と同じく羊肉や鶏肉、野菜料理が中心である。肉類は地元産のものが多いが、野菜は意外にも輸入品が多い。冷凍食品や加工食品はイラク国内に工場がほとんどないことから、トルコやイラン、湾岸諸国のものが入ってきている。アルビールやイラク独特の料理としてはマスグーフという鯉料理がある。開いた鯉を炭火の周りで1時間半以上炙る焼き魚料理で、ピリ辛にアレンジしたマンゴーソースで食する。

炭火でグリル中のマスグーフ

人々の娯楽としては、サッカー場や公園でのランニングなどがあり、毎年アルビール国際マラソンが開催されるようになった。ショッピングモールにはボーリング場やシネマ・コンプレックスもあるが、最も一般的なのは、若者はカフェに集まりお喋り、家族連れは公園や郊外に繰り出してピクニックやバーベキューを楽しむという形であろう。

アルビール市内では新しいカフェや欧米のファーストフードのチェーン店がオープンするなど、活気のある場所も散見される。ショッピングモールへの人出もそれなりにあり、結構人が入っているが、買い物をしているというより、集まってお茶を飲んだりフードコートで食事をしたりという感じで、買い物袋を提げている人は少ない。このあたりにも経済悪化の影響が見て取れる。

クルディスタン地域では、イランと同様にノウルーズと呼ばれる春分の日からの新年を祝う習慣がある。イラク中央政府では祝日とはしていないが、クルディスタン地域政府ではほぼ1週間の祝日となる。クルディスタン地域には、クルド人（スンニー派、シーア派）、アッシリア人（東方キリスト教）、クルド系シリア難民、イラクの中部や南部から来たアラブ人（スンニー派、シーア派）などが住んでいるが、中部・南部から来たアラブ人を除いたほぼ全ての人々が、ノウルーズには新緑が生え始めた郊外に繰り出して一族で新年を祝う。ある意味、イスラーム教のラマダーンや犠牲祭よりも地元に根付いたクルディスタン地域最大のお祭りのようである。

彼らが繰り出す先には、アルビール郊外の豊富な水源となっている山々がある。登山の好きな人にとっては魅力的な山々であるが、トルコ国境近く、イラン国境近くは、いずれもトルコ、イランの反政府クルド勢力の拠点があると言われており、外国人には足を踏み入れることが難しい地域となっている。

（田中俊彦）

44

南東アナトリア地方の開発

★経済成長と埋まらない格差★

トルコ経済の中心地は、西部のイスタンブルやイズミルなどであり、クルド語系住民が多い東部ではあまり開発が進んでいなかった。東部の産業構造は農業が中心で、土地所有格差が激しく、識字率は低く、出生率が高く、西部や欧州諸国に多くの移民を送り出す地域であった。また、この西部と東部の経済格差については、政治的不満の一因になっているのではないかという懸念も持たれていた。

このような問題を解決するため、ティグリス川・ユーフラテス川の上流にあたる南東アナトリア地方では、早い時期から経済開発の可能性が模索されてきた。１９８０年、政府は既存の水利開発プロジェクトを「南東アナトリア開発計画」（ＧＡＰ）として統合し、１９８９年には運輸・工業・社会部門を含む総合プロジェクトとしてマスタープランを策定し、担当部署として南東アナトリア開発計画地域開発庁を設立した。

この計画は、22のダムを築き、17の水力発電所で７０００メガワット以上の電力を生産し、13の灌漑プロジェクトにより１６０万ヘクタール以上を灌漑するという非常に大規模な総合開発プロジェクトである。この面積は非常に広大で、トルコの全

図１　南東アナトリア開発計画（GAP）の対象地域

可灌漑面積の約２割にあたる。なかでも、１９８３年に建設が開始され、１９９０年に完成した巨大なアタテュルクダムは、この開発の象徴といえる存在であり、そこで堰き止められた水はトンネルを介してシャンルウルファ県のハラン平原など約90万ヘクタールを潤すことになっている。また、マスタープランにはこの計画の主たる目標として、①所得格差の是正、②農村における雇用と生産の拡大、③都市の人口収容能力の向上、④地域資源の有効利用が挙げられ、２００５年までの20年間で所得と雇用を倍増させるという数値目標を出していた。また、この計画はダムによる発電と灌漑以外にも、工業開発・インフラ整備・教育・保健・文化・観光などの社会サービスや、多様なプロジェクトを含んでいる。また国連や先進国からの要求もあり、女性の能力向上や環境問題に関連したプログラムも多数実施された。ただし、２００５年までに３２０億米ドルという投資目標は達成することができず、現在も開発が進められている。

ＧＡＰによる灌漑は、この地方での商品作物の大規模な栽培を可能とした。穀物の作付面積は１９８０年に１６５万ヘクタールであったのに対し１９９８年は１７７万ヘクタールと微増にとどまっており、生産量もそれほど大幅な増加は見せていない。一方で大きく生産量を伸ばしたのは、綿花やタバコ、レンズマメ、ス

表1　南東アナトリア開発計画による灌漑と発電

	灌漑面積（ha）	発電能力（MW）
ユーフラテス川流域		
① 下ユーフラテス (a) アタテュルクダム発電所	—	2400
(b) シャンル＝ウルファ灌漑トンネル	—	—
(c) シャンルウルファ発電所	—	50
(d) ウルファ・ハラン灌漑	141,535	—
(e) マルディン・ジェイランプナル灌漑	334,939	—
(f) シヴェレク・ヒルヴァン・ポンプ灌漑	160,105	—
(g) ボゾヴァポンプ灌漑	69,702	6
② カラカヤダム発電所	—	1800
③ 国境ユーフラテス	—	852
④ スルチ・ヤイラク灌漑	146,500	44
⑤ アドゥヤマン・キャフタ灌漑	77,409	195
⑥ アドゥヤマン・ギョクスー・アラバン灌漑	72,000	—
⑦ ガズィアンテップ灌漑	89,000	—
ティグリス川流域		
⑧ ディジレ・クラルクズ灌漑	126,000	200
⑨ バトマン灌漑	38,000	185
⑩ バトマン・シルヴァン灌漑	213,000	—
⑪ ガルザン灌漑	60,000	90
⑫ ウルスダム発電所	—	1200
⑬ ジズレ灌漑	121,000	240
合　計	1,649,190	7262

出所：*GAP Master Plan* より筆者作成。

イカなどであり、ゴマと野菜類、ピスタチオの生産も増加傾向にある。中でも綿花は、1980年の4万ヘクタールから1998年には31万ヘクタールまで作付面積が拡大し、南東アナトリア地方の農業生産額の22・7％を占める最も重要な作物になった。綿花は、収穫期は乾燥していることが好ましいが、生育期には大量の水を必要とする作物であり、灌漑によって栽培が可能になったものである。

また、トラクターが1980年の1万8600台から1998年に4万5900台、2015年には6万6200

アタテュルクダム［出所：GAP 開発庁 http://www.gap.gov.tr/］

台に増加するなど、農業近代化が進展したことも生産力の増大をもたらした。この結果、南東アナトリア地方の一人当たりＧＤＰ（正確にはＧＲＰ地域内総生産）は１９８７年から１９９７年にかけて年平均５・15％の伸びを示し、９８１米ドルから１６１９米ドルまで上昇し、２０１１年には４６００米ドルに達した。さらに、１９８０年に43％であった識字率は１９９７年に60％に達するなど、社会発展も進んだ。

しかしながら、トルコ全体で経済成長が進んでいるため、一人当たりＧＤＰは全国平均に比べれば半分程度という状況に大きな変化は見られず、不公平感も残ったままである。また経済成長や教育の普及は、必ずしも雇用にはつながっておらず、地方内の都市では急激な人口増加を吸収しきれていないのも確かである。南東アナトリア地方の失業率は、１９９０年には８・４％であったが、２００４年には11・１％、２００６年は14・１％、２０１５年は16・５％と上昇してきた。そのため、現在でもＧＡＰの目標の一つであった西部などへの人口移動の問題は解消されていない。

一方、水資源開発による水消費量の拡大は、塩害の原因になり、また流量をめぐって下流のシリアやイラクとの紛争の種にもなりうるものである。そのため、ＧＡＰにおいてもスプリンクラーや点滴灌漑の導入に加え、国家ではなく住民が灌漑施設の維持管理を行う参加型の灌漑管理によって農業用水を効率的に利用し、消費量を抑える取り組みがなされてきた。

トルコの東西間の格差に加え、南東アナトリア地方の農村内部においても格差は残存している。GAPが進めた灌漑と機械化により、南東アナトリア地方では商品作物生産の拡大と農業の近代化が進んだ。しかし、一部の農家が多くの土地を所有し、零細な農家が多いという傾向も、大きな変化は見せていない。収穫の一定の割合を地主に納める分益小作は減少したが、大地主制は農業労働者を雇う近代的な資本家的農業経営へと形を変えて、格差が残ることになった。1991年の農業統計によれば、トルコ全体で100ヘクタールを超える大地主は1万2637世帯あり、その所有面積は約252万ヘクタールであるが、南東アナトリア地方には、その実に70%にあたる8793世帯の大地主が集中し、172万ヘクタールを所有している。また、灌漑の拡大に伴い、ダムと政府機関による灌漑用水の供給が増加したが、政府の影響力は支配的にはならず、住民参加が不十分な水利組合への灌漑管理移管により、有力者の影響力が保たれることになる。

このように、GAPは南東アナトリア地方にかなりの程度の経済的恩恵をもたらしたものの、必ずしも国内および域内の格差や人口問題を解消できたわけではなかった。

（荒井康一）

45

ダマスカスのクルド人

★マクハーで働く若者たち★

アラブ世界を一度でも旅した人は、マクハー（maqhah）と聞くと、ある情景を思い出すことだろう。テーブルを囲んで、時間を持て余した男たちがコーヒー、あるいは紅茶を飲みながら、水タバコに興じている姿を。ただ、筆者がこの章で扱うのは、このマクハー（水タバコ喫茶）に通う男たちではなく、ここで働くクルド系の人たちで、彼らがどのような境遇にあるのかを素描することにある。とはいえ、読者の方々にはこのマクハーとクルドの人たちとが容易につながらないのではなかろうか。

シリアの首都ダマスカス市内には、他の中東の大都市と同じように、街のあちこちにマクハーがあり、特に男たちの憩いの場となっている。マクハーの語源はカフワ（qahwa）で、これはご存知の方も多いと思うがコーヒーを意味し（カフワはコーヒーの語源）、マクハーとはさしずめ「コーヒーを飲むところ」を意味する。しかし、現在何軒のマクハーがダマスカスで営業しているのか、全く見当もつかない。それは、周知の通り、シリア内戦によって庶民の生活も大きく変わり、マクハーで水タバコを吸い、お茶やコーヒーを飲んでくつろぐ人の姿が想像できないからである。

筆者がよく通ったダマスカス市内のマクハーとそこで働くクルド人従業員

まずは、筆者がクルド系の人たちに初めて出会った時の話から始めたい。筆者がシリアの首都ダマスカスに留学していた１９８０年頃のことになるが、現地で知り合ったフランス人の友人からある誘いを受けた。それは、クルドの若者たちを自宅に招いてパーティーを開くので遊びに来ないかという誘いであった。そのパーティーで、彼らクルド系の若者たちは、ブズク（アラブの代表格の弦楽器ウードに似たクルドの民族楽器）を演奏し、民族ダンスを踊り、クルドの歌を歌って、大いに盛り上がったのを昨日のように記憶している。その当時は、クルド語による教育や出版、また文化活動は公には禁止されていた時代だったので、クルドに関連したものを街中で見ることはなかったが、家のなかなどでは公然とクルドの文化が花開いていたのではと想像している。

その当時から、頻繁にマクハーには通っていたが、一人の客として、ゆっくり時間を過ごすためであって、そこで働く人たちに特別の興味関心があった訳ではなかった。しかしながら、いつ頃かははっきりと記憶していないが、その後もフィールドワークのためにシリアを訪れるたびにマクハーに足を運んで、そこで働く若者たちと話をしていて、彼らの多くがクルド人であることがわかってきた。同時に、なぜマクハーで働く人の多くがクルド系の人たちなのかとの疑問が湧いてきたのである。

シリア内戦が勃発する少し前の２００９年10月から翌10年の２月まで、ダマスカスに長期滞在する機会を得た。この時、上記の疑問を解く絶好の機会ではないかと思い立ったのである。筆者がよく足を運んだマクハーは、市内の中心部サルヒーエ通りに面したところにあり、従業員は常時15名ほどいただろうか。その従業員全員がクルド系の人たちで、また彼らの大多数がシリア北部のカーミシュリー県やその近隣から単身、あるいは親と共にダマスカスへ移住して来ていた。彼らのマクハーでの仕事は、水タバコを準備し、炭をおこし、コーヒーや紅茶を給仕することだった。なかでも水タバコの準備は相当な危険を伴う重労働であることを知った。タバコの葉自体有害なものであり、それを毎日素手でこねては土器製の器に入れる作業を何時間も行わなければならない。彼らの手がどす黒く変色していたことを思い出す。しかも、そのきつい仕事にもかかわらず、彼らは低賃金で雇われ、いつ解雇されるかわからない不安定な状態に置かれていた。このように、厳しい労働でありながら、なぜマクハーで働くクルド系の若者が多いのだろうか。

その理由は、まず彼らの出身地にある。前述したように、彼らの多くはシリア北部、トルコやイラクとの国境に近い「辺境地帯」から来ており、そこは総じて開発が遅れ、大多数が農業を生業とし、収入も他の県と比べても低く、義務教育である小学校へ通う生徒数の割合も低い。実際、筆者がインタビューしたクルド系の若者の多くが小学校卒で、なかにはアラビア語が書けない小学校中退の若者も複数名いた。このような低学歴の若者たちがありつける職も飲食関連などのサービス業やごみ収集、建築現場の労働といった、敬遠される重労働の職種に限られてこよう。

また、中東世界は概ね口利き、仲介といったコネが重要な役割を持った社会だと言われる。換言すれば、特定の人や集団が持つネットワークと労働（業種）との特殊な関係（コネ）が存在するというこ

マクハーの片隅の棚に並べられた水タバコ器

とである。例えば、ある若者が職探しする場合、まず彼の家族や親族に相談し、彼らのネットワークに頼って職探しすることになる。一方、ダマスカスのクルド社会にはマクハーの給仕職ネットワークが形成されていて、そのネットワークと若者のネットワークが重なれば、雇用主次第ではあるが給仕の職を得ることになる。たとえ重労働であっても、マイノリティのクルド系で、しかも学歴がない者にとって、そのような職種以外に選択の余地はほとんど残されていない。このような特定の集団、例えばトルクメン、アルメニア、チェルケスなどの民族的マイノリティ集団も、特定の職業に就いている場合が多く見られる。これも彼らが独自に持つネットワークの結果であろう。

筆者がダマスカスで出会ったクルド系の若者たちは、マクハーで出会ったクルドの給仕の人たちを含め、その多くが海外、特にヨーロッパへの移住を夢見ていた。パーティーで初めて出会った若者たちのうち、その数年後の１９８０年代初めに、一人はドイツへ移住し、一人はフランスへ移住している。シリア内戦が勃発する1年ほど前にマクハーで出会った給仕の若者たちは、今どうしているだろうか。２０１7年3月30日に国連難民高等弁務官事務所は、シリアから国外に逃れた難民の数が５００万人を超えたと発表した。この数は、２０１２年当時の総人口２２４０万人の4分の1に相当する。この難民のなかに、彼らのなかの幾人かがいても決して不思議なことではない。いずれにしても、彼ら一人一人がシリア内戦に翻弄され、日々厳しい状況に置かれていることだけは想像に難くない。

（宇野昌樹）

46

イスタンブルのクルド人

★言説空間と日常生活のなかの多様性★

イスタンブルは現在、国内で最大のクルド人口を抱える都市といわれる。トルコでは、民族別の人口統計は長いあいだとられておらず、最近のクルド人口を知るにはサンプル調査にもとづく推計値を用いることになる。そのようなサンプル調査のうち比較的よく引用される２００６年のＫＯＮＤＡ社調査によれば、イスタンブルのクルド人口は１９０万人であった（２００８年12月21日付 *Radikal* 紙）。同じ年のイスタンブルの人口は１２４０万人であるから、およそ住民の６～７人に１人がクルド人ということになる。

そのイスタンブルのクルド人に注目が集まったのは、１９９０年代から２０００年代にかけて。東部における内戦の激化により、政府の立ち退き命令や戦闘から避難するため域外への移住者が増え、イスタンブルにも大量のクルド人が流れ込んだことを直接のきっかけとしていた。この時期のイスタンブルでは治安への不安が高まり、街頭の監視カメラやショッピング・モールを巡回する警備員などが目に見えて増えた。富裕層や中産階層から治安悪化の原因とみなされたのが、内戦から着の身着のまま逃れ、困窮したクルド人だったのである。

広場に集うクルド人（イスタンブル・カドゥキョイ地区、2015年）
［© Engin Korkmaz/ 123RF.COM］

クルド人に向けられる否定的な視線はさらに、「もうひとつのイスタンブル」や「ヴァロシュ」（varoş）といったマスメディアの表現に象徴される、都市社会の分断というより大きな現象とも結びついていた。ヴァロシュは、大都市に形成された移住者の集中する不法住宅地区を指し、貧しく犯罪的で暴力的な空間というイメージを伴う。都市社会の分断は、政治的要因（移住者に支持された親イスラーム政権の地滑り的勝利に対する世俗主義中産階層の警戒心）や、経済的要因（不法住宅地区の再開発をめぐる利益対立の先鋭化）が絡まる複雑な現象である。そうした背景のもとで、しばしば人種差別的なトーンを帯びた反クルド感情が正当化されたのだった。

興味深いことにこの時代には、クルドであることをむしろ肯定的にとらえ、積極的にアピールするという新たな動きも生まれた。クルド民族主義が政治的アイデンティティとして認められてクル

第46章
イスタンブルのクルド人

ド系政党の政治参加が進み、またクルド語の歌のCDや詩集などの出版が相次いだ。ベテラン歌手のヒュルヤ・アヴシャルが、最近になって母方の祖母がクルドだと告白して話題になったのは、クルドであることが「売れる」ようになったことを示している。政治的文化的なクルド・アイデンティティが高らかに表明されたり、あるいは商品化されたりする、その中心的舞台となったのもまた、イスタンブルであった。

注意したいのは、ここまでとりあげてきた「クルド」は、それが誰を指すのか必ずしも自明ではないということだ。政治的イスラームの台頭を警戒する中産階層がヴァロシュの移住者を語るときに連想する「クルド」と、政治的文化的シーンで動員される「クルド」のイメージのあいだには、開きがある。クルドとひとことで言っても、そこにはクルド語話者、アナトリア東部出身者、クルド系政党支持者、親イスラーム政党のばらまき政策で懐柔される人々、部族社会、エキゾチシズムなど、さまざまな属性や指標が含まれている。つまり立場や見方によってクルドの定義は違ってくる。「クルド」は光をあてる角度によって、いくつもの異なる像を結ぶのである。冒頭のKONDA社の調査もそうした事情を踏まえ、あくまでも便宜的に「クルドまたはザザを自認する人」と「クルド語またはザザ語を母語とする人」を「クルド」と定義したものだった。

「クルド」の多面的なありようは、言説や表象の空間だけでなく、日常生活のなかでも観察することができる。以下ではその一端として、筆者が調査しているスルタンベイリで出会った人々を紹介してみたい。スルタンベイリはイスタンブルのアジア側の端に位置し、家賃の安さから、内戦から逃れた人々を含む多くの移住者を引きつけてきた。

【アブドゥッラー（仮名、以下同。30代男性）】 1990年代半ばに、東部のムシュ県の村から兄たちと出稼ぎに来た。建設現場や工場で必死に働いた。ちょうど内戦が激しさを増したころで、クルドは全員PKK（クルディスタン労働者党）の味方だと見られ、どこでも差別的な扱いをうけた。だがイスタンブルに来たのはそもそもPKKと軍の戦闘のせいだった。牧畜業も農業も壊滅し、知人は巻き添えになって殺された。兄のひとりは当時を、「俺たちは自分たちの国で難民になった」と振り返る。兄弟は小さいながら工場を建て、経営は安定している。クルドへの差別のせいで豊かになれないという同郷者には、人のせいにして努力しない、と批判的だ。クルド民族の自決権を主張し、穏健なイスラーム主義とクルド民族主義に立つ政治運動「自由運動 Hareketa Azadi」に参加している。

【サキネ（20代女性）】 クルド語を話す両親のもとに生まれたが、イスタンブル育ちでトルコ語のほうが得意だ。PKK戦闘員だった父は、10年間服役した。父が逮捕される前、警察は父の居所を言わせようと、子どもたちの面前で母をレイプした。壮絶な体験をした一家であるが、子どもたちのなかでクルドであることにこだわるのは彼女だけで、弟や妹は距離を置きたがっている。「言葉は使わないと忘れてしまう。母語なのにクルド語を忘れそうなの」。きちんとしたクルド語を学びたいが、機会がない（2009年当時）。国営放送（TRT）のクルド語放送が始まったが、放送時間が短く内容もつまらない。「私は将来、自分の子どもにどうやってクルド語を教えたらいいのだろう」。

【ネスリン（40代女性）】 クルドではないしクルド語もわからないが、オジャランの思想に傾倒し、クルド系政党の事務所に出入りしていた。別れた恋人も元PKK戦闘員だった。オジャランは男女平等を説くところがよい。「クルド人のほうがトルコ人より人としてまっとうだ」。娘さえいなければ自分も銃をとり「山に登りたい」（PKK戦闘員になることを指す）。娘がクルドの若者と結婚し、その彼がシリアのコバーニー奪還の戦いで死亡したことで、周囲のクルド人との絆はさらに強まった。

ネスリンのようにトルコ系でありながらPKKを支持する人は珍しいが、アブドゥッラーはイスタンブルの出稼ぎ労働者のサクセスストーリーの典型であるし、サキネの悩みは都会育ちのクルドの若者には身近だろう。3人は、クルド的なものをそれぞれの人生の中心に位置づけている点で共通している。しかし、「クルド」の根幹にあるものは同じではない。それは民族自決であったり、言葉であったり、あるいは人間性であったりと三者三様である。

昨今、イスタンブルの富裕層や中産階層のあいだでは、大量に押し寄せるシリア難民に注意が向き、恐怖や軽蔑の対象としてのクルドの影は薄くなったように見える。だがこの3人の生き方からうかがえるように、クルド的なものを人生の中心的な価値に据える人々は、今日も日常生活のなかでそれぞれの「クルド」を生き続けているのである。

（村上　薫）

47

ドイツのクルド人

★変容する「クルド人」の輪郭とコミュニティ★

ドイツのファーストフードと言えば、定着して久しいトルコ生まれのドネル・ケバブ。街の至る所で見かけるケバブ屋は、一見どこも似たように見えるかもしれない。しかし、店の名前や貼られているポスター、置き新聞、流れている音楽や壁に描かれた絵は、同胞へのシグナルとなっていることが往々にしてある。ドイツのクルド人とは、そのように張り巡らされた呼びかけに応える存在である、と言えば、少し想像がしやすいかもしれない。

現在、ドイツに暮らす「トルコにルーツを持つ人々」が300万人と言われている。その中でクルド系と言えるのはおそらく100万人、そこにイラクやイラン、そしてシリアからのクルド系の移民・難民を合わせると、百数十万人の規模となると推計される。その中では、半世紀前にいわゆる「ガストアルバイター」として来た人々の家族とその子孫が最も多く、次いでドイツの庇護申請制度を通じ難民として来た人々、そして彼・彼女らとの婚姻を通じて新たに来る人々である。統計上、彼らはトルコ人、イラン人やイラク人、国籍を取得していればドイツ人だが、様々なコミュニティ・ライフがドイツにおける「クルド人」の生活の輪郭を形作っている。

インターネット上のとあるドイツ語によるクルド人のフォーラムに、「もしそうなら君はクルド人」という書き込みがある。「50人以上のいとこがいるなら」「前触れなしに早朝深夜にお客が来るなら」「毎週末結婚式に行かねばならないなら」など、100近くの項目が挙げられている。親族の多さや友人・知人含めた付き合いの濃密さが、個人化の進んだドイツ社会との対比の基調をなしていることがうかがえるが、実際に、ドイツはもとよりヨーロッパ諸国や出身国から親戚・友人が一同に数百人規模で会する「結婚式」が頻繁に開かれることが、コミュニティの原型となってきたとも言える。クルド人の結婚式に欠かせない、ダウルとズルナの伴奏による、老若男女が参加して手を繋ぎ輪となって踊る、ハライまたはゴヴェントと呼ばれる踊り。料理は鶏肉とピラフなど簡素なものだが、踊りと音楽は新郎新婦の出身地域に特化したバラエティ溢れるもの。そして久しぶりに顔を合わせる親戚や友人とは、故郷で起きる様々な情勢について語り、憂いを共に分かち合う。結婚式とは、個人的なイベントではなく、文化を伝達し政治論議も包含する公共的な空間でもある。

このコミュニティの原型は、70年代末からドイツで制度化されていった「クルドの」政治組織にも引き継がれている。二つの代表的な政治組織、トルコ・クルディスタン社会党（ＰＳＫ）系列とクルディスタン労働者党（ＰＫＫ）系列の各都市に結成された傘下組織は、80年代以降、互いに対立を繰り返してきた。だがそれぞれが催す大衆向けの集会では、新郎新婦の代わりに政治アジェンダが中心に置かれ、シヴァン・ペルウェルなど有名歌手によるクルド音楽の演奏があるとはいえ、遠く離れた親戚・友人が再会し近況を確かめ合い、老若男女が一つの輪になって踊る空間であることに違いはなかった。

だが90年代初頭、アウトバーンの占拠やトルコ人店舗に対する襲撃など、ドイツでＰＫＫ支持者の抗議行動が過激化し、１９９３年、ＰＫＫはドイツで非合法化されることになる。その後ＰＫＫは現地のゲリラ闘争で流した血をテコとして、「安全地帯」の移住先にいる人々の中での「支持」を取り付けていく。曰く、「あなたたちがクルド人であると今日言えるのは、斃れたゲリラたちのおかげ。ゆえに、あなたたちには〈税〉を支払う義務がある」と。本来等号で結ばれない「クルド人」であることと、「ゲリラ／テロリスト」を結ぶロジックにより、ＰＫＫはクルド系の人々から粛々と「徴税」を行い、傘下に収まらない動きは排斥した。ジゲルフィン（Cigerxwin）の詩を用いたシヴァン・ペルウェルの最も有名な歌の一つ、「我々は何者だ（“kine em”）」という歌の呼びかけに、人々は「クルド人だ（“Ez kurdime”）」ではなく、「アポ主義者だ（“Apocine” オジャラン支持者、ＰＫＫ支持者）」と応える定型化に馴れ、倦《う》み、そして疲弊していった。

このような運動とコミュニティの有り様から徐々に距離を取っていったのは、多数派のクルマーンジー語ではなくザザ語、スンニー派ではなくアレヴィー派の人々が多かった。例えば、ドイツに最も多く移民を送り出した地域の一つであるトゥンジェリ県は、アレヴィー派が多数を占め、ザザ語話者とクルマーンジー語話者が混在する地域である。ＰＫＫ党首オジャランが１９９９年に逮捕され、ドイツにおけるＰＫＫ支持者の勢いが失速した後、彼らは共和国建国以前の地域名「デルスィム」の名の下に、ドイツの各都市で自ら集い始めた。ドイツでは「デルスィム祭り」が開催される一方、現地でも故郷の川の名前にちなんだ「ムンズル文化自然祭」が開始され、ドイツを始め、ヨーロッパやト

2013年のムンズル・フェスティバルのポスター

ルコのイスタンブル等の大都市に離散した同郷者が集まる機会を設けるようになった。彼らの動きを皮切りに、村や街、あるいはかつて存在した歴史的な地域名を掲げた集まりがドイツで多く組織化され、故郷とのローカルな結びつきを強めるようになった。政治組織が唯一の回答を用意する「我々は何者か」を巡る、終わりのない闘争から下車し、荒廃した故郷の村を復興させたい。同郷者による組織はこうした人々の気持ちの受け皿の一つとなった。

こうした様々な紆余曲折を経た２００９年頃、「もしそうなら君はクルド人」の書き込みが登場した。濃い親戚付き合い、お茶は毎日1リットル、宿題を一度も見てくれない両親、空腹でいることを許さない母親や叔母たち。政治アジェンダとは関係のない、移民の子供としての毎日の当たり前を切り取った自嘲と愛着が交差する項目は、「それなら私もクルド人」と言える緩く開かれたくくりを示している。故郷における長年の政治情勢は人々の「クルド人」の輪郭を強くかたどってきたが、それは決してかつてのような排他的な一色には染まらないのではないか。

（武田　歩）

※本稿の内容は著者の個人的見解であり、著者が所属する組織の立場を代表するものではありません。

48

オランダのクルド系移民

★社会統合とクルド・ナショナリズム★

西ヨーロッパ諸国は長年、多様な民族的・文化的背景を持つ移民をどのように社会に「統合」するのかという課題を抱えてきた。ただし、一口に「統合」と言っても、その実態はそれぞれの移民が送り出し地域や移住先で置かれてきた状況によって多種多様であると言えよう。オランダでの現地調査から明らかになるのは、統合政策のもとで比較的高い社会経済的地位を達成する人々が、トルコからの分離独立やトルコ国内での連邦制の実施などを標榜してきたクルディスタン労働者党（ＰＫＫ）の推進するクルド・ナショナリズムに共鳴する姿である。その背景には、送り出し地域でマイノリティの地位に置かれ、差別や抑圧に曝されてきたというクルド系住民の特徴がある。

オランダ中央統計局によれば、自身が、もしくは少なくとも片方の親が非ヨーロッパ諸国生まれである者は、２０１７年の時点で、トルコ出身者（クルド系を含む）が40万３６７人と最も多く、モロッコ出身者が39万１０８８人、旧植民地スリナム出身者が34万９９７８人と続く。オランダ政府はクルド系住民を「出身国」ごとに扱ってきたため、クルド系住民数に関する統計はなく、正確な数値は不明である。ただし、多くの先行研究で約7万~8万人とされている。トルコ・シリア・イラン・イラクなどの中東各国から移動した者や、その子弟を含んだ推計値である。

トルコからオランダにクルド系移民が流入した経緯として、外国人労働者受け入れや、その後の家族呼び寄せがある。戦後の経済復興の過程での労働力不足を補うために、オランダ政府は1964年にトルコと二国間協定を結んだ。具体的な数値は不明であるものの、「トルコ人」労働者の中には相当数のクルド人が含まれていた。さらに、とりわけ1980年の軍事クーデターや、1984年以降の政府とPKKの衝突の激化などによって、オランダにもクルド系難民が流入した。本稿が焦点をあてるのは、トルコから移民・難民として移動した親を持つ、第1・5世代や第2世代である。

オランダでは1980年代に、多文化主義に基づいた移民政策が策定された。多文化主義政策のもとでは、トルコ出身者を中心としたイスラーム組織など、各種の移民組織が財政支援を受けることができた。しかしながら、1990年代以降の統合政策では、多文化主義で尊重された移民固有の文化は私的領域へと追いやられることとなる。その代わりに重視されたのは、オランダ語能力や学歴の向上、労働市場へのアクセスの改善といった移民の社会経済的上昇であった。2000年代に入ると統合政策はさらに厳格化し、「オランダの規範と価値」を移民が習得することを強く要求するようになる。

「ネイティブ・オランダ人」と比較すればその割合は低いものの、比較的高い社会経済的地位を達成した、統合政策の「模範生」とも言うべきクルド系住民は増加傾向にある。筆者が2011年から2016年にかけてインタビュー調査を実施してきた11名もまた、全員がオランダで高等教育を受け、

FED-KOM 関連組織主催の新年の祭り（ノウルーズ）。右下に見えるたき火を囲んでクルドの踊りを楽しむ。舞台上には PKK 設立者アブドゥッラー・オジャランの写真に加え、PKK の党旗が掲示されている（2014年3月21日、アムステルダムのライツェ広場にて）

専門職に就き、オランダ語や英語を流暢に操る。ただし、彼／彼女たちは高い社会経済的地位を確立する傍らで、ＰＫＫの推進するクルド・ナショナリズムに共鳴し、ＰＫＫの政治運動と関連した活動を最も重視するオランダ・クルド連合（ＦＥＤ－ＫＯＭ）やその関連組織の活動を支えてきたのである。

ＦＥＤ－ＫＯＭは、ＰＫＫに共感する難民が中心となって１９９３年に設立したオランダ最大のクルド組織である。ＰＫＫを頂点としたヒエラルキー的構造に組み込まれ、オランダ各地のローカルな関連組織を統括する役割を担う。ＰＫＫの影響下にあるとの当局による警告をふまえ、アムステルダム市は２０１１年にＦＥＤ－ＫＯＭ関連組織への財政支援停止に踏み切った。オランダでは２００７年にＰＫＫの活動が禁止されている。

第１・５世代や第２世代がクルド・ナショ

ナリズムに共鳴する要因の一つとして、オランダにおけるトルコ系住民との関係性を挙げることができる。出身地域でのトルコ政府とＰＫＫの対立や、クルド人に対する差別や抑圧が、移住先でのトルコ系住民との関係に反映され、クルド系住民の意識形成に影響を及ぼしてきたのである。

例えば、２０１１年には、アムステルダムにあるＦＥＤ－ＫＯＭ関連組織がトルコ系住民の若者によって襲撃された。前述した、アムステルダム市が財政支援を停止した組織である。襲撃事件は、トルコ系住民がＰＫＫに抗議するために行ったデモに端を発する。当時、トルコ東南部でのＰＫＫによる攻撃によってトルコ軍兵士26名が死亡したとの報道がなされていた。当初は平和的なデモだったが、次第に若者が暴徒化していった。真偽は明らかになっていないものの、オランダでの新聞報道によれば、襲撃した若者はトルコの民族主義政党に共感していたとされる。ＦＥＤ－ＫＯＭメンバーＡ氏（男性、29歳）は、襲撃事件について「クルディスタンで『戦争』が始まると、オランダのクルド系住民にも直接影響します」と述べ、トルコ政府とＰＫＫの対立がオランダにも波及していることを強調する。

「テロリスト」といったステレオタイプに基づいた差別もまたオランダで日常的に見られると言える。Ｂ氏（女性、37歳）はソーシャル・ワーカーとしてトルコ系住民と関わる中での経験を以下のように語る。「ときどきトルコ系住民に、どこの出身か尋ねられます。デルスィム（トゥンジェリのクルド語名）の出身だというと、『デルスィム出身者は良くない人だ』と言われるのです。『ニュースでは皆テロリストで、トルコ人兵士を殺すと言っていた』って」。

さらに、前述したＡ氏は、クルド人に特有の名前を事例に、トルコ系住民によって差別されたと感じた経験を語る。「クルド系住民は毎日差別の問題に直面するのです。私はトルコ風の名前ですが、友人はクルドの名前を持っています。友人がトルコ系住民に自己紹介すると、おかしな名前だと言うのです。これはクルドの名前だと説明しても、『なぜトルコのよくある名前にしないのか』と聞いてくるのです。こうしたことが毎日起こっています」。

インタビュー調査からは、クルド系住民が、トルコ系住民との関係の中で、自身をクルド人として意識せざるを得ない状況に置かれてきたことが明らかになった。送り出し地域での関係性が移住先でも再現し、クルド系住民の意識を特徴づけてきたことが指摘できる。

（寺本めぐ美）

49

在日クルド人コミュニティ

★黎明期の「ワラビスタン」と、第1世代★

埼玉県南部の川口市、蕨市。在日クルド人が居住するこの地域を、故郷の「クルディスタン」にかけて「ワラビスタン」と呼ぶ人もいる。2018年現在、ここには少なくとも1200人以上のクルド人が暮らすと見られているが、その多くが難民申請者であり、解体や土木、飲食などのアルバイトをしながら、家族とともに生活している。

今からおよそ25年前、1990年代初頭からトルコ国籍のクルド人（おもに男性）が、当時、イラン人など多くの外国人が居住していたこの地に集まり始めた。在日クルド人の第1世代は、トルコ南東部のアドゥヤマン県ギョルバシュ郡マハキャンル村に起源を持つ人が多い。だが今、トルコの地図にその村は存在しない。

「私のおじいさんたちは、もともとはエルズルム、エラズー、エルズィンジャン、デルスィム辺りにいたマフコンという部族の人。1937年にトルコ軍がデルスィムを包囲したときに、部族のみんなを引き連れて逃げ、自分らの村を作ったの。それがマハキャンル村。すごく広いヤイラ（放牧地）があって、羊もいっぱい。でも70年代にトルコ政府が別の土地に作った新しい村々に、マハキャンルの人たちは無理やり移住させられ、バラバラになったんです。新しい村は安全じゃなかった。トルコ軍が襲ってきて本当に怖かった」

こう語るMは、幼い頃に見た「村と村人たちを陵辱する軍人たちの姿」を、今でもはっきりと記憶する。90年のネヴローズ（ノウルーズ）で、クルド人解放のスローガンを叫び警察から激しい拷問を加えられたMは、93年に兵役を拒否してトルコを脱出、20歳でビザの免除協定がある日本に入国した。

また、92年のネヴローズでトルコ国旗を下ろしてクルディスタンの旗を掲げ、警察に逮捕、拷問されたBは、常に監視されるようになったため94年、25歳でトルコを出国し来日した。翌年、川口市内の飲食店で親戚や友人たちとネヴローズを祝ったときに「自分たちの旗を飾っても、ここでは抑圧されないのだ」と実感する。彼らが「クルド人の文化を日本人に伝えたい」という思いを強め、文化的な協会を作ろうと活動を始めたその様子は、ＭＥＤ－ＴＶ（欧州に亡命したクルド人たちが、１９９５年にロンドンで立ち上げた初のクルド語衛星放送局。トルコ政府等の圧力により１９９９年に閉鎖）の流れを引き継いだＲＯＪ－ＴＶ（２０１２年停止）でも放映された。

93年から95年のトルコ南東部では治安部隊によるクルド人への弾圧が激化、97年に日本でクルド難民弁護団が設立されるまでに、親戚を頼って来日したクルド人およそ90名が、すでに日本政府に対して自力で難民申請を行っている。５００人を超えるクルド人が「ワラビスタン」に居住するようになっていた99年、難民不認定後に入管によって強制退去させられたクルド人を、トルコ警察がイスタンブルの空港で逮捕、暴行を加えるという事案が発生する。日本で「自分はクルド人だ」と主張するなど「トルコ分離主義活動」をしたというのが名目であったため、クルド人たちは弁護団のもとで2

回目の難民申請を行った。しかし、すでに98年ごろからクルド人への難民不認定と、強制収容が相次ぐようになっており、Bもこの後2年間、入管の強制収容所に収容されてしまう。２００２年に仮放免されたBは、国連難民高等弁務官事務所（ＵＮＨＣＲ）によりマンデート難民の認定をされていたが、日本政府が彼に対して難民としての地位を与えることはなかった。

クルディスタン＆日本友好協会の事務所開きでのテープカット

２００３年７月、第１世代らが中心となり、蕨市に念願のオフィスを構える。日本で初めてのクルド人による団体「クルディスタン&日本友好協会」の誕生であった。開設記念パーティにはクルド難民弁護団をはじめ、ＵＮＨＣＲ、難民支援協会、牛久入管収容所問題を考える会、クルドを知る会など、日本の多くの支援者も集まり、クルド料理やダンスを披露する交流会も開催された。

だがこの小さな協会の発足を快く思わないのが、他ならぬトルコ政府であった。同年９月、本岡参議院副議長（当時）がトルコ国民議会を訪問した際、ユルマズ副議長は「トルコ共和国を苦しめてきたテロ組織『ＰＫＫ』の日本代表事務所が開設され、非常に遺憾だ」と発言、これに対して本岡は「テロ問題は大変重要。帰国次第、こ

ネヴローズ（蕨市民公園、2004年）

れに取り組む」と答えた（トルコ国内各紙03年9月9日から14日）という。「クルディスタン＆日本友好協会」は「ＰＫＫの日本代表事務所」ではなく、クルド人の文化を日本人に伝えるために、日本の市民や団体も協力して立ち上げた協会なのだが、トルコ政府は「クルディスタン」という言葉に対して敏感になっているため、このようなやり取りになったのだろうと思われる。この影響からか、同年11月、協会オフィスに突然、警察の機動隊が押し寄せるという騒ぎも起こったが、何事もなく隊員らは撤収している。

２００４年３月のネヴローズは、桜のつぼみが膨らむ青空のもと、蕨市民公園で初めて一般に開放された。「クルド人の文化を日本人に伝えたい」という思いが花開いた祝日でもあった。

この年までにのべ４８３名のクルド人が日本で難民申請をしているが、認定された人はいない。その大きな原因のひとつは、トルコ政府と日本政府の親密な関係にある。だが03年から04年にかけて、日本の司法の場では、難民不認定取り消し裁判でクルド人が勝訴するケースが続出していた。これらの判決を受けて慌てた法務省入国管理局は、トルコ政府に協力を求め、04年６月から７月にかけてトルコへの現地出張調査を行う。14名の在日クルド難民申請者の実家を訪問、家族に質問をし、写真を撮り歩いたその場には、あろうことか、クルド人たちが「抑圧の当事者」だと主張するトルコ軍や治安警察が同行していたのである。現地の家族から悲痛な連絡を受けたクルド人たちの、日本の難民行政に対する失望は言葉にできないほどのものであった。日本でも自分たちの身は守られないということを突きつけられ、在日クルド人コミュニティは不安のなかで、大きな混乱と分断にさらされた。その夏、クルド人二家族が東京の国連前で3か月にわたる座り込みを行い、自らの置かれた状況を強く訴えたが、入管は一組の親子をトルコへ強制送還した。

文化交流の様子

さまざまな困難のなかで、2005年8月、協会の新しいスタッフを選出するために「ワラビスタン」で初めての民主的な選挙が行われる。日本人が立会人となって、選挙人登録を経た200人余りの在日クルド人が投票し、その場で開票、8名が当選した。文化交流会の他、日本語教室、蕨市民公園ボランティア清掃などの活動も始まり、地元住民たちともつながっていく。06年には国連のマンデート難民と認められた数人の第1世代が第三国に出国し、前出のBもスウェーデンで難民認定された。

同年1月に小泉総理（当時）がトルコ共和国を訪問、セゼル大統領、エルドアン首相と会談した際、トルコの新聞は「クルディスタン&日本友好協会の閉鎖が話題に上ると、小泉は『クルディスタンという国がないということは知っている。一方で日本は台湾という国を認めていないが、日本には台湾と関係する協会がある』と表現した」（『ヒュリエット』同年1月11日）、「アンカラはクルディスタン&日本友好協会摘発のために必要な措置を講ずることを東京に依頼した」（『ザマン』06年1月12日）と、報道している。この後しばらくして、一般の在日クルド人らの思いとは別のところで、イラクのクルド人自治区との経済的なつながりを模索した日本のある組織的な動きが起こり、コミュニティの路線は徐々に変えられていくことになる。代表も交代し、在日クルド人たちの友好協会は求心力を失っていった。そして、2008年のある朝、「クルディスタン&日本友好協会」のオフィス内のテーブルや椅子、食器、楽器、そして書籍や議事録など5年間にわたる活動の記録すべては、忽然とどこかに消えてなくなっていた。壁に貼り付いた「あいうえお表」だけを残して……。

2015年春、在日クルド人として初めての大学生が誕生した。長年、彼女を支援し続けてきたクルドを知る会の松澤秀延氏は「在日クルド人の歴史は、次の時代を迎えている」と言う。在日クルド人の難民問題が解決しないまま、家族の呼び寄せで近年増加しているクルド人女性や、子どもたちに関する新たな問題が大きくなっている。そのようななかで、新しく埼玉県川口市に設立された「日本クルド文化協会」には多くの若者が集まり、特に女性たちが活動に参加しているのは、これまで在日クルド人コミュニティのなかでは見られなかった変化である。

2017年、クルド人による難民申請はこの年だけで1195件。日本で難民として認定されたトルコ出身のクルド人は、まだひとりもいない。

（中島由佳利）

Ⅶ

文　化

50

クルド語はどんな言葉か

★クルド語のいま★

「クルド語って、どんな言葉ですか？」――イラン系言語を研究していると、たびたびこんな質問を受ける。だがこれに答えることは至難の業だ。

クルド語と呼ばれる言語は、クルド人の居住域、つまりクルディスタン（トルコ、イラク、シリア、イラン）を中心に、アルメニア、アゼルバイジャン、ジョージア、イランのホラーサーン北部などに分布している。欧米でも、最大規模と言われるドイツにおけるクルド人コミュニティ等でクルド語が使用されている。

クルド語は、言語系統的にはインド・ヨーロッパ語族の支派、イラン語派の西イラン語に属する。西イラン語の代表言語には、イランの公用語であるペルシア語があり、一部のクルド語にはペルシア語の影響が強く認められる。クルド人はしばしば、その民族的正当性を主張するために、自らの起源をペルシアより歴史の古いメディアに求め、クルド語をメディア語の後裔だということがある。しかし、文字を持たなかったメディア語の資料が残っていない以上、その関連性を言語学的に証明することは、ほぼ不可能である。

第50章

クルド語はどんな言葉か

図１　クルド語の分布

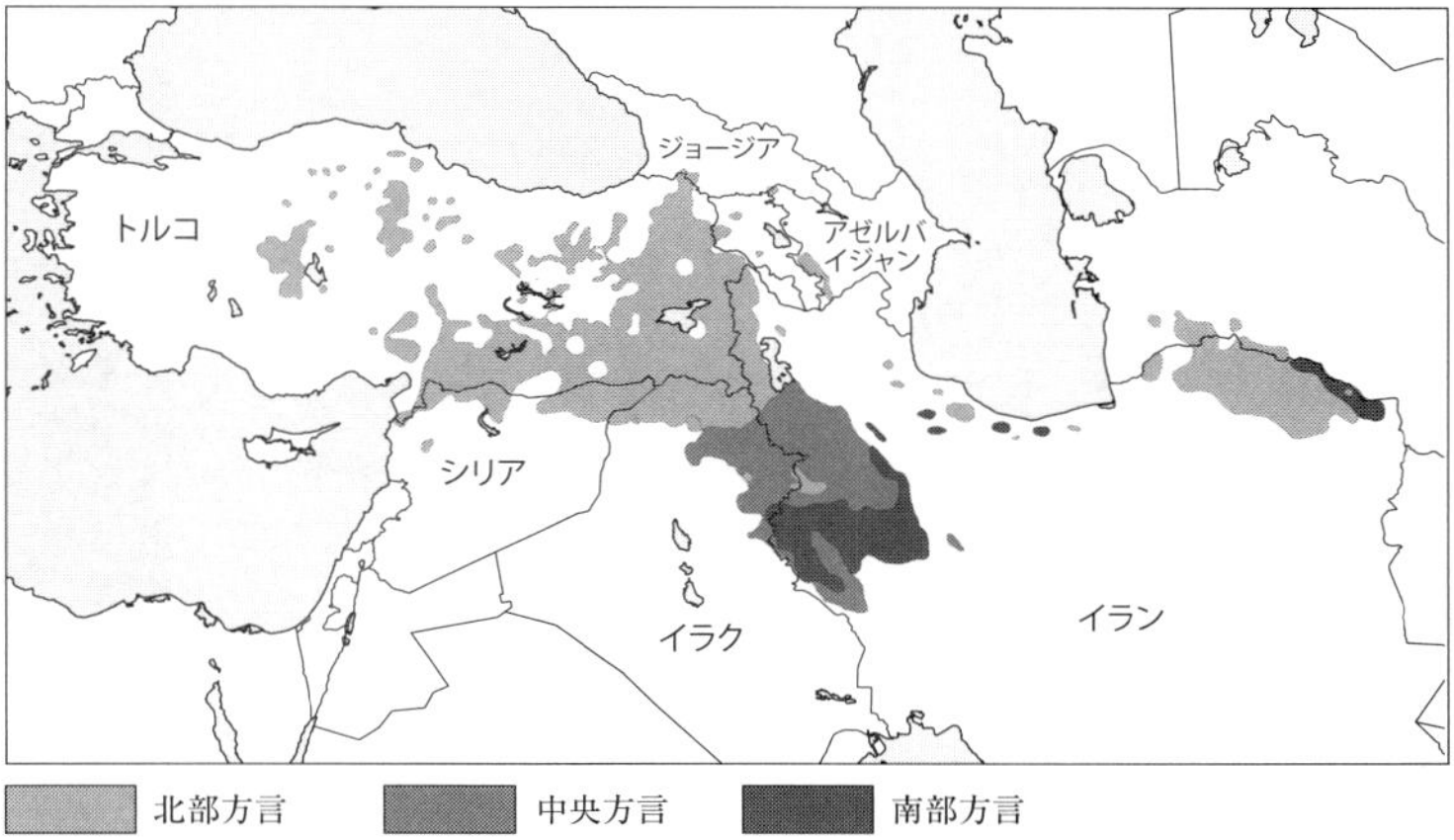

出所：Wikimedia Commonsより筆者作成。

クルド語の話者人口は、統計によってかなりの開きがあるが、少数言語の分布状況に詳しいＳＩＬ(Summer Institute of Linguistics)のエスノローグでは約２５００万人と推定されている。

さて、ここまで「クルド語」と呼んできた言語だが、実はその定義は非常に難しい。言語学的見地から見ると、クルド語は、共通の音声や文法的特徴に裏打ちされた、統一スタイルを持つ言語ではないからだ。

「標準体」のクルド語が存在し得ない理由は、その方言差だ。これまでクルド語について関心を持った人は必ず、「クルド語には方言があり、その差が大きい」と説明されたことがあるだろう。クルド語には、大きく分けて北部、中央、南部の三大方言がある。北部方言はクルマーンジー（Kurmanji）と呼ばれ、トルコ東部、シリア北東部、イラク北部を中心に分布し、話者人口は方言間で最大の約１５００万人とされている。中央方言はソラーニー（Sorani）と

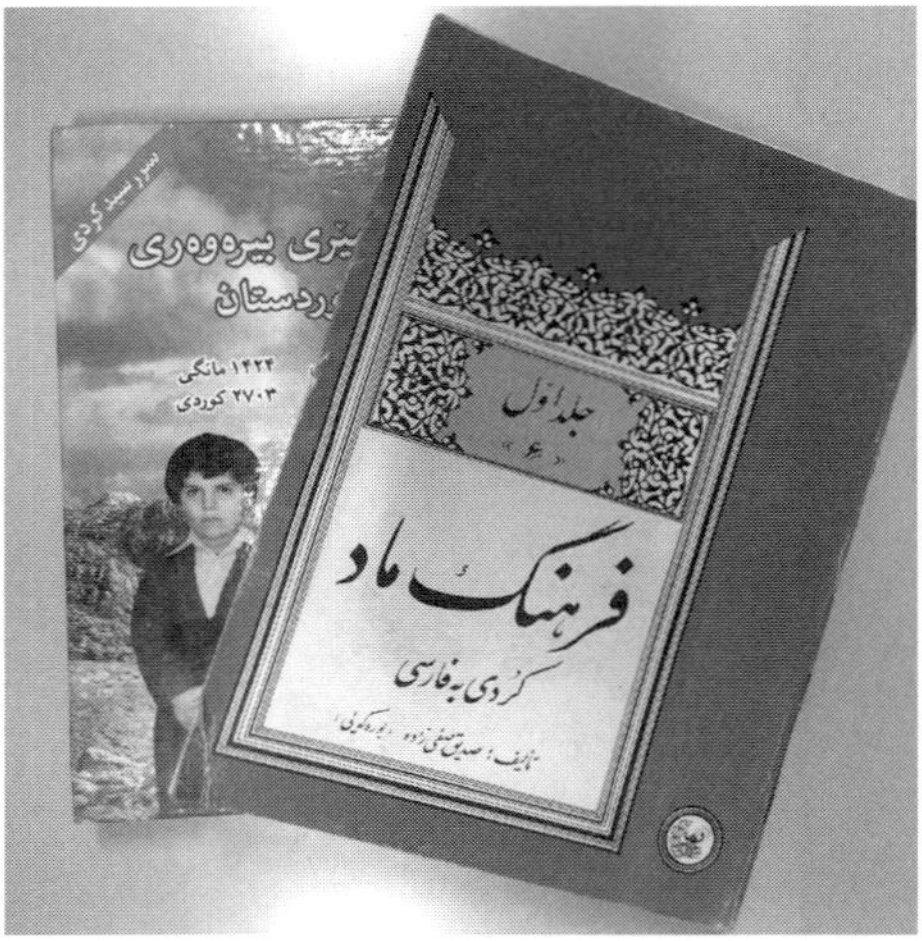

イランで出版された、クルド語ーペルシア語の辞書と卓上カレンダー。辞書（右）のタイトルは「メディア（語）辞書」となっている

呼ばれ、イラク北東部（アルビール、スライマーニーヤ、キルクークなど）から小ザーブ川周辺、イランのコルデスタン州に位置し、約720万人の話者を持つと報告される。南部方言はイランのケルマーンシャー周辺地域を中心に使用されている。なお、イランのホラーサーン州北部に分布するクルド人コミュニティは、サファヴィー朝期の強制移住の結果によるものである。彼らの言語は北部方言で、固有の民族衣装を持つなど、独自の文化を持っている。

　これらの方言差は非常に大きく、クルド人自身からもしばしば指摘されるように、異なる方言話者どうしの相互理解が難しいほどである。その違いは、一般に「方言差」から予想される程度を大きく超え、音や語彙はもちろんのこと、重要な文法組織にまで及ぶ。細かくあげればきりがないが、例えば北部方言では、名詞は文法性を持ち、主格と斜格の別が保たれる（たとえば、「私」：主格 ez, 斜格 min）一方で、中央・南部方言では文法性・格変化ともに消滅している（「私」：min のみ）といった具合だ。逆に、中央方言に見られる接尾辞形人称代名詞は、北部方言には認められない。また他動詞の過去時制では、北部方言と中央方言の北側で、中期イラン語の文法特徴を受け継ぐ能格構文（動作主が有標形でマークされ、目的語は主格などの無標格に立ち、動詞は目的語に一致する。たとえば北部方言では、wî ez dîtim「彼は私を見た」［wî：「彼」斜格、ez：「私」主格、dîtim：「見る」一人称単数過去形］）が保持されている。しかし、中央方言の南変種や南部方言ではこの構文は消滅し、ペルシア語と同様に、主格対格構文（動作主が無標格、目的語が有標形でマークされ、動詞は動作主に一致）か、またはその中間形態のような形をとる。このように、少し特徴をあげただけでも、方言間でかなり入り組んだ文法上の違いがあることが分かる。

　全体的に見てクルド語は、北側に行くほど保守的で、古い言語特徴をよく保つのに対して、ペルシア語の影響を強く受けた南側の方言はより革新的であるといってよい。また付け加えておくならば、これらの方言は、明確な境界線を示しながら変化しているのではない。実際にはこれらの言葉は、各々の方言のさらに下位変種レベルで、つまり、村から村へと移るごとに、音、語彙、文法事象などのさまざまなレベルで微細な差異を示しながら、少しずつ、連続的に変化していく。しかしこれらが積み上がった結果生じる方言間の差異は、「英語とドイツ語の差に匹敵する」（Kreyenbroek 1992）と例えられたこともある。

　クルド語を表記する文字体系についても、それぞれの方言で状況は異なる。上記の3方言のうち、クルマーンジー（北部方言）とソラーニー（中央方言）は書記言語としての地位を確立しており、クルマーンジーは、1930年代に考案された改良ラテン文字による表記が最も広く用いられている。一方でソラーニーについては、改良したアラビア文字を用いた表記が行われており、それぞれの方言が、異なる系統の文字で表記される状況が続いている。トルコでは、長らくクルド語の使用は厳しく禁じられてきたが、2006年にはクルド語放送が一部解禁され、2013年にはトルコ政府がクルマーンジー表記に用いる文字〈q〉〈w〉〈x〉の使用を認め、身分証明書等でクルド系の氏名の記載が可能となるなど、クルド語が公的に表記できるようになった。さらに、2015年にはクルド語教育を行う小学校も開校されている。イランではクルド語は公用語ではないが、その出版活動等は認められてきており、2015年には、クルディスタン大学にイランで初めてのクルド語・クルド文学部が開設された。このように、分布域が複数の国にまたがるため、クルド語をめぐる状況も国によってさまざまだ。

「クルド語」は、標準化された、単一の形態を表す名称ではない。便宜上、対外的に一つであるかのように「クルド語」と称されているが、どの一面を切り取ってみても、その現状は一様ではないことを痛感させられる。そして、このような多様性を持ちながら、それでもクルド語を「クルド語」たらしめるものは、言語的要因よりも、クルド民族主義や団結精神といった、むしろ非言語的な要素だといってよい。つまり「クルドと自称する人びとが話しているから、クルド語」ということだ。しかし一方で、クルマーンジー話者とソラーニー話者が互いを牽制し合うなど、クルド語内部における言語的な断絶が、皮肉にもクルド人自身の分裂をもたらし、逆に民族意識の統一性を妨げる原因の一つになっていることも、また事実である。クルド人にとって、せめて言語だけでも一枚岩であったなら、彼らの置かれている状況は、今とは違っていたのだろうか。

（吉枝聡子）

51

灰から生まれる文学

★クルド現代文学★

この章では、トルコ出身のクルド人作家を紹介するが、トルコではクルド語が禁じられてきたことから、クルド語による文学作品というのは発展してこなかった。近年になってクルド語で作品を発表する作家や、既存のトルコ語作品がクルド語に翻訳されるという流れも生まれてはきた。しかし圧倒的多数のクルド人作家は、文学の言語としてトルコ語を選ぶ。ここでは、母語としての豊かなクルド語の背景をもっているトルコ人作家4名を紹介する。

◉メフメッド・ウズン（1953～2007年、スィヴェレッキ生まれ）

クルド文学を語るうえでどうしても欠くことのできない（ヤシャル・ケマル以外の）作家がいるとすれば、間違いなくその人はメフメッド・ウズンである。ウズンについて特筆すべきは、エッセイ等はトルコ語で書くことはあっても、小説だけは母語であるクルド語で書き続けた、ということである。

代表作は1998年に出版された、『愛のような光　死のような闇』。クルド人として生まれ、トルコ人の軍人として育つこととなる主人公の数奇な人生と、クルド人女性との愛の物語が重々しく描かれている。ウズンの作品にはどれも、行間にいたるまで悲哀に満ちているが、この小説は息苦しいまでの暗闇を感じさせる。

個人的には『失った恋の影で』（1989年）という長編小説が気に入っている。第一次世界大戦後にシリアで活動したクルド系政治組織ホイブーンの幹部の一人であるクルド人知識人、メムドゥフ・セリムという実在の人物を主人公に据えた、チェルケス人の娘との叶わぬ恋の物語と流浪の人生がメインテーマである。クルド人の文化的な伝統である叙事詩的語り口を堪能できる、という点でも優れた作品である。

メフメッド・ウズン

ウズンは亡命先のスウェーデンで著作活動を行っていたが、晩年はトルコのクルディスタンに帰郷し、そこで没する。

◉スザン・サマンジュ（1962年、ディヤルバクル生まれ）

「クルド人女性作家」と呼びうるのは、トルコではほとんどサマンジュ一人しかいないといっても過言ではない。民族的出自もさることながら、クルド人の現実を作品に落とし込もうとする人を「クルド人作家」であると見なすならば、クルド人女性作家として最初に名前をあげたいのは、スザン・サマンジュである。

2001年に出版された短編小説集『沈黙の陰で』は、私がイスタンブルに住んでいた当時、書店巡りをする中で手に取った一冊である。今ではインターネット検索でなんでも見つけることができるが、日がな一日イスタンブルの書店を巡って「お気に入りの作家に出会えないものか」と探索してい

スザン・サマンジュ

るときに手にした作品でもあるので、思い入れがある。

『ハラブジャからの恋人』（２００９年）という長編小説では、１９８８年３月16日、イラク・クルディスタンのハラブジャの地で起きた、化学兵器による虐殺事件のサバイバーが主人公になっている。サマンジュ特有の、改行のない書き方は、しばしば読者（少なくとも私）の頭を混乱させるが、クルド人の身に起きた出来事の容易ならざる有り様の文学的表現としてとらえることもできる。

２０１５年には自身としても初めてクルド語で作品を発表した。２度の離婚を経て異国の地ベルギーを拠点として生きる彼女の生き様も含め、個人的に注目している作家である。

◉ブルハン・ソンメズ（１９６５年、ハイマナ生まれ）

ブルハン・ソンメズはトルコ語で作品を発表するが、「物語の源泉は電気のない村で過ごした幼少時に、母親がクルド語で語った物語」にあるとし、そのクルド語による経験を自らの作家人生にとってのアドバンテージととらえている。

かつて左派政党に所属し、幾度となく逮捕された経歴を持つ。トルコで警官から受けた暴力により重傷を負ったソンメズは、イギリスの拷問治療センターで治療を受ける。この経験が、彼を書くことへと向かわせた。書くことはすなわちセラピーであり、自身を癒すために書き始めたという。そのときに書かれた小説が、デビュー作『北』（２００９年）である。父親の死の謎を解明するため「北」と呼ばれる地へ向けて旅を続ける青年リンダの冒険談は、やがて、旅の途中で出会う人々との交流から、

ブルハン・ソンメズ

実存や愛といった哲学的テーマの追求へと向かう。

故郷ハイマナ、ケンブリッジ、そしてテヘランを舞台にした2作目の『純真な人々』（2011年）で国内文学賞を受賞し大きな注目を集めた。2015年に発表された3作目の『イスタンブル・イスタンブル』は現代の地下牢を舞台とし、『デカメロン』さながら、10日間にわたって地下牢の囚人たちが代わる代わる物語を語っていく形式をとっている。「今、ここ」という限定された空間にある読者もまた、時空を飛び越えて囚人たちの語る物語に耽溺することができる。しかし通奏低音として流れているものは、拷問の末に刑死した神秘主義者ハッラージュ・マンスールの言葉に象徴されている。小説を読み終えたページを繰ると目に飛び込んでくるその言葉に、読者は、語りの場が地下牢であったことを改めて認識する。

「地獄とは、私たちが苦しみを味わっている場所のことではない。私たちが、苦しみを味わっているということを誰も知ることのない場所である」

ソンメズだけでなく、次に紹介するエキンジもまた、ハッラージュの言葉を自身の小説に登場させていることは示唆的である。

◉ヤウズ・エキンジ（1979年　バトマン生まれ）

2012年に発表した長編小短編『天国の失われた大地』では、作家自身の出身地であるバトマン県のミシュリタ村を舞台とした3世代にわたる3人の主人公の視点から、故郷喪失というテーマが、同じ土地を長らく共有してきたアルメニア人の側からも丁寧に書き込まれ、クルディスタンの歴史の重層性を浮かび上がらせた。

『肌に書かれた章句』（2010年）では、古代メソポタミア文学の作品である『ギルガメシュ叙事詩』の不死身のウタナピシュティムの数奇な人生と、小説の主人公の「トルコの国民的作家」の人生がパラレルに語られ、いずれ2人の人生が交差していく様がスリリングに描かれ、いわゆるページを繰る手が止まらない類の小説である。

2015年に発表された『夢を引き裂かれし者たち』は、ドイツに難民として逃れた主人公が、自分とは対照的にゲリラとなって山に入った弟を探す旅の様子が描かれる。弟探しは死の床にある父親の命を受けてのことであった。

「難民」か「ゲリラ」か、という対比があまりにもトルコのクルディスタン的な現実であり、エキンジという作家が、徹底してクルド人の現実を描くことに注力していることがわかる。

ヤウズ・エキンジ

中学校での教員職を自身の職業として誇りを持って続ける兼業作家のエキンジだが、さらに、世界各国で出版されたクルド人作家の作品をトルコ国内で、トルコ語とクルド語に翻訳して出版するというプロジェクトを立ち上げ、毎年順調に翻訳作品を世に送り出している。

これまで自身の作品として出版されたのは7冊で、2018年には、「自分を預言者と思い込む男」が主人公の小説が、ドイツ語との同時出版で出ることが決まっている。

（磯部加代子）

コラム6

ヤシャル・ケマル――クルドの血筋に生まれたトルコの「国民的文豪」のねがい

石井啓一郎

母を横恋慕した男の襲撃で父を惨殺された少年は、死霊となって地上にとどまる父の無念を晴らすために母を殺せと求める親族の圧力に曝される。家を捨ててどこか遠くへ往こうと彷徨い、山裾にひろがる森の奥へ進入した少年は、渓谷のなかである見知らぬ村に辿りつく。この村での出会いにとりとめもない思いをめぐらせるうちに、少年の気持ちが訳なく高揚する。「自分は神の遣わした客人だと告げたら皆どうするかな」「この山の住人は客を快くもてなす人たちだ……もしかするとクルドのアレヴィー派かもしれない」

これは農村に生起したひとつの名誉殺人事件を描くヤシャル・ケマルの小説『蛇を殺すなら』のなか、主人公の果たせぬ逃避行のエピソードの一節である。

ヤシャル・ケマルはトルコの東地中海岸に広がるチュクロワ地方の農村に生まれ、2015年2月28日にイスタンブルで逝去した現代トルコ語文学を代表する作家である。正確な生年は本人にも定かではないが1923年に生まれたとされる90年を超える生涯は、まさしくトルコ共和国の歴史に寄り添い歩んだ時間であった。

家族は第一次世界大戦の戦乱を逃れて東アナトリアのヴァン湖畔からチュクロワに移り住んだクルドの出自であった。トルコ語をいつ覚えたか自身も確かではないと語る彼は、村でただ一軒のクルド家庭に育ち「家の内と外」にクルド語とトルコ語が自然に共存する幼年期を過ごした。村を訪れる吟遊詩人が詠むトルコ語民衆詩に惹かれて自らも詩を詠むうちに、自然にトルコ語文芸創作者としての自己形成の道を辿っていた。

コラム6

ヤシャル・ケマル

チュクロワ地方に残る古城。ユランカレ（蛇の砦）を見上げて

晩年まで衰えを知らぬ精力的な創作を続けたヤシャル・ケマルは多作家であったが、彼が不動の名声を勝ち得たのは、故郷の農村の生活に潜む不条理を照射し、農村からの視座でトルコ社会の問題を抉る一連の作品によってである。その夥しい著作は、多面的に国の正義を問い続ける実直で真摯な「トルコの良心」であり、そこに彼の真骨頂があった。

右に引いた例では、クルド、アレヴィーが可能性として名状されるが、少年を客として家に迎え入れた村の老人と家族の素性は結局不確かなままである。そしてそれ以上「クルド」が軸となって物語を主導することもない。黙殺と忘却に抗う民族の遠慮がちな存在証明であるかのように、仄見えて消える暗喩か暗示のような曖昧な像を結ぶにとどまっている。

トルコ東部がクルド・「ゲリラ」と政府軍の凄惨で泥沼のような軍事衝突の舞台と化した1990年代、作家は文学的フィクションより、むしろ直截で広範な論考や記事を通じた発信のなかでクルド擁護に声をあげるようになる。

「人を人たらしめるのは文化であり、一国に多様な文化があることは国の豊かさ、大きさだ」とは、2007年に世を去ったクルド語作家メフメト・ウズンに捧げた弔文の一部である。遠い昔、父祖の家で民族的に敬愛される吟遊詩人エブダレ・ゼイニケが恭しく跪いて歌を詠んだ、と彼は誇らしく語り、クルド民衆文学の豊穣さはトルコに比肩するものと力説した。新生の共和国でトルコ語文学を主導した巨匠は、クルドの「トルコ」における創造的可能性を信じ、分離独立を語ることはなかった。

また「トルコ」はトルコ人もクルド人も共に尊い血で贖った祖国であることに言及し、言語自治も含めてクルドが国民としての権利を享受できる、多元文化を許容する寛容さを実現するよう訴えた。

これらの言葉は出自ゆえの共感に根ざした切実な希《ねがい》であっただろう。同じ言葉を紡いだのは、新生の祖国のトルコ語文学を主導し、祖国の倫理的課題と正義を絶えず問い続けた作家の真摯な思いであった。

52

イラク北部からトルコ南東部の音楽

★織られ続ける音のタペストリー★

シリアの平地で研究を続けてきた筆者には、クルディスタンといえば山である。シリア側から眺めると一様に黒い山影もその土地に分け入れば徐々に違いが見えてくるように、この土地の音楽も立ち寄る先々で様々な表情を見せる。この章ではイラク北部からトルコ南東部を舞台に、クルディスタンという縦糸に支えられながらも時代の変化や地域性、そして宗教や言語の違いなどの横糸によって見せる表情が変わるタペストリーのようなこの土地の音楽について、ごく簡単にではあるがご紹介したい。なお、関連するネット情報のアドレスは304ページに掲載されているので、適宜、参照されたい。

ネットで連絡を取り、航空機で移動する今日、どこを旅しても古いものと新しいもののコントラストに出会う。クルディスタンも例外ではなく、イラクのクルディスタンの南の中核都市スライマーニーヤには2003年にクルド文化遺産研究所が設立され、音楽部門が伝統音楽の録音・収集などを行っている。その一方で、同市を拠点とする衛星テレビ放送クルドサットでは2017年春からクルド・アイドルというオーディション番組が始まり、新しいスターの発掘に余念がない（ネット資料①）。

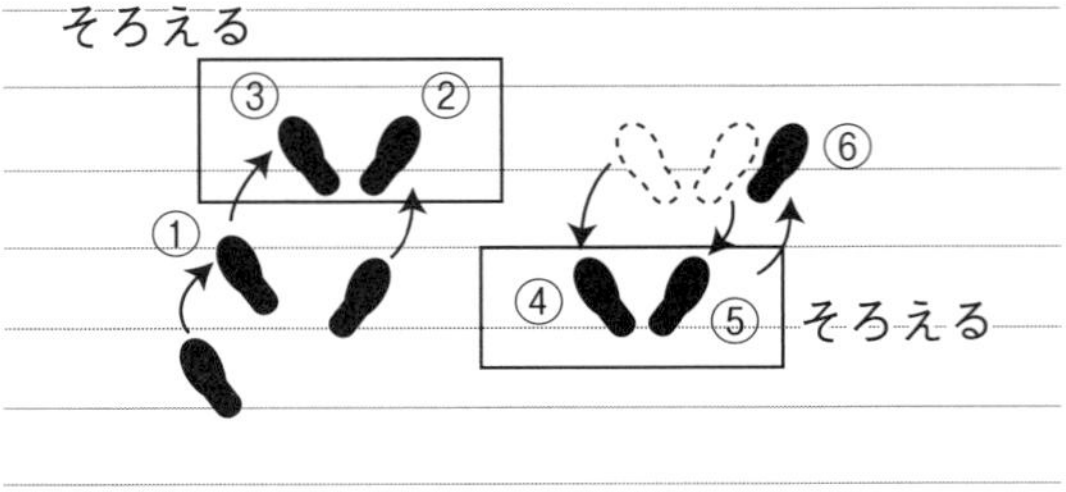

六拍周期のステップ

幾世代にも受け継がれてきた歌などは、これまでは村や部族の長たちが所有するディーワーン・ハーネと呼ばれる家屋での集まりなどで披露され、北部の都市ハウレル（アルビール）はこの地方に独特と言われるヘイランという歌謡ジャンルで名高い。世界各地の伝統音楽に関する情報が掲載されている大英図書館のホームページにはイラクのクルディスタンを取材した記録もあり、伝統の一端を体験することができる（ネット資料②）。しかし、社会情勢が変化しつつある昨今ではディーワーンの伝統もあまり見かけなくなっているのが実情である。

新しいものの台頭で伝統が徐々に実生活から消えつつあるなか、クルディスタンの各地で今日でも比較的見かけるものもある。肩から吊るし腰のあたりに固定してバチで打つ両面太鼓のダホルと、音も形もチャルメラに似た木管楽器ズルナによる音楽である。結婚披露宴でのこの組み合わせの演奏は映画『わが故郷の歌』（バフマン・ゴバディ監督、２００２年）にも登場し、クルド人以外の少数派の間でも見られ、にぎやかに婚礼の宴などを盛り上げる。そうした席では伝統的なダンスを踊るが、それもイランからイラク、シリア、トルコまで横断的に各地で見られ汎クルディスタン的と言えるだろう。隣の人と手をつないだりして一列になって踊るため、特徴は足さばき、すなわちステップにある。しかし、中には日本人としては一緒に踊るのに多少ためらいを感じるかもしれないものもある。図で紹介しているのはその一つで、音楽が八拍周期（八拍子）である一方で、ステップは六拍周期であったりするのだ。一拍目・二拍目で前進しながらも三拍目で一旦足をそろえ、四拍目で後退、五拍目でさらにそろえて六拍目で再度前進し、これを繰り返しながら列は徐々に移動してゆくことになる。

このような独特のリズム感は音楽に使用されるリズム様式にも見られる。アラブやトルコの音楽には旋律のスタイルを決める旋律様式（旋法）とリズムのパターンを決めるリズム様式があるが、譜例にあるのはクルド音楽が起源ともっぱら言われているジュルジーナという十拍周期（十拍子）の例である。三拍と二拍の組み合わせと考え両手をテーブルなどの上に置き、左手で八分音符、右手で休符の部分を叩いてみると、日本語ではさしずめ「ドーン・ドン・ドン・ドーン」というリズム周期が感じられるのではないかと思う。往年の人気歌手アーイシェ・シャーン（１９３８～９６年）による録音も残っている『心よ、私は逝く（ディロー・エズ・ビムリム）』はこの十拍子のリズム様式で歌われている。

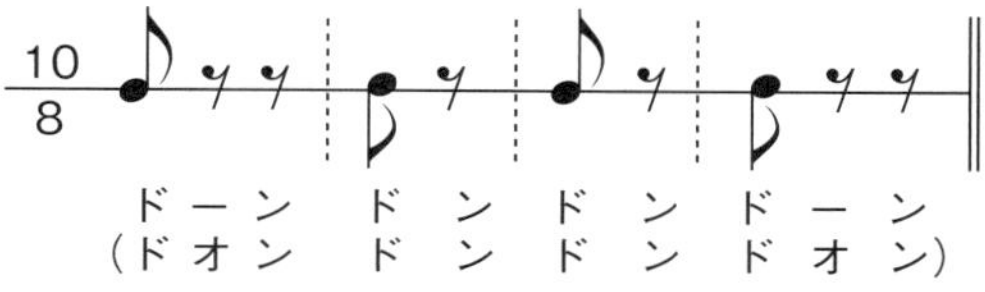

十拍周期のリズム様式

さて、人々が歌い継いできた伝承歌は数多く存在するものの、トルコでは少数派に対する同化・抑圧政策の下でトルコ語以外の言語の歌はその存続が難しかった。そうした中、１９９１年に少数派言語の使用が正式に解禁となり、徐々にではあるものの、クルド語などによる歌や文化が公的な場に現れるようになった。かつては村から村へと渡り歩き、村や部族の歴史やその時々の出来事などを歌い語ってきたデングベージュと呼ばれるクルドの語り物師もそうした歌文化の一つである。今日、ディヤルバクルでは広い中庭を備えた歴史的な建物がその保存・復興に利用され、かつてのディーワーンの伝統を模したかのように地元の人々が集まり、観光客の訪問も絶えない。「デングベージュの家」と呼ばれているこのような施設はヴァンにもあり、米国人アーティストによる3分ほどのビデオでは山深い土地でも響くであろう強靭さを帯びた声が披露されている（ネット資料③）。

ディヤルバクルから南に下るとマルディンなどを中核都市とするトゥール・アブディーン地方に至る。そこには東方教会の一宗派であるシリア正教会の信徒たちが長く暮らしてきたが、1915年の虐殺でアルメニア人らと同様に多くが命を落とし、また多くがこの地を去りシリアやレバノンへと、そして今日ではドイツやスウェーデンなどに移住している。彼らもダホルやズルナで婚礼を祝い、この地の民謡の旋律を彼らの言葉である口語シリア語で歌ったりする一方で、教会では4世紀の聖人聖エフレムなどに起源を見出せる古典シリア語による聖歌の伝統が、外の世界とは異なる時を刻みながら今日でも脈々と続いている。朝夕の祈りはいわゆる「交唱」スタイルで、教会内で祭壇に向かった位置から見ると二手に分かれ、それぞれに祈禱書が置かれた書見台を中心に人の輪ができ朗誦する。一方の集団が高く響く声で一節を唱えると、もう一方がそれに応じ、神に感謝し嘆願する彼らの声と声のやり取りが教会内

【本章で参照したネット資料】

① https://www.youtube.com/channel/UCdZuY1AxjeW3wbOjcJ7nosg（2018年7月末アクセス、タイトルはKurd Idol）

② http://blogs.bl.uk/music/2016/08/passionate-music-from-a-hot-country-a-musical-visit-to-iraq-kurdistan.html（2018年7月末アクセス、タイトルはPassionate music from a hot country: a musical visit to Iraq-Kurdistan、三番目の音声ファイルがヘイランのサンプル）

③ https://www.junglesinparis.com/stories/eastern-turkey-s-high-volume-bards（2018年7月末アクセス、タイトルはSongs of the Dengbej or Kurdish Bards、英語字幕付き）

④ http://blogs.bl.uk/music/2014/09/syriac-liturgical-chant.html（2018年7月末アクセス、タイトルはSyriac Liturgical Music: From the Mountains of the Servants of God、最初の録音が「交唱」部分）

に厳かに響き渡る。前述の大英図書館のページでトゥール・アブディーンにあるシリア正教会の修道院での録音を聴くことができる（ネット資料④）。

トゥール・アブディーンからさらに西へ進むとウルファという町がある。クルド人歌手イブラヒム・タトルセスの出身地であり、同じくクルド人歌手のシヴァーン・ペルウェルもその近郊出身である。前者はトルコ歌謡の一ジャンルである「アラベスク」の歌手として絶大な人気を誇るがあくまでトルコ語で歌い続け、他方、後者は民謡から作曲した歌までを徹底してクルド語で歌い、彼の歌はトルコでは長く禁止されていた。ペルウェルの歌『クルドの娘』は、少数派言語の解禁以降、2004年にクルド人女性歌手アイヌル・ドアンによってカバーされヒットした。クルド語で歌われるが、同時にこの歌はクルド的そして更に広い文脈では南東アナトリア（トルコ南東部）的要素が音楽的に詰まったアレンジになっている。冒頭は下降する旋律で始まり、これは典型的な南東アナトリア風、次にバイオリンなどの弦楽器が上昇しては下降する濃厚な「アラベスク風」な旋律を披露する。そしてズルナと打楽器が祝いの音楽を模したフレーズを完了すると、デングベージュにも通ずるアイヌルの声が力強く響き始める。

政治社会情勢の変化、ネットの発達、そして人の行来の活発化など、様々な要素がこの土地の音楽に影響を与えつつ、この地の音のタペストリーは新しい横糸を幾重にも通しては織られ続け、これからも変化にとんだ表情を見せてくれることだろう。

（飯野りさ）

53

タンブールとダフ

★イラン・クルディスタンの代表的な楽器★

一つの国の中にさまざまな音楽が存在するイラン。西部のケルマーンシャー州、コルデスタン州を中心とした、クルド人が多く住むクルディスタンにも、土地ならではの音楽が今も残っている。

打楽器のダフ、弦楽器のタンブールは、この地方の音楽で使われる代表的な楽器だ。この地方の音楽を語る上で、この二つの楽器ははずすことはできない。特に打楽器のダフは、盛り上げ役として大いに貢献することから、現在、イランのいわゆる古典音楽、ダストガー音楽においても欠かせない存在となっている。現在、この二つの楽器はともにポピュラーな伝統楽器と認識され、また、クルド人以外の演奏者も多いが、どちらの楽器も、イラン全国で一般的に認知されるようになったのは、1979年のイスラーム革命以降であり、それ以前は、基本的にクルディスタンの神秘主義教団の儀礼用の道具として使われていた。

弦楽器のタンブールは長いネックを持ち、胴体が洋ナシのように膨らんでいる、全長1メートル程度の木製の弦楽器で、弦の構成は、旋律を奏でる2本の複弦と1本のドローン弦からなる2コースとなっている。12音階のフレットを持ち、中東の伝統音楽でよく使われる微分音階はないとされることが多いが、過去においては、一部フレットの位置を調整し、微分音が出るようにしていた。

イラン西部トゥートシャーミーにおけるノウルーズ（新年）の儀式。タンブールを持った一団が練り歩く

演奏法としては、右手で3本の弦すべてをかきならすのを基本として、場合により弦を弾き分ける。特徴的なのは、「ショル」あるいは「リーズ」と呼ばれる奏法で、開いた右手を上に上げながら、人差し指から小指の4本の指を弦に通過させることで、こまかい音を出していく。フラメンコギターのラスゲアード奏法を逆回しにしたようなテクニック、といえるだろう。

もともとこの楽器は、イラク国境付近のグーラーン地方、ケルマーンシャーやサフネなどの地域で、アフレ・ハック教団の宗教的な儀式を執り行うために使用されていた。その中で演奏されたのがマカームと呼ばれる古いメロディ、あるいは歌だった。タンブールのマカームには、タルズ、サルハーニー、サハリー、マジュヌーニー、アルヴァンなどがあり、マカームはそれぞれ特色や、歴史的な由来があるとされている。

たとえば、サーサーン朝の楽師・バールバドにまつわるとされるマカーム・バーリイェは、別離による悲しみを語るマカームと伝えられている。また、シャー・ホシーンというマカームは、11世紀のアフレ・ハック教団の指導者シャー・ホシーンに関係するといわれる古いマカームで、シャー・ホシーンの時代から演奏されていたといわれている。

こういったマカームは、集団での宗教的儀式、聖人の廟などの巡礼地や葬儀の場、場合によっては結婚式などの祭りの場において、その場に即したものがタンブールで演奏され、歌われていた。

初めてタンブールによる音楽がラジオで全国的に放送されたのは1960年のことだが、タンブールの演奏家やグループが活躍するのは主に90年代からで、このころ、セイエド・ハリール・アーリーネジャード、アリー・アクバル・モラーディーといった優れたタンブール奏者や、シャムス・アンサンブルといったグループが、積極的に活動するようになった。こうして、楽器としてのタンブールの認知度は高まったといえる。また、シャフラーム・ナーゼリーなどの人気歌手がタンブール・グループとのコラボレーションを果たしたり、古典ペルシア語詩をタンブールの曲に乗せた名作が出たことも、タンブールが全国的に認知された要素として挙げられるだろう。

打楽器のダフは、フレームドラムに分類される円形の片面太鼓を指す。直径はおよそ55センチメートル程度で、ブドウや柳の木でできた円形の木枠に動物の皮、あるいは合成皮が張っており、枠の内側には金属でできた三連の小さな輪がついている。

演奏方法として、楽器全体を左腕で支え、右手は楽器の右側面に置き、右手と左手で交互に使い分けながら叩くが、右手で音を出す場合は、親指を軸に、腕全体、あるいは肘から先を使い、左手で音を出す際は、手首のスナップをきかせて、指を打面に当てる。特徴的なのは、楽器を上下に振って、内

裏側からみたダフ。三連のリングがついている

部の輪がぶつかり合う音を出しながら演奏するという点だ。

ダフもクルディスタンの神秘主義教団、特にサナンダジュやホウラーマーン（アウラーマーン）のカーディリー教団などの儀礼、特にズィクル（唱念儀礼）の道具として使われていた。

これらの神秘主義教団のズィクルは、現在でも、預言者ムハンマドの生誕日などに際してサナンダジュやマリーヴァーンなどで行われている。こういったズィクルでは、参加者が輪になり、リズミカルに、お辞儀のように上半身をかがめ、頭を上げながら起こす動きを一斉に繰り返す。このズィクルの際にリズムを作り出すのがダフであり、ダフはこういった儀式には決して欠かすことのできない楽器である。この場合、数人のダフ奏者が、比較的単純なリズムを繰り返し叩く。

ダフの同系統の楽器は、ある時代に宮廷音楽で使われていたようだが、20世紀後半の時点では、こういった楽器はダストガー音楽の中では使われていなかった。一方、イスラーム革命前夜、イラン古典音楽のアイデンティティを見直そうとする動きがみられ、この動きの中で、ダストガー音楽の巨匠、モハンマドレザー・ロトフィー率いるシェイダー・グループが、ダストガー音楽の中で、それまで主にクルディスタンの儀礼の中で使われていたダフを用いた。ここから、ダフという楽器が広まることになる。

ダフを演奏するネガール・エザーズィー氏（右）とキャマーンチェのS・ラアナーイー氏（左）

このときのダフ奏者、ビージャン・カームカールがダフの普及に果たした役割は非常に大きい。ビージャン・カームカールは古い演奏スタイルを考慮しつつ、時としてグループの楽曲に合う形で演奏方法を変えていった。このシェイダー・グループや、その後に彼が所属するカームカール・アンサンブルが人気を博するとともに、一般の人々がダフという楽器を知るようになる。

こうして、ダフやタンブールという儀礼用の道具が、一般的な楽器として認知され、現在に至った。しかしその一方で、神秘主義教団の儀礼用の道具としての性質は、次第に失われつつあるといえるだろう。特にタンブールに関しては、一部の儀礼において、すでにその役割を失っている。

最後に、日本においても、2006年にタンブールとダフの演奏家を含む歌手のシャフラーム・ナーゼリーのグループが公演を行ったほか、2011年にタンブール奏者のヤフヤー・ラアナーイー率いるグループ、ラアナーイー・ファミリーが、東京、佐渡などで公演を行ったことに触れておきたい。日本でもこういった楽器の音を耳にし、その音楽を楽しむ機会は増えている。

（北川修一）

コラム7

グーラーンからマラシュへ
――トルコとイランを架橋する音楽の旅路

武田　歩

　トルコとイランのクルド人の音楽は、従来の地域の相違はもとより、音楽を巡る文化の違いにも大きく影響を受け、異なる展開を遂げてきた。一方、現在では、世界のどこでもそうであるように、インターネット上の動画サイトなどを通じて飛躍的に出会いや交流が生まれてきている。だが、こうしたメディアが登場する以前に、トルコからイランに自身の音楽の源流を求める旅路に足を踏み入れた者もいる。現在、音楽学者かつ奏者として活躍するウラシュ・オズデミル氏がその一人である。

　オズデミル氏は、1976年、トルコ南部マラシュのアレヴィー教徒の家庭に生まれた。建築家だった父は、趣味として地域の民謡を収集していたため、彼も幼い頃から同行し、録音を手伝っていたという。彼らの属するシネムリリ・オジャクは指導者（デデ）家系でもあり、100人以上のアーシュク（吟遊詩人）を輩出する家系でもあった。

　高校時代には収集した民謡のカタログを作っていたというオズデミル氏は、フランスのトルコ学者、イレーヌ・メリコフの論文を通じてイランの宗教コミュニティ「アフレ・ハック」の存在を知った。イスタンブルのユルドゥズ工科大学で民族音楽学を専攻していた際、クルド社会研究を専門とする文化人類学者、マルティン・ファン・ブライネセンがアフレ・ハックの中心地とされるイランのグーラーン地方で収集してきた音源の分析を手伝う機会に恵まれた。それが、彼の「タンブール音楽」との最初の出会いだったという。

　2002年、親交のあったギリシアの音楽家ヤニスの紹介で、イラン・グーラーン地方のタンブール音楽の巨匠、アリー・アクバル・モラーディーと知己を得たオズデミル氏は、翌年サズを片手にイランに渡航。モラーディーの故郷、グーラーンの村を初めて訪問した。村の人々に請われて始めたサズの演奏は、いつしかモラーディーのタンブールとの合奏となったという。このイランのタンブール音楽の巨匠との交流は、アルバム『コンパニオン』（2005年、マーフール）やイスタンブルのジェマル・レシット・レイ・コンサートホールでの公演（2006年）、ベルギーでのカイハン・カルホールとエルダル・エルジンジャンのデュオとの競演（2007年）に結実する。

また同時に、オズデミル氏はトルコの様々なマイノリティの音楽を収集し、リリースしてきたカラン・ミュージックの様々なプロジェクトをサポートしてきた。しかしカランの音楽プロジェクトはあくまで商業的なものであり、自分自身の音楽に対するスタンスとは相容れないものであるとする。過去20年、カルデシ・トゥルキュレルなどの音楽集団により、かつて古くさいものとして廃れかけていた民衆の伝統音楽、アレヴィーやクルド、アルメニアなどのマイノリティの音楽は、トルコのメインストリームの音楽市場で一定の地歩を固めてきた。かつてクルド語で歌うことは政治的な行為だったが、もはやそうではない時代となった。しかし様々な地方の音楽を取り寄せ、多様性を賞揚するアプローチは、音楽的観点から見れば全く不十分であり、民族的モザイクを賞揚しながら国民国家へと統合する政治性と無縁ではない。オズデミル氏の目には、か

イスタンブル公演でのウラシュ・オズデミル（左）とアリー・アクバル・モラーディー（右）

つて音楽を生み出す源であった「詩情」がそこには欠けているように映るという。

アーシュクをアーシュクたらしめる詩情は、トルコ語やクルド語、ザザ語、グーラーン語、どの言語であっても、同じものであると彼は確信する。トルコ語で「デム」や「デイシュ」、「ネフェス」と、アフレ・ハックの人々の中では「キャラーム」と呼ばれる詩は、民衆の中で伝えられてきた語られた聖典（コーラン）であり、真実の言葉である。だからこそ、随伴する楽器であるタンブールやサズも聖なるものとされてきたと彼は考える。

こうした文化を共有するベクタシー、アレヴィー、クズルバシュ、アフレ・ハックと、バルカンからイランに至る地域の連続性の中に自らを見るオズデミル氏は、アクチュアルな政治情勢に翻弄されながら、音楽の中に確かなルーツを求める人々の論争からは距離をとる。「クルド」や「アレヴィー」の分類や起源を確定することを追い求めるのではなく、自分のスタンスは、出会いと繋がりが生まれる境界地帯《グレーゾーン》に注目し、身をおくこと。オズデミル氏の願いは、いつかモラーディーを、マラシュの自分の故郷の村に連れていくことだという

（２０１７年９月17日インタビュー）

※本稿の内容は著者の個人的見解であり、著者が所属する組織の立場を代表するものではありません。

コラム8

バフマン・ゴバーディー

佐々木あや乃

2015年6月3日水曜日、最新作『サイの季節』の日本公開にあたり来日中のイラン人映画監督バフマン・ゴバーディー氏（1969・2〜）を東京外国語大学に招聘し、トークイベントが開催された。監督は2010年にも新作の日本公開に合わせて来日を予定していたが、やむなく来日を断念した経緯があった。イランの新しい法律では、旅券の増補はイラン国内でのみ可能とされたため、国外にいた監督はいったん帰国しない限り海外渡航ができなくなり、もし帰国すれば出国禁止とされることが懸念されたため、来日を諦めざるをえなかったのである。大の日本好きである監督は、当時来日が叶わなくなったことをたいそう残念がり、日本のファンに向けたメッセージを発信したほどだった。

イランに生まれ育ったクルド人である監督は、自らが最も心を痛めている事柄、すなわちクルド人の置かれている状況を広く知ってもらうため、数多の映画作品を制作してきた。歴史上虐げられ、辛酸を舐めつくし、数知れぬ苦労を背負ってきたクルド民族の抱える不安を意欲的に描出してきたのである。氏は、「クルド人は誇り高い高貴な民族であるにもかかわらず、イランの中で忘れ去られている民族である」と主張する。加えて、長い歴史の中でクルド人がイランにおいて社会的冷遇に耐えてきた結果、今や「声のない民族」であることを強調し、イラクやシリアに住むクルド人も社会的に厳しい状況下にあるとも語っていた。

自身の幼少期については、監督は「まるで生まれたとき既に18歳であったかのよう」と表現する。つまり、親の庇護の下、日々平穏無事に成長を重ねる過程はなく、幼少のみぎりから日々の生活や家族のための労働を強いられたのである。クルド人として生まれたがゆえに、その幼少期は困窮した辛い生活の中に埋もれてしまう。監督のこの言葉は、日本で何不自由なく

トークイベントの様子（於東京外国語大学）

育った筆者の心に鋭く突き刺さった。

　監督の作品には、『サイの季節』（2015年）をはじめ、『酔っぱらった馬の時間』（2000年）、『亀も空を飛ぶ』（2005年）、『ペルシャ猫を誰も知らない』（2009年）等、動物名を含むタイトルが付されることが多い。その理由について監督は、制作者による種明かしは避けたいと述べつつ、動物に対する関心が人一倍強いと断ったうえで、時に動物はそれ自身以上の性質を示すことがあり、彼の映画では一種人間と同等あるいはそれ以上の性質をもつ象徴として用いてきたと語ってくれた。

　監督は、目下母国イランでは映画制作の許可がおりず、自由に創作活動ができないことを深く悲しんでいた。しかし、現在廃れる傾向にある「芸術的映画作品」のジャンルに息を吹き込むべく、この忘れかけられたジャンルの映画制作への意欲を示していた。

　今はイランへの入国が叶わないゴバーディー

氏ではあるが、イランをこよなく愛しており、国境を変えてほしいなどとは露ほども思わないとも語った。監督はただひたすらに、イラン社会でクルド人の社会的権利が守られるように、クルド人が「二流の市民」扱いされることのないようにと望んでいるだけなのである。監督は「クルド人は悲劇の中にあっても喜びを見いだす、誇り高い人々である」とも語った。

監督の作品が観客に与える、暗く重厚で、時に過激な印象とはかけ離れ、監督自身は実に気さくで親しみやすい性格の方で、終始穏和な態度で熱心かつ真摯に質問に答えてくれた。また、リクエストに応える形で、最初にIS（イスラーム国）が占領したことにより荒廃しきったシリア領クルド人の町コバーニー（アイン・アラブ）を思いながら、アカペラで歌まで披露してくれた。その哀愁を帯びたメロディーと監督の声に、思わず涙する聴衆もいたほどである。

「私は必ずイランに帰る」という言葉と満面の笑顔を残して監督が去った会場には、監督が浅草で買った和柄の大団扇が置き忘れられていた。関係者や学生の協力により、無事に監督の手元に戻ったのだが、今あの大団扇はいったいどの国の彼の仮住まいの一隅を飾っているのか――それを思うと、なんとも胸がしめつけられるような、いたたまれない気持ちになるのである。

54

カーミシュリーのノウルーズ

★民族の再生の日★

1984年3月20日の朝。シリア中央部の遺跡の町パルミラのバス停に、クルド人帰省客でほぼ満員の国営長距離バスのハサカ行きがすべり込んだ。私の行き先はシリア北東端、トルコとの国境にあり、イラクも近い町カーミシュリーだ。ハサカはその南南西約50キロにある町だが、そこで最終のカーミシュリー行きに乗れる保証はない。バスの本数は限られているし、この帰省ラッシュのなか、たぶん無理だろう。できるだけ近く行けるところまで行くために乗り込む。バスは土漠の中の一本道をひたすら北東に疾走し、分岐点の町デイルッゾールでユーフラテス川を渡り、北に向かう。陽もだいぶ傾いた頃にハサカに到着した。そこでカーミシュリー行き最終便を待つ。もし乗れなかったら別の手段で行くまでだ。

やってきたバスは満席だったが、幸運なことに客が一人だけ降りた。その空いた席に座って目的地にたどり着いたときには、もう夜の帳が下りていた。日本人の青年海外協力隊の方が地元のクルド人のお宅に連れて行ってくださった。

その1週間ほど前、アンマン発ダマスカス行のバスの中にて、たまたま別の青年海外協力隊の方と一緒になった。21日の春分の日にカーミシュリーにて行われるクルドの祭りに合わせ、シリア全国の協力隊メンバーが休暇を取って集まるのだという。お祭りは一見の価値があるし、そこに来てもよい、とのお言葉を頂いた。これはラッキーとばかりに、厚かましくも伺うことにした。この話が伝わっていて、海外旅行に初めて出た日本人学生のバックパッカーがこの日の夕方のバスで来るかもしれない、ということで、カーミシュリー勤務の協力隊の方が終着点に迎えに来てくれたのだ。携帯電話のない時代、それどころかシリア国内の長距離電話すら電話局に出向いて延々と呼び出しを待たねばならなかった時代に、どこの馬の骨とも知れぬ、来るのが確実でもない者を、このようにお世話してくださったのだ。今でも心からありがたく思う。

翌日。郊外の平原は春爛漫。吹き出すような一面の緑色の若草に、黄色い菜の花がこれでもかと広がる。パルミラ周辺の緑のない薄茶色の風景と比べると別世界だ。カーミシュリーを含めてシリア北辺を東西に広がる平坦な地域では、北のタウルス山脈の伏流水が山麓にいくつも湧き出して小さな川の水源をなす。カーミシュリーを中心に東西に約２５０キロの地域では、それらが集まってハブル川となり、最終的にはユーフラテス川に流れ込む。水に恵まれた豊かな農業地帯なのである。

緑と黄の絨毯の平原の中にステージがつくられ、目の覚めるような彩りのクルド民族衣装の若い男女が歌い、踊る。周りに1万人を優に超えると思しき人々が、数十人単位で家族の凝集を無数につくり、羊肉の炭火焼きセットを囲み、食べ、お喋りする。ビールもふるまわれる。カーミシュリー勤務の協力隊員の友人家族がホストとなって、他の隊員ら日本人十数人がお客さんとなった。まったく関係のない学生旅行者も御相伴にあずかる。まとまった量の羊の焼き肉を食べたのはこれが初めてで

カーミシュリーのノウルーズ。クルド民族衣装で踊る人々（2017年３月21日）
［提供：AFP＝時事］

あった。こんなに美味しいものがあるのかと思った。

このお祭りが「ノウルーズ」と呼ばれていてクルド人のお正月なのだと聞かされた。「ノウ・ルーズ」（文字通りには「新・日」、すなわち新年の日）はペルシア語で、これを春分の日とするのは太陽暦に基づくものであり、古代ペルシア文明に淵源がある。現在でもイランを中心に西アジア、中央アジアで広く祝われている。（『イランを知るための65章』35章・浜畑祐子「イスラーム以前の輝かしい時代への賛歌――「ノウルーズ・ナーメ」」）シリアでもクルド人たちはこの文化を共有し、「ノウルーズ」「ネイルーズ」といった呼称で春分の日を祝ってきた。84年当時まで大々的に祝うことができなかったが、今回ハーフェズ・アサド政権が集会を初めて認めたのだと聞いた。とはいえ、群衆の中には秘密警察の諜報員たちが多数混じる。もちろん制服など着ているわけではない。それでも人々は敏感に見分けて、彼らが立ち去ったところで「クルディスタン国家」の夢を外国人の若者に語るのだった。

カーミシュリーに接するトルコ国境の向こう側の町はヌサイビンだ。１９８９年夏、本書の編者・山口昭彦氏はヌサイビンからカーミシュリーに徒歩で入っている（『シリア・レバノンを知るための64章』36章・山口昭彦「シリアの中の少数派――クルド人問題の背景」)。カーミシュリーの歴史は新しく、1920年代にフランスがシリアを委任統治領とした際に、トルコのヌサイビンに対応する行政・軍事拠点としてつくり出した。ヌサイビンには紀元前10世紀に遡る古い歴史があり、19世紀までトルコ系・クルド系のムスリムだけでなく、ユダヤ教徒やアルメニア人、シリア教会のキリスト教徒も住む町だった。バグダード鉄道の駅がヌサイビンにできたが、トルコとシリアの国境は鉄路の南側に並行して引かれた。カーミシュリーにはデイルッゾールを経由してアレッポとつながる別の鉄道がフランスによって引かれた。建国間もないトルコ共和国の南東部から多くの宗教的少数派がカーミシュリーに移動し、さらにアレッポやダマスカスに移住していった。人口のクルド人比率は高まり、独立後のシリアにおけるクルド人の主要な町の一つとなった。

時は過ぎて、1990年の春分の日。ダマスカスで長期調査を始めたばかりの私は、在留日本人の友人若干名を誘って、アレッポ経由の寝台列車にて再度カーミシュリーを訪問した。6年前にお世話になった人の連絡先もわからず、完全な飛び込みであった。

ノウルーズの祭りは健在だった。ステージでは歌や踊りだけではなく、子どもたちのパフォーマンスも繰り広げられた。

軽快なクルド民族音楽をバックに、民族衣装の男女の子どもたちが元気に歌い、子守りや料理、機織りや農作業の演技をして、平穏な村の生活を表現している。突然、音楽は沈鬱なものに変わり、ビュンビュンという実弾が飛ぶ鋭い音が混じる。子どもたちがバタバタと倒れ始める。イラン・イラク戦争末期の1988年3月、イラクのクルディスタンの町ハラブジャにおけるイラク軍によるクルド人虐殺を表現しているのだ（そこで使われた化学兵器は当時イラクを支援していたアメリカの技術供与の産物だった）。

死の町と化した舞台に男の子が現れる。背中が赤く塗られている。この子も死者なのだ。彼は、横たわる子どもたちの間を天使が降り立つように回りながら、一人一人に手を当てる。するとその子たちは虚ろな表情ながらもゆっくりと身を起こしていく。全員が立ち上がったとき、音楽は躍動感あふれるものに切り替わった。子どもたちは横一列に並んで手をつなぎ、ステップを踏み始める。それが徐々に生き生きと力強く、全開になっていく。観衆から万雷の拍手が沸き起こり、口笛が吹き鳴らされる。太陽が冬から夏の半期に時を転換させる日、民族も新たに生きかえるのだ。

この劇が終わったところで、後ろから肩を叩かれた。「オマエはクロキではないのか？」申し訳なくも思い出せなかったが、6年前の祭りで私と言葉を交わしたのだと彼は言う。その後の成り行きを尋ねると、政治犯として数年間投獄され、農業の強制労働を条件にようやく出てきたところだ、と周囲に鋭く目を走らせながら小声で話した。

2004年3月のノウルーズを1週間余り後に控えたカーミシュリーでは、町のクルド人主体のサッカーチームがデイルッゾールのアラブ人主体のチームを迎えて試合を行ったが、政治的な野次がきっかけとなってサポーター同士が衝突した。治安部隊の発砲により死者が出たため、抗議する住民の蜂起に発展した。7年後から始まるシリアの混乱の先駆けとも言える事件であった。

90年のノウルーズで声をかけてきた彼のその後の消息は、知る由もない。

（黒木英充）

55

クルディスタンの考古学事情

★漂流する研究者★

近年、北イラクのクルディスタン地域において考古学調査が活発になってきている。もともとクルディスタンにおける本格的な調査は、第二次大戦後、シカゴ大学の「イラク＝ジャルモ計画」を嚆矢とし、先史時代のジャルモ遺跡などが学際的に調査された（写真1）。この成果が往時の農耕・牧畜起源論を主導することになり、日本人の研究としては1956年より展開した東京大学の「イラク・イラン調査団」がクルディスタン地域を踏査（サーヴェイ＝おもに発掘前の一般調査）した。

その後、クルディスタンは、2000年代中頃まで相次ぐ戦争や内紛により調査はむろん、近づくことすら難しくなってしまった。ところが、この10年ほどの間、治安の大幅な回復により、考古学調査が再び活気を持ちはじめてきた。2017年の時点では、少なくとも12の踏査プロジェクト、50を超える発掘プロジェクトが進行している。その中には筑波大学が主体となる調査隊（2014年以降）や日本人の参加する外国調査隊も含まれる。

この状況は、湾岸戦争・イラク戦争以降、南イラクのメソポタミア地域における考古学調査が停滞してきたことに起因する。

第55章

クルディスタンの考古学事情

写真1　ジャルモ遺跡（左手）と周辺の景観

考古学者がこぞってシリアに疎開していたが、「アラブの春」に誘発されたシリア内戦の勃発により、調査地のさらなる転向を余儀なくされた。考古学者も漂流している。本章では個人的な体験にもとづくクルディスタンの考古学事情を紹介する。

2013年11月1〜3日、日本人として唯一人、ギリシアのアテネ大学で開催された「イラク・クルディスタン地域と隣接地域における考古学調査の国際会議」に参加した。この会議はアテネ大学とケンブリッジ大学が主催し、冒頭でクルディスタン地域政府の古物局長官が挨拶した。

会議では、当時、研究協力していた「スレイマニヤ博物館収蔵の楔形文書の産地同定とティグリス河流域の地質学的研究（研究代表者：渡辺千香子）」の分析調査成果を代理報告すると同時に、自身のトルコでの調査成果も発表した。私は2010年より、トルコ東南部ディヤルバクル近郊のサラット・テペ遺跡で発掘調査を続けてきた。遺跡はティグリス川上流域のウルス・ダム水没予定地に位置する。現場作業では地元のクルド人に手伝ってもらい、トルコ人研究者・学生らとともに調査してきた。成果として、北メソポタミアの銅石器時代（都市文明形成期）の物質文化を層位的に確かめ、これまで不明だった当該地域の考古学的な議論の出発点となるべく、編年構築の足場を整えることができた。

会場は、アテネ市中心のシンタクマ広場近くにあり、見覚えのある面々がそろった。国際会議は3日間にわたり、計40のプロジェクトの成果が報告され、国別にはイラク・クルディスタン35件、トルコ4件、イラン1件だった。テーマ別では、地質調査・踏査13件、発掘調査20件、遺物・遺存体分析14件、史料読解7件、文化遺産管理9件となり（一部重複）、踏査と発掘の報告が過半数を占めた。会場が一つだったので、すべての発表を聴くことができた。

2日目の夜、在アテネ・イラク大使公邸のカクテルパーティーに参加者全員が招待された。クルディスタン独立に反対するイラク政府の大使が、独立を学術的に後押しする国際会議のレセプションを設けるとは、何とも複雑な状況であった。大使館員からしきりとクルディスタンの印象について聞かれた。彼ら（イラク人）はクルド人の国際的な評価に関心があり、その情報収集の場としてもパーティーを活用していたようだ。

発表会場では、クルディスタン地域政府の関係者とも面談した。名刺には「イラク共和国」の文字がなく、「クルディスタン地域政府」と記されていた。また、イラク国章である「サラディン鷲」の代わりに、自治政府章「太陽を翼で戴く鷲」が印刷されていた（第36章参照）。国際会議はクルディスタンにおける学術調査成果を披露する場としてだけでなく、クルド人の悲願であるクルド民族国家独立に向けた喧伝の格好の機会でもあった。

自身の発表中、外務省海外安全ホームページに公開されている「危険・スポット・広域情報」の赤色（退避勧告の対象）にほぼ塗りつぶされたイラク全図を見せたときに会場の雰囲気が一変した。橙色（渡航延期勧告の対象）に指定されたドフーク、アルビール、スライマーニーヤ地域で他国の研究者は調査していて、（なんで日本人は来ないのかという）失笑に近い反応が印象的だった。より正確な治安状況を政府に訴えていく必要性を改めて痛感した。

会議後の2014年2月、先述の共同研究の協力者としてスライマーニーヤへ渡航することになった。イラク中央政府とクルディスタン地域政府は対立関係にあるため、バグダードからビザの発給は望めない。そこで、現地の博物館から公式招待状を出してもらい、そのコピーを提示して空港の入国審査を無事に通過した。スライマーニーヤの街中はいたって平穏で、とくに緊張する場面には遭遇しなかった。出国前の予想とは異なり、治安面での懸念はなく、文学と芸術の街での滞在は快適だった。

調査目的の一つは、スライマーニーヤ博物館に収蔵されている楔形文字の記された粘土板を非破壊分析（XRF＝蛍光X線分析）により産地推定するというものであった。同僚の研究者がロンドンより機器を持ち込み、楔形文書の分析を行った。私はデータチェックを手伝いながら、空き時間に博物館の展示品をじっくりと観察することができた。日本はもちろん、欧米の博物館・美術館でさえもなかなか揃うことのない、ほぼすべての時期にわたる先史時代の遺物が展示されていた（写真2）。

スライマーニーヤ博物館は、イラク戦争直後に略奪された盗品を積極的に回収（買い取り）して、

写真２　スライマーニーヤ博物館入り口

シュメール地方の文化財の豊富なコレクションを構築している。文化財の海外流出を防ぐと同時に、海外の研究者が仕事をしやすい環境が整いつつある。ただ、イラク戦争等で流出した文化財をまったく悪意なく分析してしまうことも十分想定される。そこで、後でその事実が明らかになった場合でも、意図的な（悪意のある）行為ではないことを保証するために、現地古物局の責任者と研究代表者の間で合意文書がかわされた。

　現在のイラクは、戦争により疲弊した国土が南北に分裂している。北イラクのクルディスタン地域政府は豊富な化石燃料を原資として独立の道を進もうとしているが、南イラクの中央政府はクルディスタンの公務員の給与停止という手段で独立を阻止しようとしている。そこにダーイシュ（自称イスラーム国）の台頭が両者の関係を複雑にして、文化遺産破壊行為というおまけが付いてしまった。諸々の紛争・不満の根底にある貧困と差別を解消する方策の一つとして、生きるために盗むのではなく、文化遺産を護って生活が成り立つ仕組みの構築が緊要となる。

（小泉龍人）

参考文献

Ⅰ クルディスタンを歩く

松浦範子『クルド人のまち——イランに暮らす国なき民』新泉社、２００９年。

Gabrolle-Celiker, Anna. *Kurdish Life in Contemporary Turkey: Migration, Gender and Ethnic Identity*. London; New York: I.B. Tauris, 2015.

Kasraian, Nasrollah, Ziba Arshi and Khosro Zabihi. *Kurdistan*. Östersund, Sweden: Oriental Art Publishing, 1990.

Meiselas, Susan. *Kurdistan: In the Shadow of History*. second edition. Chicago: University of Chicago, 2008.

Sinclair, T. A. *Eastern Turkey: An Architectural and Archaeological Survey*. 4 vols., London: Pindar Press, 1987-90.

Ⅱ 歴史の流れのなかで

小澤一郎「露土戦争（１８７７-７８）による小銃拡散と「武装化」——火器史の「近代」の解明に向けて」『日本中東学会年報』32巻1号、２０１６年、１１９〜１４８頁。

粕谷元「トルコ共和国成立期の『国民（millet）』概念に関する一考察」酒井啓子編『民族主義とイスラーム』研究双書５１４、日本貿易振興会アジア経済研究所、２００１年、１１３〜１４０頁。

佐藤次高『イスラームの「英雄」サラディン——十字軍と戦った男』講談社学術文庫２０８３、講談社、２０１１年。

谷口淳一「サラディン——生涯と事績」黒木英充編著『シリア・レバノンを知るための64章』明石書店、２０１３年。

永田雄三・羽田正『成熟のイスラーム社会』世界の歴史15、中公文庫、中央公論新社、２００８年。

バラーズリー（花田宇秋訳）『諸国征服史』全3巻、イスラーム原典叢書、岩波書店、２０１２〜２０１４年。

松田俊道『サラディン——イェルサレム奪回』世界史リブレット人24、山川出版社、２０１５年。

守川知子「近代西アジアにおける国境の成立――イラン＝オスマン国境を中心に」『史林』第90巻第1号、２００７年、62～91頁。
――――『シーア派聖地参詣の研究』東洋史研究叢刊71、京都大学学術出版会、２００７年。
森山央朗「シリアのクルド人――現状と歴史の概観〈特集：クルド――国なき民の生存戦略〉」『アジ研ワールドトレンド』No.２６６、２０１７年。
山口昭彦「サファヴィー朝（１５０１～１７２２）とクルド系諸部族――宮廷と土着エリートの相関関係」『歴史学研究』No.８８５、２０１１年、１５７～１６６頁。
――――「周縁から見るイランの輪郭形成と越境」山根聡・長縄宣博編『越境者たちのユーラシア』シリーズ・ユーラシア地域大国論５、ミネルヴァ書房、２０１５年、79～１０４頁。
――――「クルド――クルド語とクルド人アイデンティティー」松井健・堀内正樹編『中東』講座世界の先住民族ファースト・ピープルズの現在04、明石書店、２００６年、２９０～３０６頁。
吉村慎太郎「クルド人」後藤明他編『西アジア』朝倉世界地理講座 大地と人間の物語６、朝倉書店、２０１０年。
Ali, Othman. “The Kurds and the Lausanne Peace Negotiations, 1922-1923.” *Middle Eastern Studies* 33, no. 3(1997) : 521-534.
Ateş, Sabri. *The Ottoman-Iranian Borderlands: Making a Boundary, 1843-1914*. Cambridge: Cambridge University Press, 2013.
――――. “In the Name of the Caliph and the Nation: The Sheikh Ubeidullah Rebellion of 1880-81.” *Iranian Studies* 47, no. 5(2014) : 735-798.
Bayır, Derya. *Minorities and Nationalism in Turkish Law*. London; New York: Routledge, 2013.
Bruinessen, Martin van. *Agha, Shaikh and State: The Social and Political Structures of Kurdistan*. London: Zed Books, 1992.
Dawisha, Adeed. *Iraq: A Political History from Independence to Occupation*. Princeton, N.J.; Oxford: Princeton University Press, 2009.
Fieldhouse, D. K. ed. *Kurds, Arabs and Britons: The Memoir of Col. W.A. Lyon in Kurdistan, 1918-1945*. London: I.B. Tauris, 2002.
Hale, William. *Turkish Foreign Policy, 1774-2000*. London; Portland: Frank Cass, 2000.
Jwaideh, Wadie. *The Kurdish National Movement: Its Origins and Development*. New York: Syracuse University Press, 2006.

Kirisci, Kemal and Gareth M. Winrow. *The Kurdish Question and Turkey: An Example of a Trans-state Ethnic Conflict*. London: Frank Cass, 1997.

Mango, Andrew. "Atatürk and the Kurds." *Middle Eastern Studies* 35, no.4 (1999): 1-25.

Martin, Lawrence, and Carnegie Endowment for International Peace. *The Treaties of Peace, 1919-1923*. New York: Carnegie Endowment for International Peace, 1924.

McDowall, David. *A Modern History of the Kurds*, third edition. New York: I.B. Tauris, 2004.

Olson, Robert. *The Emergence of Kurdish Nationalism and the Sheikh Said Rebellion, 1880-1925*. Austin: University of Texas Press, 1989.

Özoğlu, Hakan. *Kurdish Notables and the Ottoman State: Evolving Identities, Competing Loyalties, and Shifting Boundaries*. Albany: State University of New York Press, 2004.

The Gertrude Bell Project. http://www.gerty.ncl.ac.uk/

Tripp, Charles. *A History of Iraq*. Cambridge: Cambridge University Press, 2002.（トリップ、チャールズ〔大野元裕監修〕『イラクの歴史』明石書店、２００４年）

Ⅲ　多様な宗教世界

宇野昌樹「ヤズィーディー——孔雀像を崇める人々」松井健・堀内正樹編『中東』講座世界の先住民族　ファースト・ピープルズの現在04、明石書店、２００６年、２２１～２３８頁。

北川誠一・前田弘毅・廣瀬陽子・吉村貴之編著『コーカサスを知るための60章』明石書店、２００６年。

廣瀬陽子『コーカサス　国際関係の十字路』集英社新書、集英社、２００８年。

マーチン、テリー（半谷史郎監修）『アファーマティヴ・アクションの帝国』明石書店、２０１１年。

三代川寛子編著『東方キリスト教諸教会——研究案内と基礎データ』明石書店、２０１７年。

吉村貴之『アルメニア近現代史』東洋書店、２００９年。

——「古い移民、新しい移民～アルメニアからの移民」駒井洋監修、宮地美江子編著『中東・北アフリカのディアスポラ』グローバル・ディアスポラ第3巻、明石書店、２０１０年、75～１００頁。
――――「アルメニア人虐殺をめぐる一考察」石田勇治・武内進一共編『ジェノサイドと現代世界』勉誠出版、２０１１年、１６５～１９４頁。
Açıkyıldız, Birgul. *The Yezidis: The History of a Community, Culture and Religion*. New York: I.B. Tauris, 2014.
Bruinessen, Martin van. *Agha, Shaikh and State: The Social and Political Structures of Kurdistan*. London: Zed Books, 1992.
――――. *Mullas, Sufis and Heretics: The Role of Religion in Kurdish Society*. Istanbul: Isis Press, c2000.
Hamzehee, M. Reza. *The Yaresan, A Sociological, Historical and Religio-historical Study of a Kurdish Community*. Berlin: K. Schwarz, 1990.
Kehl-Bodrogi, Krisztina, Barbara Kellner-Heinkele, and Anke Otter-Beaujean, eds. *Syncretistic Religious Communities in the Near East*. Leiden; New York; Köln: Brill, 1997.
Kreyenbroek, Philip G., and Christine Allison, eds. *Kurdish Culture and Identity*. London and New Jersey: Zed Books, 1996.
Müller, Daniel. “The Kurds of Soviet Azerbaijan 1920-91.” *Central Asian Survey* 19, no.1 (2000): 41–77.
Omarkhali, Khanna, ed. *Religious Minorities in Kurdistan: Beyond the Mainstream.* Wiesbaden: Harrassowitz, 2014.
Tudela, Benjamin. *The Itinerary of Benjamin of Tudela*. Critical Text, Translation and Commentary by Marcus Nathan Adler, New York: Philipp Feldheim, 1907.
Zaken, Mordechai. *Jewish Subjects and Their Tribal Chieftains in Kurdistan, A Study in Survival*. Leiden; Boston: Brill, 2007.

Ⅳ　クルド人問題の展開

青山弘之「シリアにおけるクルド問題――差別・抑圧の〝制度化〟」『アジア経済』第46巻第8号、２００５年、42～70頁。

川上洋一『クルド人――もうひとつの中東問題』集英社新書０１４９Ａ、集英社、２００２年。

酒井啓子・吉岡明子・山尾大編著『現代イラクを知るための60章』明石書店、２０１３年。

髙岡豊『現代シリアの部族と政治・社会』三元社、２０１１年。

高橋和夫「クルド問題とイラン・イラク関係、１９７２－７５――イラクにおけるクルドの反乱を中心として」『アジア経済』第23巻第1号、１９８２年、17～34頁。

――「クルドと中東の国際関係」日本国際政治学会編『国際政治』86号、１９８７年、68～82頁。

吉村慎太郎「中東諸国家体制とクルド問題」『思想』№８５０、１９９５年、46～68頁。

Jabar, Faleh A., and Hosham Dawod. *The Kurds: Nationalism and Politics*. London: Saqi, 2006.

Tripp, Charles. *A History of Iraq*. Cambridge, UK; New York: Cambridge University Press, 2002.（トリップ、チャールズ〔大野元裕監修〕『イラクの歴史』明石書店、２００４年）

Ⅴ 湾岸戦争後の世界

青山弘之「シリア――権威主義体制に対するクルド民族主義勢力の挑戦」間寧編『西・中央アジアにおける亀裂構造と政治体制』研究双書５５５、アジア経済研究所、２００６年、１５９～２１０頁。

――「『アラブの春』の通俗的理解がシリアの紛争にもたらした弊害」『中東研究』第５１６号、２０１３年、31～43頁。

――『シリア情勢――終わらない人道危機』岩波新書１６５１、岩波書店、２０１７年。

今井宏平「中東地域秩序にクルド人の居場所はあるのか」『国際問題』№６７１、２０１８年、17～26頁。

勝又郁子『クルド・国なき民族のいま』新評論、２００１年。

――『イラクわが祖国に帰る日――反体制派の証言』日本放送出版協会、２００３年。

――「トルコとクルド問題」『中東協力センターニュース』vol. 41、№2、２０１６年、19～26頁。

――「クルド独立はいかにつぶされたのか――『国土無き民』が直面する国際政治の現実」『Janet・e-World』JIJI Press、２０１７年10月30日。

澤江史子「煮詰まるトルコのクルド問題解決策――ＰＫＫの要求とトルコ政府の対応」『海外事情』60巻11号、２０１２年、１０４～１２１頁。

――「未完の東方問題」納家正嗣・永野隆行編『帝国の遺産と現代国際関係』勁草書房、２０１７年。

――――「エルドアン政権『強権化』の構図」『外交』39号、２０１６年、72～79頁。
――――「トルコ共和国」松本弘編『中東・イスラーム諸国民主化ハンドブック２０１４ 第1巻 中東編』ＮＩＨＵ事業「イスラーム地域研究」東京大学拠点、２０１５年。
――――「諸人民の民主党」および「民主的諸地域党」（ＮＩＨＵプログラム現代中東研究・政治変動研究会のデータベースサイト『中東諸国の政治変動』の「トルコ／政党」ページ内、https://dbmedm06.aa-ken.jp/archives/73）。
高橋和夫『アメリカのイラク戦略――中東情勢とクルド問題』角川ｏｎｅテーマ21、角川書店、２００３年。
中東調査会イスラーム過激派モニター班『「イスラーム国」の生態がわかる45のキーワード』明石書店、２０１５年。
間寧「加盟交渉過程のトルコ政治への影響」八谷まち子編著『ＥＵ拡大のフロンティア――トルコとの対話』信山社出版、２００７年、１４５～１７２頁。
吉岡明子・山尾大編『「イスラーム国」の脅威とイラク』岩波書店、２０１４年。
「特集：クルド――国なき民族の生存戦略」『アジ研ワールドトレンド』№２６６、２０１７年。
平成26年度外務省外交・安全保障調査研究事業（総合事業）「グローバル戦略課題としての中東――２０３０年の見通しと対応」日本国際問題研究所、２０１５年。（http://www2.jiia.or.jp/pdf/resarch/H26_Middle_East_as_Global_Strategic_Challenge/H26_Middle_East_as_Global_Strategic_Challenge.php）
「特集：クルド人の未来」『季刊アラブ』№１６１、２０１７年。
Açıkyıldız, Birgul. *The Yezidis: The History of a Community, Culture and Religion*. New York: I.B. Tauris, 2014.
Aziz, Mahir A. *The Kurds of Iraq: Ethnonationalism and National Identity in Iraqi Kurdistan*. London; New York: I.B. Tauris, 2011.
Baqessri, Izazzdin S. “Izidians: A Brief Introduction.” *Lalish Magazine* (Duhok, Iraq: Lalish Cultural Social Center) 21(2004) : 316-321.
Bengio, Ofra. *The Kurds of Iraq: Building State within a State*. London: Lynne Rienner, 2012.
Brown, Sarah Graham. *Sanctioning Saddam: The Politics of Intervention in Iraq*. New York: I.B. Tauris, 1999.
Casier, Marlies, and Joost Jongerden, eds. *Nationalisms and Politics in Turkey Political Islam, Kemalism and the Kurdish Issue*. London; New York: Routledge, 2014.

Chapman, Dennis P. *Security Forces of the Kurdistan Regional Government*. Costa Mesa: Mazda Publishers, 2011.

Entessar, Nader. "Kurds." In *Iran Today: An Encyclopedia of Life in the Islamic Republic*, edited by Mehran Kamrava and Manochehr Dorraj, Vol. I. Westport, CT: Greenwood Press, 2008.

Kızılkan-Kısacık, Zelal B. "The Impact of the EU on Minority Rights: The Kurds as a Case." In *The Kurdish Question in Turkey-New Perspectives on Violence, Representation, and Reconciliation*, edited by Cengiz Gunes and Welat Zeydanlıoğlu, 205-224. New York: Routledge, 2014.

Kirişci, Kemal. "The Kurdish Issue in Turkey: Limits of European Union Reform." In *Turkey and the EU: Accession and Reform*, edited by Gamze Avcı and Ali Çarkoğlu, 127-141. London: Routledge, 2013.

Lawrence, Quil. *Invisible Nation: How the Kurds' Quest for Statehood is Shaping Iraq and the Middle East*. New York: Walker & Company, 2008.

McDowall, David. *A Modern History of The Kurds*. New York: I.B. Tauris, 2004.

Natali, Denise. *The Kurdish Quasi-State: Development and Dependency in Post-Gulf War Iraq*. New York: Syracuse University Press, 2010.

Öcalan, Abdullah. *War and Peace in Kurdistan*, fifth edition. Translated by International Initiative. Cologne: International Initiative in Cooperation with Mesopotamian Publishers, 2017.

Park, Bill, et al. "Field notes: On the Independence Referendum in the Kurdistan Region of Iraq and Disputed Territories in 2017." *Kurdish Studies* 5, no.2 (2017) : 199-214.

Romano, David, and Mehmet Gursest, eds. *Conflict, Democratization, and the Kurds in the Middle East: Turkey, Iran, Iraq, and Syria*. New York: Palgrave Macmillan, 2014.

Stansfield, Gareth R. V. *Iraqi Kurdistan: Political Development and Emerging Democracy*. Oxfordshire: RouteledgeCurzon, 2003.

Tahiri, Hussein. *The Structure of Kurdish Society and the Struggle for a Kurdish State*. California: Mazda Publishers, 2007,

The Gertrude Bell Project. http://www.gerty.ncl.ac.uk/

White, Paul. *The PKK Coming Down from the Mountains*. London: Zed Books, 2015.

Yoshioka, Akiko. "The Shifting Balance of Power in Iraqi Kurdistan: The Struggle for Democracy with Uninstitutionalized Governance." *International Journal of Contemporary Iraqi Studies* 9, no.1 (2015): 21-35.

Ⅵ　経済・生活・越境

宇野昌樹「シリアのクルド人――〈辺境〉に生きる人々」『専修大学人文科学研究所月報』第２４５号、２０１０年、１～14頁。

加納弘勝「『国民国家』の矛盾とマイノリティの挑戦――三カ国におけるクルド運動の比較から」加納弘勝・小倉充夫編『変貌する「第三世界」と国際社会』東京大学出版会、２００２年。

――――「トルコ――ＥＵ加盟に期待するイスラム政党とマイノリティ」大島美穂編『国家・地域・民族』勁草書房、２００７年。

中川喜与志『クルド人とクルディスタン――拒絶される民族』南方新社、２００１年。

中島由佳利『新月の夜が明けるとき――北クルディスタンの人びと』新泉社、２００３年。

――――「日本の難民認定制度、危機的状況　在日クルド人問題を通してみる入国管理政策の実態」『世界』№７３４、２００４年、１５６～１６５頁。

――――「ジランの『カギ』～難民申請した在日家族」『週刊金曜日』５２９号、２００４年、48～53頁。

――――「難民を追い返すニッポンの品格」『週刊金曜日』５４３号、２００５年、８～10頁。

西脇保幸『トルコの見方――国際理解としての地誌』二宮書店、１９９９年。

ベシクチ、イスマイル（中川喜与志・高田郁子編訳）『クルディスタン＝多国間植民地』柘植書房、１９９４年。

福島利之『クルド人 国なき民族の年代記――老作家と息子が生きた時代』岩波書店、２０１７年。

吉岡明子「二元化するイラクの石油産業」『国際政治』１７４号、２０１３年、83～97頁。

法務省入国管理局ホームページ（平成29年２月10日 報道発表資料他）

http://www.moj.go.jp/nyuukokukanri/kouhou/nyuukokukanri03_00666.html.

法務省入国管理局「トルコ出張調査報告書（地方視察編）」平成16年７月乙第１２０号証。

Eliassi, Barzoo. *Contesting Kurdish Identities in Sweden: Quest for Belonging among Middle-Eastern Youth*. New York: Palgrave Macmillan, 2013.

Keyder, Caglar. "Globalization and Social Exclusion in Istanbul." *International Journal of Urban and Regional Research* 29, no.1(2005): 124-134.

Mügge, Liza. *Beyond Dutch Borders: Transnational Politics among Colonial Migrants, Guest Workers and the Second Generation*. Amsterdam: Amsterdam University Press. 2010.

Mills, Robin. *Under the Mountains: Kurdish Oil and Regional Politics*. OIES Paper: WPM63. The Oxford Institute for Energy Studies, January 2016. https://www.oxfordenergy.org/wpcms/wp-content/uploads/2016/02/Kurdish-Oil-and-Regional-Politics-WPM-63.pdf.

Kurdistan Review 4, January 2014. https://us.gov.krd/media/1462/kurdistan-review-dec2013-jan2014.pdf.

Ⅷ 文 化

岡田恵美子・北原圭一・鈴木珠里編著『イランを知るための65章』明石書店、２００４年。

黒木英充編著『シリア・レバノンを知るための64章』明石書店、２０１３年。

中東現代文学研究会編『中東現代文学選２０１２』コームラ、２０１３年。

――――『中東現代文学選２０１６』コームラ、２０１６年。

縄田鉄男『クルド語入門』大学書林、２００２年。

ムラトハン・ムンガン編（磯部加代子訳）『あるデルスィムの物語――クルド文学短編集』さわらび舎、２０１７年。

Ethnologue. https://www.ethnologue.com.

Kopanias, Konstantinos, and John MacGinnis, eds. *The Archaeology of the Kurdistan Region of Iraq and Adjacent Regions*. Oxford: Archaeopress, 2016.

Kreyenbroek, Philip G. "On the Kurdish Language," In *The Kurds: A Contemporary Overview*, edited by Philip G. Kreyenbroek and Stefan Sperl, 68-83. London; New York: Routledge, 1992.

Mackenzie, D.N. *Kurdish Dialect Studies*. London Oriental Series, Vol.9, 2 vols., London: School of Oriental and African Studies, University of London, 1981.
Thakston, W.M. *Sorani Kurdish – A Reference Grammar with Selected Readings*.
――――. *Kurmanji Kurdish – A Reference Grammar with Selected Readings*.
（右記２点はいずれも https://sites.fas.harvard.edu/~iranian/ よりダウンロード可能）

〈ＣＤおよびＤＶＤ〉

アイヌール『クルドの娘』ライスレコード、２０１１年。

セイエド・アリ・ハーン・アンサンブル『イラン・ケルマンシャーのクルド音楽～セイエド・アリ・ハーン』ザ・ワールド・ルーツ・ミュージック・ライブラリー、キングレコード、２００８年。

シャハラーム・ナーゼリー他『イラン／シャハラーム・ナーゼリーの芸術』ザ・ワールド・ルーツ・ミュージック・ライブラリー、キングレコード、２００８年。

Moradi, Ali Akbar, *Kurdistan Iranien: Les maqam rituels des Yarsan, Chant et tanbur*, Inédit, Maison des Cultures du Monde, 2002.

（音楽配信サービス Spotify にも登録されている）

バフマン・ゴバディ監督『わが故郷の歌（２００２）』紀伊國屋書店、２００８年。

〈インターネット上の映像・音声〉
"Kurd Idol." https://www.youtube.com/channel/UCdZuY1AxjeW3wbOjcJ7nosg.（２０１８年７月末アクセス、タイトルは Kurd Idol）
"Passionate music from a hot country: a musical visit to Iraq-Kurdistan." http://blogs.bl.uk/music/2016/08/passionate-music-from-a-hot-country-a-musical-visit-to-iraq-kurdistan.html（２０１７年11月末アクセス、3番目の音声ファイルがヘイランのサンプル）
"House of Dengbêj." http://www.meshakaiwolf.com/dengbej（２０１８年７月末アクセス、英語字幕付き）
"Songs of the Dengbej or Kurdish Bards." https://www.junglesinparis.com/stories/eastern-turkey-s-high-volume-bards（２０１８年

7月末アクセス、英語字幕付き）
Syriac Liturgical Music: From the Mountains of the Servants of God, http://blogs.bl.uk/music/2014/09/syriac-liturgical-chant.html（2018年7月末アクセス、最初の録音が「交唱」部分）

コラム1〜8

石井啓一郎「ヤシャル・ケマル、土着的『チュクロワ人』作家に関する簡潔な考察」『イスラーム世界研究』第6巻、2013年、186〜194頁。

勝田茂「トルコ農村文学の系譜——アナトリアの生活者からの叫び」『イスラーム世界研究』第6巻、2013年、152〜159頁。

勝又郁子『クルド・国なき民族のいま』新評論、2001年。

永田雄三・羽田正『成熟のイスラーム社会』世界の歴史15、中公文庫、中央公論新社、2008年。

宮下遼・石井啓一郎「文豪ヤシャル・ケマルを偲ぶ　対談——ヤシャル・ケマルの文学世界」『シンポジウム「トルコ文学越境」』中東現代文学リブレット1、中東現代文学研究会編、2017年、77〜85頁。

ヤシャル・ケマル（勝田茂訳）「トラクター運転手」『中東現代文学選2012』中東現代文学研究会編、2013年、46〜50頁。

——（石井啓一郎編訳）「蛇を殺すなら」（抄）『中東現代文学選2012』中東現代文学研究会編、2013年、51〜72頁。

山口昭彦「1945年の世界——中東」歴史学研究会編『講座世界史8　戦争と民衆——第二次世界大戦』東京大学出版会、1996年、371〜392頁。

Öcalan, Abdullah. *War and Peace in Kurdistan*, fifth edition. Translated by International Initiative. Cologne: International Initiative in Cooperation with Mesopotamian Publishers, 2017.

Yaşar Kemal. *Yılanı Öldürseler*. İstanbul: Yapı Kredi Yayınları, 1969.

Yaşar Kemal. *Yaşar Kemal Kendini Anlatıyor, Alain Bosquet ile Görüşmeler*. İstanbul: Yapı Kredi Yayınları, 1990.

Yaşar Kemal. *Bu bir Çağrıdır*. İstanbul: Yapı Kredi Yayınları, 2011.

〈DVD〉

バフマン・ゴバディ監督『酔っぱらった馬の時間（２０００）』紀伊國屋書店、２００３年。

――――『わが故郷の歌（２００２）』紀伊國屋書店、２００８年。

――――『亀も空を飛ぶ（２００５）』紀伊國屋書店、２００８年。

――――『ペルシャ猫を誰も知らない（２００９）』紀伊國屋書店、２０１１年。

――――『サイの季節（２０１５）』ポニーキャニオン、２０１６年。

守川知子（もりかわ・ともこ）［9］
東京大学大学院人文社会系研究科 准教授
専攻：西アジア史
主な著作：『シーア派聖地参詣の研究』（京都大学学術出版会、2007年）、『移動と交流の近世アジア史』（編著、北海道大学出版会、2016年）、*Vestiges of the Razavi Shrine*（共編著、The Toyo Bunko, 2017）。

森山央朗（もりやま・てるあき）［4, 5］
同志社大学神学部 准教授
専攻：初期・古典期イスラーム史
主な著作：「イスファハーンの２篇の『歴史』──ハディース学者が同じような著作を繰り返し編纂した理由」（『東洋史研究』第72巻第４号、2014年）、「地方史人名録──ハディース学者の地方観と世界観」（柳橋博之編『イスラーム知の遺産』東京大学出版会、2014年）。

＊**山口昭彦**（やまぐち・あきひこ）［1, 7, 8, 11, 16, コラム2］
編著者紹介を参照。

吉枝聡子（よしえ・さとこ）［50］
東京外国語大学総合国際学研究院 准教授
専攻：ペルシア語学・イラン諸語研究
主な著作：『ペルシア語文法ハンドブック』（白水社、2011年）、'Gojal Wakhi Basic Vocabulary'（『言語情報学研究報告』No.8 、東京外国語大学21世紀COEプログラム「言語運用を基盤とする言語情報学拠点」、2005年）、「『王座を担う群像を見よ！』──ダレイオス大王の浮彫」（吉田ゆり子他編『画像史料論──世界史の読み方』東京外国語大学出版会、2014年）。

吉岡明子（よしおか・あきこ）［35, 36, 37, 42］
日本エネルギー経済研究所中東研究センター 研究主幹
専攻：現代イラク政治経済
主な著作：『現代イラクを知るための60章』（共編著、明石書店、2013年）、『「イスラーム国」の脅威とイラク』（共編著、岩波書店、2014年）。

吉村貴之（よしむら・たかゆき）［20］
東京大学大学院総合文化研究科 学術研究員
専攻：アルメニア近現代史
主な著作：『コーカサスを知るための60章』（廣瀬陽子、前田弘毅、北川誠一との共編著、明石書店、2006年）、『アルメニア近現代史』（東洋書店、2009年）、「カフカスの革命」（宇山智彦編『越境する革命と民族』〔ロシア革命とソ連の世紀 第5巻〕岩波書店、2017年）。

中島由佳利（なかじま・ゆかり）［49］
ノンフィクションライター。特定非営利活動法人東京ひととなり支援協会理事、「クルドを知る会」活動メンバー。
専攻：在日クルド人問題、入管難民問題、「傾聴と対話」による聞き書き（個人史、コミュニティ史等）
主な著作：『新月の夜が明けるとき――北クルディスタンの人びと』（新泉社、2003年）、『遺された人びとの心の声を聴く――いのちを見つめる4』（三一書房、2008年）、「ムスタファの人生～日本で難民申請をしたトルコ国籍クルド人」（『新日本文学』652号、2004年）。

貫井万里（ぬきい・まり）［38］
公益財団法人日本国際問題研究所 研究員
専攻：中東地域研究（イラン近現代史・政治・社会）
主な著作："Protest Events in the Tehran Bazaar During the Oil Nationalization Movement of Iran"（『日本中東学会年報』第28–1号、2012年）、『革命後イランにおける映画と社会』（共編著、早稲田大学イスラーム地域研究機構、2014年）、「核合意後のイラン内政と制裁下に形成された経済構造の抱える問題」（『国際問題』第656号、2016年）。

能勢美紀（のせ・みき）［14］
日本貿易振興機構アジア経済研究所図書館 司書
専攻：トルコ近現代史、民族運動史
主な著作：マルティン・ファン・ブライネセン『アーガー・シャイフ・国家――クルディスタンの社会・政治構造（1）、（2）』（山口昭彦・齋藤久美子・武田歩・能勢美紀訳『聖心女子大学論叢』127～128号、2016～17年）、「クルディスタンの独立はクルド人の悲願なのか？」（SYNODOS, https://synodos.jp/international/19455）。

増野伊登（ましの・いと）［15, 23］
株式会社三井物産戦略研究所 研究員
専攻：イラクを中心とした中東近現代史
主な著作：「脆弱な国家の始まり――英国の委任統治とイラク建国」「翻弄された王制――激動の中東政治とファイサル政権」（酒井啓子・吉岡明子・山尾大編著『現代イラクを知るための60章』明石書店、2013年）、「制裁解除後のイラン――石油のその先を見据えた長期的戦略」（石油学会月刊誌『ペトロテック』2016年11月号）。

村上　薫（むらかみ・かおる）［46］
日本貿易振興機構アジア経済研究所 主任研究員
専攻：トルコ地域研究
主な著作：「愛情とお金のあいだ――トルコの都市における経済的貧困と女性の孤独」（椎野若菜編『シングルのつなぐ縁』人文書院、2014年）、「名誉解釈の多様化と暴力――イスタンブルの移住者社会の日常生活をめぐって」（『文化人類学』第82巻第3号、2017年）、『不妊治療の時代の中東――家族をつくる、家族を生きる』（編著、アジア経済研究所、2018年）。

から世界が崩れる――イランの復活、サウジアラビアの変貌』（NHK出版、2016年）。
ブログ：https://ameblo.jp/t-kazuo/

高橋英海（たかはし・ひでみ）［2, 19］
東京大学大学院総合文化研究科　教授
専攻：シリア語文献学
主な著作：*Aristotelian Meteorology in Syriac* (Leiden: Brill, 2004), "L'astronomie syriaque à l'époque islamique" (Émilie Villey [éd.], *Les sciences en syriaque*, Paris: Geuthner, 2014)、"Syriac as the Intermediary in Scientific Graeco-Arabica" *(Intellectual History of the Islamicate World* 3, 2015).

武田　歩（たけだ・あゆみ）［47, コラム7］
在イスタンブール日本国総領事館　副領事
専攻：移民研究、クルド音楽研究
主な著作：「〈移住〉と〈運動〉の交差点としての『越境空間』――ドイツのクルド系移民のライフ・ストーリーから」（『年報社会学論集』第26号、2013年）、「瞽女宿の蚕はシルクロードの夢を見るか？」（『ことだま・イスタンブール　はじまり　2015』アルケオロジー・ヴェ・サナト出版、2016年）。

田中俊彦（たなか・としひこ）［43］
元総合商社エルビル（アルビール）事務所長
イラク戦争後、初のイラク国内常駐者として2013年５月にアルビールに赴任、2017年３月に離任するまでの４年弱、アルビールの隆盛、イスラム国の脅威と石油価格下落による経済の急減速を間近で体験。

玉本英子（たまもと・えいこ）［40］
アジアプレス記者。トルコ、シリア、イラクなどの中東地域を中心に取材活動を続ける。
主な著作：『21世紀の紛争・中東編』（共著、岩崎書店、2010年）、『ジャーナリストはなぜ「戦場」へ行くのか――取材現場からの自己検証』（共著、集英社新書、2015年）。

寺本めぐ美（てらもと・めぐみ）［48］
津田塾大学国際関係研究所　研究員
専攻：国際関係学、国際社会学
主な著作：「オランダにおける1980年代以降の移民政策とトルコ系・クルド系住民の活動――『柱状社会の枠組』への対応に注目して」（『移民政策研究』第５号、2013年）、「オランダにおける1990年代以降の移民政策とクルド組織の活動――新年の祭りネヴローズに関するインタビュー調査に基づいて」（松尾金藏記念奨学基金編『明日へ翔ぶ――人文社会学の新視点３』風間書房、2014年）、「1980年代以降のオランダにおけるクルド組織とクルド系住民第２世代の活動――受入社会への統合という視点から」（『西洋近現代史研究会会報』第29号、2015年）。

専攻：オスマン史
主な著作：「セリム一世」「シャー・イスマーイール」（鈴木董編『悪の歴史 西洋編（上）・中東編』清水書院、2017年）、マルティン・ファン・ブライネセン『アーガー・シャイフ・国家―クルディスタンの社会・政治構造（1）、（2）』（山口昭彦・齋藤久美子・武田歩・能勢美紀訳『聖心女子大学論叢』127〜128号、2016〜2017年）、"16. ve 17. Yüzyıllar Doğu ve Güneydoğu Anadolusu'nda Timarların Çeşitli Biçimleri: Farklı Uygulamalara Tek İsim Koymak" (*Osmanlı Araştırmaları* 51, 2018)。

酒井啓子（さかい・けいこ）［24］
千葉大学グローバル関係融合研究センター長
専攻：中東現代政治（主としてイラク）
主な著作：『中東政治学』（有斐閣、2012年）、『移ろう中東、変わる日本 2012-2015』（みすず書房、2016年）、『途上国における軍・政治権力・市民社会』（晃洋書房、2016年）、『9.11後の世界史』（講談社新書、2018年）。

佐々木あや乃（ささき・あやの）［コラム8］
東京外国語大学大学院総合国際学研究院 准教授
専攻：ペルシア古典文学
主な著作：「ハーフェズの詩的世界における『酒』」（沓掛良彦・阿部賢一編著『バッカナリア 酒と文学の饗宴』成文社、2012年）、"Basic Principles of Persian Prosody" (*Indian and Persian Prosody and Recitation*, Edited by Hiroko Nagasaki, Saujanya Publications, Delhi, 2012)、「ペルシア神秘主義説話文学の女性像〜アッタールの『神の書』より〜」（『総合文化研究』第19号、2015年）。

澤江史子（さわえ・ふみこ）［34］
上智大学総合グローバル学部 教授
専攻：トルコ政治社会論
主な著作：『現代トルコの民主政治とイスラーム』（ナカニシヤ出版、2005年）、「トルコとインドの国民統合と世俗主義」（唐 亮・松里公孝編『ユーラシア地域大国の統治モデル』ミネルヴァ書房、2013年）、「疑似コロニアルな宗教概念に抗するスカーフ」（池澤優編『政治化する宗教、宗教化する政治（世界篇Ⅱ）』岩波書店、2018年）。

髙岡　豊（たかおか・ゆたか）［26, 39］
公益財団法人中東調査会 主席研究員
専攻：現在シリアの政治・社会についての研究、イスラーム過激派のモニター
主な著作：『現代シリアの部族と政治・社会――ユーフラテス河沿岸地域・ジャジーラ地域の部族の政治・社会的役割分析』（三元社、2011年）。

高橋和夫（たかはし・かずお）［25, 28, 31］
先端技術安全保障研究所会長
専攻：国際政治と中東研究
主な著作：『アラブとイスラエル――パレスチナ問題の構図』（講談社、1992年）、『中東

器交易の性格――ガージャール朝による交易規制の検討から」（『オリエント』第59-1号、2016年）。

粕谷　元（かすや・げん）［13］
日本大学文理学部 教授
専攻：トルコ近現代史
主な著作：『トルコにおける議会制の展開――オスマン帝国からトルコ共和国へ』（編著、財団法人東洋文庫、2007年）、『イスラーム社会における世俗化、世俗主義、政教関係』（多和田裕司と共編著、上智大学アジア文化研究所イスラーム地域研究機構、2013年）、『全訳 イラン・エジプト・トルコ議会内規』（八尾師誠・池田美佐子と共編、公益財団法人東洋文庫、2014年）。

勝又郁子（かつまた・いくこ）［21, 29, 41, コラム3, コラム4, コラム5］
ジャーナリスト
主な著作：『クルド・国なき民族のいま』（新評論、2001年）、『イラク わが祖国に帰る日――反体制派の証言』（NHK出版、2003年）、「クルドの道」（山内昌之・大野元裕編著『イラク戦争データブック』明石書店、2004年）。

北川修一（きたがわ・しゅういち）［53］
タンブール奏者。クルディスタン儀礼音楽などを研究。
主な著作：「クルド・タンブールの音を嗜む――イラン伝統音楽修行の旅」（『Oar特集イラン・スーフィズム　アフガニスタン音楽素描』Oar出版、2015年）／主な作品：（CD）『FETHNO - FUMIO KOIZUMI MEMORIAL CONCERT LIVE ALBUM フェスノ――小泉文夫没後30年記念企画』（共演、FETHNO RECORDS、2014年）。

黒木英充（くろき・ひでみつ）［54］
東京外国語大学アジア・アフリカ言語文化研究所 教授
専攻：中東地域研究、東アラブ近代史
主な著作：*The Influence of Human Mobility in Muslim Societies*（編著, London, Kegan Paul, 2003)、『「対テロ戦争」の時代の平和構築――過去からの視点、未来への展望』（編著、東信堂、2008年）、『シリア・レバノンを知るための64章』（編著、明石書店、2013年）。

小泉龍人（こいずみ・たつんど）［55］
特定非営利活動法人メソポタミア考古学教育研究所 代表理事
専攻：メソポタミア考古学、古代ワイン
主な著作：『考古学のあゆみ――古典期から未来に向けて』（ブライアン・フェイガン著、翻訳、朝倉書店、2010年）、「第2部 ワインの歴史」（国立科学博物館・読売新聞社編『ワイン展――ぶどうから生まれた奇跡』読売新聞社、2015年）、『都市の起源－古代の先進地域＝西アジアを掘る』（講談社、2016年）。

齋藤久美子（さいとう・くみこ）［3, 6, 17, コラム1］
九州大学大学院人文科学研究院 助教

ヤト短篇集』（慧文社、2007年）、ナーズム・ヒクメット『フェルハドとシリン』（慧文社、2002年）。

磯部加代子（いそべ・かよこ）［51］
トルコ語通訳・翻訳者（フリーランス）
専攻：クルド文学（トルコ語）
主な著作：『旅の指さし会話帳18 トルコ』（情報センター出版局、2001年、2006年）、オルサー・ラマザン『魂の視線〜光の教師からあなたへの真実のメッセージ』（翻訳、高木書房、2011年）、ムラトハン・ムンガン編『あるデルスィムの物語〜クルド文学短編集』（翻訳、さわらび舎、2017年）。

今井宏平（いまい・こうへい）［32, 33］
日本貿易振興機構アジア経済研究所 研究員
専攻：現代トルコ外交、国際関係論
主な著作：『中東秩序をめぐる現代トルコ外交――平和と安定の模索』（ミネルヴァ書房、2015年）、『トルコ現代史――オスマン帝国崩壊からエルドアンの時代まで』（中央公論新社、2017年）、『国際政治理論の射程と限界――分析ツールの理解に向けて』（中央大学出版部、2017年）。

宇野昌樹（うの・まさき）［18, 45］
広島市立大学名誉教授、広島大学客員教授
専攻：文化人類学　中東地域研究
主な著作：「世界に散らばるレバノン系・シリア系移民――グローバル化と移民、出稼ぎ労働者、難民のはざまで」（堀内正樹・西尾哲夫編『〈断〉と〈続〉の中東――非境界的世界を游ぐ』悠書館、2015年）、「ドゥルーズ派の人々――イスラエルとアラブのはざまで」（臼杵陽・鈴木啓之編著『パレスチナを知るための60章』明石書店、2016年）、「シリア内戦と難民問題再考――「人の移動」から考える」（『多文化社会研究』第３号、長崎大学多文化社会学部、2017年）。

宇野陽子（うの・ようこ）［12］
東京大学東洋文化研究所特任研究員、津田塾大学国際関係研究所研究員
専攻：トルコ近現代史、国際関係論
主な著作：「1923年改選前後のトルコ大国民議会におけるローザンヌ講和条約論争――反対論の展開に注目して」（『総合研究』第５号、2008年）、「『野党』政治家ルザ・ヌール（1878－1942）とその時代――議会・ローザンヌ講和会議・国外追放」（『津田塾大学国際関係研究所モノグラフ・シリーズ』第28号、2016年）。

小澤一郎（おざわ・いちろう）［10］
東洋文庫研究員
専攻：近現代イラン軍事史
主な著作：「露土戦争（1877–78）による小銃拡散と「武装化」――火器史の「近代」の解明に向けて」（『日本中東学会年報』第32–1号、2016年）、「19世紀末ペルシア湾武

◉ **執筆者紹介**（50音順、*は編著者、[　] 内は担当章）

青山弘之（あおやま・ひろゆき）[27, 30]
東京外国語大学大学院総合国際学研究院 教授
専攻：現代東アラブ政治、思想、歴史
主な著作：『「アラブの心臓」に何が起きているのか──現代中東の実像』（編著、岩波書店、2014年）、『シリア情勢──終わらない人道危機（岩波新書新赤版1651）』（岩波書店、2017年）。「シリア・アラブの春顚末期：最新シリア情勢」（http://syriaarabspring.info/）を運営。

穐山祐子（あきやま・ゆうこ）[22]
一橋大学大学院言語社会研究科 特別研究員
専攻：社会言語学、トルコ近現代史
主な著作：「『国民』の測りかた──トルコ共和国における近代人口センサス導入をめぐって」（『言語社会』7号、2012年）、「『トルコ文字』導入課程にみる文字表象の政治性」（『言語社会』9号、2014年）。

荒井　康一（あらい・こういち）[44]
群馬県立女子大学 非常勤講師
専攻：トルコ政治社会学
主な著書：「トルコ東部における動員的投票行動の計量分析──『近代化論』と『エスニシティ論』の再検討」（『日本中東学会年報』第24-2号、2009年）、「政治過程論（選挙と議会制度）」（私市正年・浜中新吾・横田貴之編著『中東・イスラーム研究概説』明石書店、2017年）、「トルコにおける親イスラーム政党の成功と今後の課題」（『中東研究』519号、2014年）。

飯野りさ（いいの・りさ）[52]
日本学術振興会 海外特別研究員、ウプサラ大学 客員研究員（スウェーデン）
専攻：中東音文化研究（アラブ・シリア正教・クルド）
主な著作：『アラブ古典音楽の旋法体系──アレッポの歌謡の伝統に基づく旋法名称の記号論的解釈』（スタイルノート、2017年、第35回田邉尚雄賞受賞）、『アラブ音楽入門──アザーンから即興演奏まで』（スタイルノート、2018年）、「スウェーデンのシリア正教徒──移民第一陣到着から半世紀」（『季刊アラブ』第161号、2018年）。

石井啓一郎（いしい・けいいちろう）[コラム6]
翻訳家、独立研究者
専攻：中東現代文学（イラン、トルコ、アゼルバイジャン）
主な著作：「時代の苦悩と生の悲劇的感情──作家サーデグ・ヘダーヤトの肖像」（岡田恵美子・北原圭一・鈴木珠里編著『イランを知るための65章』明石書店、2004年）、「アラス河の北と南で──ふたりのアゼルバイジャン語詩人とそれぞれのヴァタン（vətən）」（原隆一・中村菜穂編著『イラン研究万華鏡』大東文化大学東洋研究所、2016年）。
翻訳：サーデグ・ヘダーヤト『生埋め』（国書刊行会、2001年）、『サーデグ・ヘダー

◉ 編著者紹介

山口昭彦（やまぐち・あきひこ）

聖心女子大学現代教養学部史学科 教授。

東京大学大学院総合文化研究科地域文化研究専攻助手などを経て、2014年より現職。

専門は、イラン史（とくにクルド地域）。

主な著作：「サファヴィー朝（1501－1722）とクルド系諸部族――宮廷と土着エリートの相関関係」（『歴史学研究』885号、2011年）、“Shah Tahmasp's Kurdish Policy”（*Studia Iranica* 41, 2012)、「周縁から見るイランの輪郭形成と越境」（山根聡・長縄宣博編『越境者たちのユーラシア』ミネルヴァ書房、2015年)、「『イランのクルド』とサファヴィー朝の『強制』移住政策」（『アジア・アフリカ言語文化研究』93号、2017年）。

エリア・スタディーズ 170
クルド人を知るための55章

2019年 1月10日 初 版第1刷発行
2019年 4月10日 初 版第2刷発行

編著者 山口昭彦
発行者 大江道雅
発行所 株式会社明石書店
〒101-0021 東京都千代田区外神田6-9-5
電話 03（5818）1171
FAX 03（5818）1174
振替 00100-7-24505
http://www.akashi.co.jp/
装丁／組版 明石書店デザイン室
印刷／製本 日経印刷株式会社

（定価はカバーに表示してあります） ISBN978-4-7503-4743-1

エリア・スタディーズ

1 **現代アメリカ社会を知るための60章**
明石紀雄、川島浩平 編著

2 **イタリアを知るための62章【第2版】**
村上義和 編著

3 **イギリスを旅する35章**
辻野功 編著

4 **モンゴルを知るための65章【第2版】**
金岡秀郎 著

5 **パリ・フランスを知るための44章**
梅本洋一、大里俊晴、木下長宏 編著

6 **現代韓国を知るための60章【第2版】**
石坂浩一、福島みのり 編著

7 **オーストラリアを知るための58章【第3版】**
越智道雄 著

8 **現代中国を知るための52章【第6版】**
藤野彰 編著

9 **ネパールを知るための60章**
日本ネパール協会 編

10 **アメリカの歴史を知るための63章【第3版】**
富田虎男、鵜月裕典、佐藤円 編著

11 **現代フィリピンを知るための61章【第2版】**
大野拓司、寺田勇文 編著

12 **ポルトガルを知るための55章【第2版】**
村上義和、池俊介 編著

13 **北欧を知るための43章**
武田龍夫 著

14 **ブラジルを知るための56章【第2版】**
アンジェロ・イシ 著

15 **ドイツを知るための60章**
早川東三、工藤幹巳 編著

16 **ポーランドを知るための60章**
渡辺克義 編著

17 **シンガポールを知るための65章【第4版】**
田村慶子 編著

18 **現代ドイツを知るための62章【第2版】**
浜本隆志、髙橋憲 編著

19 **ウィーン・オーストリアを知るための57章【第2版】**
広瀬佳一、今井顕 編著

20 **ハンガリーを知るための60章【第2版】** ドナウの宝石
羽場久美子 編著

21 **現代ロシアを知るための60章【第2版】**
下斗米伸夫、島田博 編著

22 **21世紀アメリカ社会を知るための67章**
明石紀雄 監修　赤尾千波、大類久恵、小塩和人、落合明子、川島浩平、高野泰 編

23 **スペインを知るための60章**
野々山真輝帆 著

24 **キューバを知るための52章**
後藤政子、樋口聡 編著

25 **カナダを知るための60章**
綾部恒雄、飯野正子 編著

26 **中央アジアを知るための60章【第2版】**
宇山智彦 編著

27 **チェコとスロヴァキアを知るための56章【第2版】**
薩摩秀登 編著

28 **現代ドイツの社会・文化を知るための48章**
田村光彰、村上和光、岩淵正明 編著

29 **インドを知るための50章**
重松伸司、三田昌彦 編著

30 **タイを知るための72章【第2版】**
綾部真雄 編著

31 **パキスタンを知るための60章**
広瀬崇子、山根聡、小田尚也 編著

32 **バングラデシュを知るための66章【第3版】**
大橋正明、村山真弓、日下部尚徳、安達淳哉 編著

33 **イギリスを知るための65章【第2版】**
近藤久雄、細川祐子、阿部美春 編著

34 **現代台湾を知るための60章【第2版】**
亜洲奈みづほ 著

35 **ペルーを知るための66章【第2版】**
細谷広美 編著

エリア・スタディーズ

36 マラウィを知るための45章【第2版】
栗田和明 著

37 コスタリカを知るための60章【第2版】
国本伊代 編著

38 チベットを知るための50章
石濱裕美子 編著

39 現代ベトナムを知るための60章【第2版】
今井昭夫、岩井美佐紀 編著

40 インドネシアを知るための50章
村井吉敬、佐伯奈津子 編著

41 エルサルバドル、ホンジュラス、ニカラグアを知るための45章
田中高 編著

42 パナマを知るための70章【第2版】
国本伊代 編著

43 イランを知るための65章
岡田恵美子、北原圭一、鈴木珠里 編著

44 アイルランドを知るための70章【第3版】
海老島均、山下理恵子 編著

45 メキシコを知るための60章
吉田栄人 編著

46 中国の暮らしと文化を知るための40章
東洋文化研究会 編

47 現代ブータンを知るための60章【第2版】
平山修一 著

48 バルカンを知るための66章【第2版】
柴宜弘 編著

49 現代イタリアを知るための44章
村上義和 編著

50 アルゼンチンを知るための54章
アルベルト松本 著

51 ミクロネシアを知るための60章【第2版】
印東道子 編著

52 アメリカのヒスパニック＝ラティーノ社会を知るための55章
大泉光一、牛島万 編著

53 北朝鮮を知るための51章
石坂浩一 編著

54 ボリビアを知るための73章【第2版】
真鍋周三 編著

55 コーカサスを知るための60章
北川誠一、前田弘毅、廣瀬陽子、吉村貴之 編著

56 カンボジアを知るための62章【第2版】
上田広美、岡田知子 編著

57 エクアドルを知るための60章【第2版】
新木秀和 編著

58 タンザニアを知るための60章【第2版】
栗田和明、根本利通 編著

59 リビアを知るための60章
塩尻和子 著

60 東ティモールを知るための50章
山田満 編著

61 グアテマラを知るための67章【第2版】
桜井三枝子 編著

62 オランダを知るための60章
長坂寿久 著

63 モロッコを知るための65章
私市正年、佐藤健太郎 編著

64 サウジアラビアを知るための63章【第2版】
中村覚 編著

65 韓国の歴史を知るための66章
金両基 編著

66 ルーマニアを知るための60章
六鹿茂夫 編著

67 現代インドを知るための60章
広瀬崇子、近藤正規、井上恭子、南埜猛 編著

68 エチオピアを知るための50章
岡倉登志 編著

69 フィンランドを知るための44章
百瀬宏、石野裕子 編著

70 ニュージーランドを知るための63章
青柳まちこ 編著

71 ベルギーを知るための52章
小川秀樹 編著

エリア・スタディーズ

72 **ケベックを知るための54章**
小畑精和、竹中豊 編著

73 **アルジェリアを知るための62章**
私市正年 編著

74 **アルメニアを知るための65章**
中島偉晴、メラニア・バグダサリヤン 編著

75 **スウェーデンを知るための60章**
村井誠人 編著

76 **デンマークを知るための68章**
村井誠人 編著

77 **最新ドイツ事情を知るための50章**
浜本隆志、柳原初樹 著

78 **セネガルとカーボベルデを知るための60章**
小川了 編著

79 **南アフリカを知るための60章**
峯陽一 編著

80 **エルサルバドルを知るための55章**
細野昭雄、田中高 編著

81 **チュニジアを知るための60章**
鷹木恵子 編著

82 **南太平洋を知るための58章** メラネシア ポリネシア
吉岡政德、石森大知 編著

83 **現代カナダを知るための57章**
飯野正子、竹中豊 編著

84 **現代フランス社会を知るための62章**
三浦信孝、西山教行 編著

85 **ラオスを知るための60章**
菊池陽子、鈴木玲子、阿部健一 編著

86 **パラグアイを知るための50章**
田島久歳、武田和久 編著

87 **中国の歴史を知るための60章**
並木頼壽、杉山文彦 編著

88 **スペインのガリシアを知るための50章**
坂東省次、桑原真夫、浅香武和 編著

89 **アラブ首長国連邦（UAE）を知るための60章**
細井長 編著

90 **コロンビアを知るための60章**
二村久則 編著

91 **現代メキシコを知るための70章【第2版】**
国本伊代 編著

92 **ガーナを知るための47章**
高根務、山田肖子 編著

93 **ウガンダを知るための53章**
吉田昌夫、白石壮一郎 編著

94 **ケルトを旅する52章** イギリス・アイルランド
永田喜文 著

95 **トルコを知るための53章**
大村幸弘、永田雄三、内藤正典 編著

96 **イタリアを旅する24章**
内田俊秀 編著

97 **大統領選からアメリカを知るための57章**
越智道雄 著

98 **現代バスクを知るための50章**
萩尾生、吉田浩美 編著

99 **ボツワナを知るための52章**
池谷和信 編著

100 **ロンドンを旅する60章**
川成洋、石原孝哉 編著

101 **ケニアを知るための55章**
松田素二、津田みわ 編著

102 **ニューヨークからアメリカを知るための76章**
越智道雄 著

103 **カリフォルニアからアメリカを知るための54章**
越智道雄 著

104 **イスラエルを知るための62章【第2版】**
立山良司 編著

105 **グアム・サイパン・マリアナ諸島を知るための54章**
中山京子 編著

106 **中国のムスリムを知るための60章**
中国ムスリム研究会 編

107 **現代エジプトを知るための60章**
鈴木恵美 編著

エリア・スタディーズ

108 **カーストから現代インドを知るための30章**
金基淑 編著

109 **カナダを旅する37章**
飯野正子、竹中豊 編著

110 **アンダルシアを知るための53章**
立石博高、塩見千加子 編著

111 **エストニアを知るための59章**
小森宏美 編著

112 **韓国の暮らしと文化を知るための70章**
舘野晳 編著

113 **現代インドネシアを知るための60章**
村井吉敬、佐伯奈津子、間瀬朋子 編著

114 **ハワイを知るための60章**
山本真鳥、山田亨 編著

115 **現代イラクを知るための60章**
酒井啓子、吉岡明子、山尾大 編著

116 **現代スペインを知るための60章**
坂東省次 編著

117 **スリランカを知るための58章**
杉本良男、高桑史子、鈴木晋介 編著

118 **マダガスカルを知るための62章**
飯田卓、深澤秀夫、森山工 編著

119 **新時代アメリカ社会を知るための60章**
明石紀雄 監修　大類久恵、落合明子、赤尾千波 編著

120 **現代アラブを知るための56章**
松本弘 編著

121 **クロアチアを知るための60章**
柴宜弘、石田信一 編著

122 **ドミニカ共和国を知るための60章**
国本伊代 編著

123 **シリア・レバノンを知るための64章**
黒木英充 編著

124 **EU（欧州連合）を知るための63章**
羽場久美子 編著

125 **ミャンマーを知るための60章**
田村克己、松田正彦 編著

126 **カタルーニャを知るための50章**
立石博高、奥野良知 編著

127 **ホンジュラスを知るための60章**
桜井三枝子、中原篤史 編著

128 **スイスを知るための60章**
スイス文学研究会 編

129 **東南アジアを知るための50章**
今井昭夫 編集代表　東京外国語大学東南アジア課程 編

130 **メソアメリカを知るための58章**
井上幸孝 編著

131 **マドリードとカスティーリャを知るための60章**
川成洋、下山静香 編著

132 **ノルウェーを知るための60章**
大島美穂、岡本健志 編著

133 **現代モンゴルを知るための50章**
小長谷有紀、前川愛 編著

134 **カザフスタンを知るための60章**
宇山智彦、藤本透子 編著

135 **内モンゴルを知るための60章**
ボルジギン・ブレンサイン 編著　赤坂恒明 編集協力

136 **スコットランドを知るための65章**
木村正俊 編著

137 **セルビアを知るための60章**
柴宜弘、山崎信一 編著

138 **マリを知るための58章**
竹沢尚一郎 編著

139 **ASEANを知るための50章**
黒柳米司、金子芳樹、吉野文雄 編著

140 **アイスランド・グリーンランド・北極を知るための65章**
小澤実、中丸禎子、高橋美野梨 編著

141 **ナミビアを知るための53章**
水野一晴、永原陽子 編著

142 **香港を知るための60章**
吉川雅之、倉田徹 編著

143 **タスマニアを旅する60章**
宮本忠 著

エリア・スタディーズ

144 パレスチナを知るための60章
臼杵陽、鈴木啓之 編著

145 ラトヴィアを知るための47章
志摩園子 編著

146 ニカラグアを知るための55章
田中高 編著

147 台湾を知るための60章
赤松美和子、若松大祐 編著

148 テュルクを知るための61章
小松久男 編著

149 アメリカ先住民を知るための62章
阿部珠理 編著

150 イギリスの歴史を知るための50章
川成洋 編著

151 ドイツの歴史を知るための50章
森井裕一 編著

152 ロシアの歴史を知るための50章
下斗米伸夫 編著

153 スペインの歴史を知るための50章
立石博高、内村俊太 編著

154 フィリピンを知るための64章
大野拓司、鈴木伸隆、日下渉 編著

155 バルト海を旅する40章 7つの島の物語
小柏葉子 著

156 カナダの歴史を知るための50章
細川道久 編著

157 カリブ海世界を知るための70章
国本伊代 編著

158 ベラルーシを知るための50章
服部倫卓、越野剛 編著

159 スロヴェニアを知るための60章
柴宜弘、アンドレイ・ベケシュ、山崎信一 編著

160 北京を知るための52章
櫻井澄夫、人見豊、森田憲司 編著

161 イタリアの歴史を知るための50章
高橋進、村上義和 編著

162 ケルトを知るための65章
木村正俊 編著

163 オマーンを知るための55章
松尾昌樹 編著

164 ウズベキスタンを知るための60章
帯谷知可 編著

165 アゼルバイジャンを知るための67章
廣瀬陽子 編著

166 済州島を知るための55章
梁聖宗、金良淑、伊地知紀子 編著

167 イギリス文学を旅する60章
石原孝哉、市川仁 編著

168 フランス文学を旅する60章
野崎歓 編著

169 ウクライナを知るための65章
服部倫卓、原田義也 編著

170 クルド人を知るための55章
山口昭彦 編著

171 ルクセンブルクを知るための50章
田原憲和、木戸紗織 編著

172 地中海を旅する62章 歴史と文化の都市探訪
松原康介 編著

——以下続刊

◎各巻2000円
(一部1800円)

〈価格は本体価格です〉